Contrappunti
    Counterpoints

Studies in Southern Italian and Italian/American Culture

Studi sulla Cultura dell'Italia Meridionale e Italoamericana

Giose Rimanelli and Luigi Bonaffini
General Editors

Vol. 9

PETER LANG
New York • Washington, D.C./Baltimore • Boston
Bern • Frankfurt am Main • Berlin • Vienna • Paris

Giovanni Cecchetti

Contrappunti
Counterpoints

Edited and Translated with an Essay by
Raymond Petrillo

Introduction by
Giose Rimanelli

PETER LANG
New York • Washington, D.C./Baltimore • Boston
Bern • Frankfurt am Main • Berlin • Vienna • Paris

Library of Congress Cataloging-in-Publication Data

Cecchetti, Giovanni.
Contrappunti/Counterpoints: selected prose of Giovanni Cecchetti/ [edited, translated, and with an essay by Raymond Petrillo].
p. cm. — (Studies in southern Italian and Italian-American culture; vol. 9)
Text in English and Italian.
Includes bibliographical references.
1. Cecchetti, Giovanni—Translation into English.
I. Petrillo, Raymond. II. Title. III. Series.
PQ5984.C35A26   858'.91408—dc21   96-52150
ISBN 0-8204-3134-6
ISSN 1058-5621

Die Deutsche Bibliothek-CIP-Einheitsaufnahme

Cecchetti, Giovanni:
Contrappunti/Counterpoints: selected prose of Giovanni Cecchetti/ ed., transl., and with an essay by Raymond Petrillo. –New York; Washington, D.C./Baltimore; Bern; Frankfurt am Main; Berlin; Vienna; Paris: Lang.
(Studies in southern Italian and Italian-American culture; Vol. 9)
ISBN 0-8204-3134-6
NE: GT

The paper in this book meets the guidelines for permanence and durability
of the Committee on Production Guidelines for Book Longevity
of the Council of Library Resources.

© 1997 Peter Lang Publishing, Inc., New York

All rights reserved.
Reprint or reproduction, even partially, in all forms such as microfilm, xerography, microfiche, microcard, and offset strictly prohibited.

Printed in the United States of America.

*Per gli amici vecchi e nuovi
  in qualunque contrada si trovino.*

*For our friends old and new
  on whatever roadways they may be.*

CONTENTS

Introduzione di Giose Rimanelli: Mio sodalizio con Giovanni 2
Introduction by Giose Rimanelli: My Solidarity With Giovanni 3

Il procione di Montreal..44
The Raccoon of Montreal 45

Il tempo 48
Time 49

Coll'età diminuisce la fretta 50
As Time Goes By 51

Il volo 52
Flight 53

Salita 54
Ascent 55

L'infermo 56
The Invalid 57

Il professore inutile 64
The Useless Professor 65

Il pozzo dell'infanzia..68
The Well of My Childhood 69

La casa della saggezza..74

The House of Wisdom 75

Io e il mio cane / La corsa immobile 80
My Dog and I / The Immobile Race 81

Danza nel deserto 82
Dance in the Desert 83

La storia e la poesia 98
History and Poetry 99

La storia 104
History 105

Musica e poesia 106
Music and Poetry 107

Un volo di pernici 108
And Suddenly Partridges Came Flying Out 109

Sullo scriver poesia in terra straniera 112
On Writing Poetry in a Foreign Land 113

La doppia avventura 126
My Double Adventure 127

Il voltapagine 128
The Pageturner 129

L'arco di Saint Louis 138
The Arch of Saint Louis 139

Per l'ombrello 144
For The Umbrella 145

Variazioni sul vino 150
On Wine 151

L'olio d'oliva e il frantoio 170
The Old Oil Mill 171

Postini e lettere 176
Postmen and Letters 177

Il rimpasto 188
Rekneading the Remnants 189

La macchina dell'aria 196
The Machine 197

Il molo 206
The Pier 207

Vecchio e nuovo. Falsificazioni e copie 218
The Old and the New. Forgeries and Copies 219

Poesia come necessità 226
Poetry as a Product of Necessity 227

Un piede di terra 236
A Foot of Land 237

Il telefono 246
The Telephone 247

L'ascensore 266
The Elevator 267

L'uccello aquilone 278

The Kite-Bird 279

Postfazione di Raymond Petrillo 282
Afterword by Raymond Petrillo 283

*Un elefante è fermo sul rialzo
e scruta struzzi giù per la spianata.
I barriti non frenano la iena.*

        *High on a hill the elephant stands
        scanning ostriches down in the lowlands.
        All his trumpeting does not hinder the hyena.*

INTRODUZIONE

MIO SODALIZIO CON GIOVANNI

di GIOSE RIMANELLI

Parlai di questo sodalizio già nel 1967 a Malibù, quando scrissi l'introduzione a *Diario nomade*, la prima raccolta di poesie che Giovanni si decise finalmente a pubblicare, dedicandola agli amici di due continenti: "Il mio sodalizio con Giovanni Cecchetti incominciò quando, alcuni anni fa, un po' per amore di colloquio e un po' per accertarci che quanto stavamo scrivendo potesse avere un interesse sia pure privato, prendemmo a scambiarci manoscritti". *Diario nomade* uscì quello stesso anno nella bella collana "Secondo Novecento", insieme ai miei *Carmina blabla*, a cura di Bino Rebellato di Cittadella di Padova.

C'eravamo conosciuti a New Orleans, dov'ero andato per rivedere i luoghi di cui m'aveva raccontato mio nonno, per esserci stato nel 1891 quando vi furono linciati alcuni italiani, e di cui parlai nella *Posizione sociale*, il romanzo che Giovanni chiama lirico. Giovanni stava allora fondando e organizzando un centro di studi italiani alla Tulane University, un'istituzione di notevole prestigio. Un giorno l'avevano chiamato dal Consolato perché c'era Italo Calvino che chiedeva di lui. Con Calvino aveva passato una giornata quasi afona, non sapendo di che cosa parlare; gli aveva fatto l'impressione d'un ragazzo che viaggiava con un bagaglio di giudizi prefabbricati, come dimostrò Calvino stesso in una pagina di diario che buttò giù proprio allora, più di 35 anni fa (cfr. *Un eremita a Parigi* [Milano: Mondadori, 1994], 125–127). Finalmente Giovanni gli chiese se era mai stato in Borsa, e alla risposta

INTRODUCTION

MY SOLIDARITY WITH GIOVANNI

by GIOSE RIMANELLI

I addressed this literary solidarity back in 1967, in Malibu, when I wrote an introduction to *Diario nomade*—the first book of poems Giovanni finally decided to publish, dedicating it to his friends of two continents: "My fellowship with Giovanni Cecchetti began some years ago, in part because we both craved real dialogue, but also because we needed to know if what we were writing merited at least private attention; and so we began exchanging manuscripts." *Diario nomade* appeared that very same year, as did my own *Carmina blabla*, in the prestigious *Secondo Novecento* series, edited by Bino Rebellato of Cittadella di Padova.

We first met in New Orleans, where I was revisiting places my grandfather had told me about. Grandfather was there in 1891, when a number of Italians were lynched; and I had recounted the story in my *Posizione sociale*, a novel Giovanni describes as lyrical. At that time Giovanni was hard at work setting up the Center for Italian Studies at highly regarded Tulane University. One day the Italian Consulate phoned him to announce that Italo Calvino was in town, asking about him. But with Calvino it had been a taciturn day, neither of them really knowing what to talk about; and though they spoke little, Giovanni was left with the impression of a young man going around with a suitcase full of prefabricated ideas—as Calvino himself would show in a diary page written precisely then, 35 years ago (cf. *Un eremita a Parigi* [Milano: Mondadori, 1994], 125–127). Finally, Giovanni asked if he had ever visited the Stock

negativa ce l'aveva portato, perché la considerava alla fin dei conti un'esperienza utile per uno scrittore. Calvino non l'ha più visto, e gliene dispiace; dopo le opere mature, avrebbe voluto ri-incontrarlo per poterne parlare. M'ha detto che ha grande stima delle ultime cose dello scrittore scomparso.

I manoscritti scambiatici erano spesso delle lettere ampiamente corredate d'idee e perfino di racconti. C'erano anche vere e proprie opere, di quelle che appena nate si credono complete, ma si finisce per rimaneggiarle e riscriverle di sana pianta. Poi Giovanni andò alla Stanford University e la nostra corrispondenza s'intensificò ancora di più. Finito il suo lavoro d'organizzatore di studi italiani in quella università, nel 1969 fu chiamato a rinnovare e dirigere il dipartimento d'italiano della University of California di Los Angeles, dove in gran parte rifece il programma, invitando collaboratori permanenti attivissimi, come Fredi Chiappelli, e *visiting professors* illustri, come Gianfranco Contini e Gianfranco Folena, ora scomparsi, e moltissimi altri.

Alla University of California di Los Angeles, c'ero stato anch'io come professore, dopo la New York University, la Yale University e la University of British Columbia. Quando arrivò Giovanni, ero già partito per la State University of New York di Albany, in quel vasto edificio bianco retto da leggerissime colonne che in cima s'aprono come gigli; d'inverno, colla neve implacabile e caparbia, diventa invisibile e quasi introvabile. Allora la frequenza delle lettere cominciò a diradarsi. Ma Giovanni mi teneva informato delle avventure e sventure che lo circondavano nella nuova sede, almeno di quelle che stimava più appariscenti. Una volta trovò, non so dove, e mi mandò qualcosa che definì "un gran capolavoro della 'nostra maggior Musa'" (cfr. *Par.* XV, 26), dove quella "Musa", interessandosi spasmodicamente di un altro Giovanni, dichiara che nella 100ma del *Decameron*, Gualtieri è Dio Padre e Griselda Cristo. Io pensai al povero Giovanni Battista patrono di Firenze, che visse nel deserto per conto suo, "spogliato nudo", fino a che un giorno la bella Ballerina "incrostata di bugne

Exchange, and, after a negative response, had taken him there, thinking it might be a useful experience for a writer. He never saw Calvino again, and wishes he had; for after reading the mature works, Giovanni would have wanted to get to know him and really talk. He told me that he has great regard for Calvino's later works.

The manuscripts we exchanged were often letters full of ideas and even short stories. Some were actually finished works, the kind that one thinks complete immediately after their birth, but ends up revising or rewriting from beginning to end. Giovanni moved to Stanford and our correspondence became even more frequent. In 1969, after finishing his organizational work in that university, he was invited to chair and rebuild the Department of Italian at UCLA, where he restructured the program and invited permanent collaborators, like Fredi Chiappelli, as well as distinguished visiting professors, such as Gianfranco Contini, Gianfranco Folena, and many others.

I too had been a member of the faculty at UCLA, that is, after NYU, Yale and the University of British Columbia. But by the time Giovanni got to Los Angeles, I was already teaching at SUNY, Albany, in that vast building supported by very thin columns that flare out at the top like lilies in bloom; in winter, with the relentless and tenacious snow, it becomes invisible, almost impossible to find. At that time our correspondence tapered off a bit, but Giovanni kept me informed of the ups and downs of his new job, at least the most striking ones. Once he found, I'm not sure where, and sent me what he termed "a great masterpiece by 'our finest Muse'" (cf. *Par.* XV, 26), in which said "Muse"— spasmodically interested in another Giovanni—asserts that in the 100th story of the *Decameron*, Gualtieri symbolizes God the Father and Griselda Christ in person. I began thinking about poor Giovanni the Baptist, patron saint of Florence, who lived in the desert all alone, "stripped naked," until one day the beautiful Ballerina—"encrusted with stones, bolts and pegs"—asked for and got his head as a prize for her dancing. In another work by the same "Muse," I learned that

spranghe e cavicchi" ne chiese e ottenne la testa quale premio alle sue danze. In un altro scritto della stessa "Musa" lessi che nel *Canzoniere* il "lauro", dallo stesso Petrarca (cfr. CCLXIII, 2) definito simbolo di gloria, "onor d'imperadori e di poeti" (come del resto aveva fatto Dante: "sì rade volte, padre, se ne coglie, / per triunfare o Cesare o Poeta" [*Par.* I, 28–29], senza dire di tutta la tradizione classica, a cui sia Dante che il Petrarca si appoggiano), era addirittura "la pudicizia".

E Giovanni, nella lettera d'accompagnamento aveva commentato: "Curioso come funzionano certi scritti: le parole a una a una sono chiarissime, ma se si mettono insieme... ci lasciano tristi, delusi, con quel pugno di mosche anch'esso vuoto, perché le mosche o non c'erano o se ne son volate via silenziose. Di queste perle ce ne son tante in giro". E a chiusura soggiungeva: "Schiller, nella *Pulcella d'Orleans*, scrisse tutt'a un tratto una cosa impressionante perché saggissima: 'Neanche gli Dei possono combattere coi cretini'" (Atto III, sc. 2).

Nel febbraio del 1977, forse tentato di morire, portai tutta la corrispondenza, inclusa quella importantissima con Giovanni, insieme ai miei scarabocchi e inediti, al poeta Earle Birney di Toronto, il quale consegnò le varie casse alla sezione manoscritti della Fisher Rare Book Library della University of Toronto, dove i documenti furono riordinati e sistemati in un luogo apposito. Il tutto potrà essere esaminato dagli studiosi solo dopo la mia morte.

Giovanni si autodefinisce "missionario della cultura". Siccome un po' il missionario l'ho fatto anch'io, considero questa definizione molto appropriata; basta guardare ai tanti anni che ha dedicato a diffondere appunto la cultura italiana, non solo direttamente e indirettamente organizzando centri in tante università, ma anche attraverso le sue traduzioni—quali le novelle e il *Mastro-don Gesualdo* del Verga e le *Operette morali* del Leopardi, uscite in una magnifica edizione commentata—e i volumi di critica letteraria e i numerosi saggi sparsi nelle riviste. Io ho pensato e proposto una *Storia degli studi italiani in America: da*

Petrarch's "laurel"—defined by the poet himself as a symbol of glory (v. *Il Canzoniere*, CCLXIII, 2: "The glory of emperors and poets"; cf. also Dante: "So rarely is plucked of it, Father, / for triumph or of Caesars or of poets" [*Par.* I, 28–29]; not to mention the entire classical tradition, from which both Dante and Petrarch derive the concept)—the laurel was identified as nothing less than "chastity" itself.

In his accompanying letter, Giovanni had commented: "Strange how certain writings work: one by one the words are very clear, but if you put them all together... they leave you sad and disappointed, with an empty fistful of flies, either because the flies weren't there or had flown away in silence. Academia is full of such pearls." And he concluded: "Schiller, in *Die Jungfrau von Orleans*, suddenly wrote something extraordinary because extremely wise: 'With stupidity the Gods themselves struggle in vain'" (Act III, sc. 2).

In February 1977, probably because I wanted to die, I took all my correspondence, including the very important one with Giovanni, together with my notes and unpublished writings, to the poet Earle Birney of Toronto, who delivered the many boxes to the manuscript section of the Fisher Rare Book Library at the University of Toronto, where everything was put in good order and stored in an appropriate place. Scholars will be permitted to examine the documents only after my death.

Giovanni identifies himself as a "missionary of culture." Since I too have been a sort of missionary, I consider the definition quite appropriate: suffice it to remember the many years he has devoted to the diffusion of Italian culture, not only directly and indirectly by organizing centers of Italian studies in various universities, but also through his translations—Verga's short stories and *Mastro-don Gesualdo*, Leopardi's *Operette morali* in a beautiful edition with commentary, his many volumes of literary criticism, not to mention the generous contributions to prestigious literary journals. So much so that I have proposed a *History of Italian Studies in America: from Lorenzo Da Ponte to Giovanni Cecchetti*.

Lorenzo Da Ponte a Giovanni Cecchetti.

Lorenzo Da Ponte arrivò in America il 20 maggio del 1824 e diventò professore d'italiano al Columbia College di New York, poi Columbia University, dove ebbe amici e collaboratori illustri (come il mio corregionale molisano Orazio de Attellis, che più tardi Sam Houston ricompensò come patriota dell'indipendenza del Texas), e dove diffuse non solo la lingua, ma la cultura italiana. Dopo aver scritto i grandi libretti per Mozart,[1] s'era fatto anche lui missionario della cultura. Le sue *Memorie* sono indubbiamente una delle autobiografie più fascinose della letteratura italiana.

*

Un giorno Giovanni capitò ad Albany e lo misi in una leggerissima casetta che m'ero acquistata in mezzo agli alberi. A un muro c'era un armadietto verticale. Lo guardò ben bene, eppoi mi chiese:

"Lì dentro che ci tieni?"

"Dove?"

"In quell'armadietto? Cos'è quella pila di roba?"

"Ah quella", risposi. "Sono manoscritti; romanzi, racconti. Ce n'è di quelli in due o tre versioni. Ventiquattro. Ecco perché il mucchio è così alto".

"Quando li pubblichi?"

"Non lo so", risposi. "Pubblicare non è importante. È importante scrivere".

"Come vivere; importante è navigare", riflettè Giovanni. Si riferiva al famoso detto da Plutarco messo in bocca a Pompeo, che deve salpare nonostante la gran tempesta. E mi ricordai che anche lui la pensava così, non solo perché aveva pubblicato pochissimo della sua poesia e narrativa, ma perché fin dai primi giorni del nostro sodalizio m'aveva scritto che pubblicare o non pubblicare alla fin dei conti era lo stesso. Ed eravamo andati subito d'accordo. Nelle sue parole ritrovavo la mia stessa filosofia. Aveva scritto

Lorenzo Da Ponte landed in New York on May 20, 1824 and became Professor of Italian at Columbia College, later Columbia University, where he found excellent friends and collaborators (like my fellow countryman from Molise, Orazio de Attellis, later to be rewarded by Sam Houston for exceptional valor during the War for Texas Independence), and where he did good things not only for the language but for Italian culture as well. With the great librettos he had written for Mozart already behind him,[1] Da Ponte too became a missionary of culture. His *Memoirs* are undoubtedly one of the most fascinating autobiographies in the history of Italian literature.

*

One day Giovanni came up to Albany and stayed in a small soft-colored house that I had bought; it was surrounded by trees. Standing against one of the walls was a tall, narrow cabinet. He looked at it intently and then asked:

"What's in there?"

"Where?"

"In that tall cabinet. What's that pile?"

"Oh, that," I answered. "Those are manuscripts; novels, short stories. Some are in two or three different drafts. Twenty-four. That's why the pile is so high."

"When are they going to be published?"

"I don't know," I answered. "To publish is not important. What's important is to write."

"Like life itself; what's important is to stay the course," reflected Giovanni. He was recalling the saying Plutarch puts on Pompeus' lips just as the latter must sail into a raging storm. And then I remembered that Giovanni too felt the same way, not merely because he had published very little of his own poetry and fiction, rather because—from the first days of our fellowship—he had written to me that between publishing and not publishing there was no difference. And we had immediately found common ground.

anche per me: "Tutto scompare: chi si ricorderà dei nostri libri fra cento anni? E fra mille? Eppoi si scrive e si stampa sulla carta, che si deteriora e si polverizza in poco tempo. Tutte le idee degli uomini e tutti i loro sentimenti son fatti di carta: la memoria dell'umanità, incanforata nelle biblioteche, è fatta di carta. E allora perché pubblicare? È concepibile farlo soltanto per noi stessi, finché dura—oppure per i nostri amici, cioè ancora per noi. Non ci vedo altro senso".

Questo rappresenta un superamento anche di quello che potrebbe apparire cinismo. Il fare il "missionario della cultura" è per lui, come per me, un modo di sopravvivere nelle generazioni future. Ed è un modo più sicuro che cercare riconoscimenti, che per loro natura son sempre effimeri. Quando scrisse la lettera riportata nella mia introduzione al *Diario nomade*, e da cui deriva il brano appena citato, Giovanni sembrava avere ormai raggiunto da tempo queste conclusioni.

Infatti, ripensando agli altri, specialmente a coloro che avevano cercato e ancora cercavano onori, e mettendosi a scrivere della gloria, tirò fuori un aneddoto che va sino in fondo all'animo di chi riflette sul presente e sul futuro: "Un mio conoscente voleva fama; ma da vivo. Sollecitava medaglie e onori d'ogni genere, e spesso glieli davano, o in pagamento di debiti o per levarselo di torno. Intanto gli veniva tributato rispetto e ammirazione dovunque andasse. Un giorno gli dissi: 'Fra cinquant'anni nessuno si ricorderà che siamo esistiti'. Dopo averci pensato un istante, soggiunse: 'Per fortuna!'" Il futuro dunque, ci dice Giovanni, forse è meglio che non esista; il suo interlocutore ha paura che di lui si ricordino le magagne. E di queste magagne Giovanni ha anche scritto nel "Cassone", in quel libro poetico e mitico che s'intitola *Danza nel deserto*.

E giacché siamo su questo tema, voglio riportare un altro brano di quella lettera, anch'esso citato nell'introduzione a *Diario nomade*: "Io ho sempre avuto fortissimo il senso della precarietà della nostra vita, della mancanza di un vero significato al nostro

His words expressed my own way of thinking, especially when he wrote: "Everything disappears. In a hundred years, or in a thousand, who will remember our books? Besides, we write and publish on paper, which quickly deteriorates and turns to dust. All the thinking of men and all their feelings are made of paper: mankind's memory, embalmed in libraries, is made of paper. Why then should we publish? Conceivably it can be done only for ourselves, as long as we live—or for our friends, which is the same. I don't see any other sense in it."

All this goes well beyond what might appear to be mere cynicism. Being a "missionary of culture" for him, as for me, is a way of surviving in future generations. And it is a safer way than seeking rewards, which by their very nature are always ephemeral. When he wrote the letter I included in my introduction to *Diario nomade*, from which the above quotation is taken, Giovanni seemed to have already reached firm conclusions.

In fact, as he reflected on those who had sought or were still seeking rewards and recognition, he told me a story that goes deep into the soul of whoever thinks about the present and the future: "An acquaintance of mine wanted fame; but while he was still alive. He sought medals and rewards of all kinds; often they were granted to him, either in payment for some service or to quiet him down. Meanwhile, he won respect and admiration. One time I said to him: 'in fifty years nobody will even remember that we existed.' Whereupon he retorted: 'Fortunately!'" It is better—Giovanni seemed to be saying—if the future does not exist; whereas his interlocutor was afraid people would remember him only for his flaws. And of such flaws Giovanni has written in "Il cassone," in that poetic and mythical book entitled *Danza nel deserto*.

At this point, I must again quote from Giovanni's letter of introduction to *Diario nomade*: "I have always had a strong sense of the precariousness of our lives, of the lack of any true meaning to our inevitable daily existence, and also of the precariousness of the universe in which we find ourselves rooted, for we know that it too

inevitabile andar quotidiano, e anche della precarietà di quest'universo in cui stiamo pur piantati mentre sappiamo che esso stesso finirà. Anche questo senso vorrei illudermi d'esser riuscito a partecipare". Parlava del suo poema, "La grande vallata", che per lui è "la nostra odissea e quella di tutti gli altri, proiettata su di uno sfondo cosmico": dieci densissimi canti, con un prologo e un epilogo, in cui si procede dalla visione degli uomini "alberi mozzati alla ceppaia", alla scomparsa del tempo, quando "l'eternità sbadiglia / seduta sulla polvere". C'è qualcosa di antico in queste parole di Giovanni, e di perenne.

*

Giovanni è un nome che m'ha accompagnato attraverso la vita. I Giovanni sono quasi infiniti, da Giovanni Battista a Giovanni Grisostomo a Giovanni Boccaccio a Giovanni Pascoli, fino a mio zio Giovanni del Minnesota. A nominarli tutti sarebbe un po' come fare, sia pure in capsula, la storia della nostra civiltà. Il Giovanni del Quarto Evangelio e dell'Apocalisse mi rivelò che Dio è Verbo, cioè Parola: quella che, or dolce or brutale, doveva infine, almeno per me, rivelarsi binario esistenziale scrittorio, veicolo e destino d'un'intera esistenza. Anche per il nostro Giovanni; non ha infatti mai smesso di ripetere che non abbiamo altro, che non solo non sappiamo comunicare, ma non sappiamo nemmeno pensare, nemmeno sognare, se non in parole. E si è messo anche ad esaminare le variazioni tonali che percorrono i viaggi espressivi, come fa a p. 62 di *Spuntature e intermezzi*: "Parlare è un po' come cavalcare: c'è chi va al passo e chi al trotto o addirittura al galoppo. Chi ha qualcosa da dire procede lento, e a volte si ferma. Quelli che galoppano sulle parole non hanno mai tempo di pensare. I politici, che non hanno mai idee, parlano continuamente. I professori allungano e attorcigliano i luoghi comuni che ognuno può leggere da sé. In Italia, il sogno del professore è di diventare uomo politico. Nelle conversazioni private, come nelle manifestazioni

will have an end. I'd like to believe that I have succeeded in communicating this sense as well." He was referring to "La grande vallata," a poem which he identifies as "our own and everyone else's odyssey, projected against a cosmic background": ten extremely compact cantos, together with a prologue and an epilogue, through which the reader proceeds from an initial vision of mankind—"like trees lopped off at the stump"—to the disappearance of time itself, where, "seated in the dust / eternity is yawning." There is something ancient in these words of Giovanni's, and something perennial.

*

Giovanni is a name that has accompanied me throughout my life. The Giovannis are almost innumerable, from Giovanni the Baptist to Giovanni Chrysostom to Giovanni Boccaccio to Giovanni Pascoli, all the way down to my uncle Giovanni of Minnesota. To name them all would be almost like writing, in capsule form, the history of our civilization. Giovanni of the Fourth Gospel and of the Apocalypse taught me that God is *Verbum*, that is to say, Word: the word, whether sweet or brutal, that was destined to become my existential writing track for an entire lifetime. This is true for our Giovanni as well; in fact, he has never stopped repeating that we have nothing else, and that we cannot communicate, cannot even think, or dream, except in words. Thus, he has examined the levels of tone that course through diverse stylistic voyages, as on p. 62 of his *Spuntature e intermezzi*: "Speaking is a little like horseback riding: some just walk, some trot, and others go at a gallop. Those who have something to say go slowly, and at times they stop to think. But those who gallop over the words never have time to think. Politicians, who have no ideas, talk incessantly. Professors stretch out commonplaces like rubber bands, twisting the ones anyone can read for himself. In Italy, university professors dream of becoming politicians; in private con-

pubbliche, parlano esclusivamente di se stessi. Virgilio, che aveva dentro un universo di poesia, non riusciva a conversare con gli amici: gli mancavano sempre le parole".

E la parola mi rivelò la memoria: la quale oggi mi ricorda che da quel primo Giovanni tutti gli altri, incontrati o figurati per via, mi diventarono quasi consanguinei. Mi parve anche che avessero in vario modo stretti vincoli in comune, sebbene questo aspetto, o ipotesi o intuizione, sia da interpretare con generosa larghezza. Se si vogliono citare alcuni di questi tratti caratteristici, o somiglianze di pensiero e sentimento, ci si dovrà riferire alle argomentazioni e speculazioni sul tempo, alla sensualità, all'essenzialità, specialmente se lucidata da un buon bicchiere, all'*ora et labora* degli eremiti, soprattutto di quelli che si cibarono esclusivamente di pesce e vino—come dice il nostro Giovanni di quel Pietro istigatore della Prima Crociata, in un pezzo dedicato appunto al vino—eppoi all'insofferenza per gl'idioti, alla socievolezza e al colloquio, all'amore per l'indipendenza e alla padronanza dell'ignoto.

Sul concetto di tempo Giovanni ha scritto varie volte, cominciando dal rifacimento dell'ode oraziana *Eheu! fugaces, Postume*, la quattordicesima del secondo libro dei *Carmina*, da lui tradotta da par suo; con perfida perfezione interpretativa, anche se ci ha messo il monte Soratte, tratto da un'altra ode (e Orazio avrebbe certamente approvato), e meglio anche delle *Imitations* di Robert Lowell. Comincia così: "Ah come rapido, Postumo, il tempo / scivola giù dal Soratte, / insieme alla bianca rugosa vecchiezza / e all'indomita morte". L'ode, significativamente, appare in due collezioni di suoi versi: *Nel cammino dei monti* (Firenze: Vallecchi, 1980) e *Favole spente* (Venezia: Edizioni del Leone, 1988). Ed ha anche detto: "Il tempo ti conduce fino all'orlo; poi se ne va". Oppure: "È lo sforzo di cucire un senso dentro il presente". Oppure: "La lanterna che trema lontano e quella che ci portiamo dentro sono un unico, incerto barlume". O ancora: se guardiamo la televisione, il tempo ci combina strani scherzi: "riesce a farci assistere agli eventi prima che si verifichino. In California si

versations, as well as at public appearances, they talk about nothing but themselves. Virgil, who created a universe in words, had trouble talking even to his friends: he was always short on words."

And the Word revealed to me the significance of memory. Today I remember that all the Giovannis, from the first to all the others I encountered on my journey, have become almost my relatives. They seem to have been closely related to one another—a hypothesis or intuition which must be interpreted, of course, with considerable broad-mindedness. But if we wish to glimpse the traits they held in common, we must begin with their ideas and meditations on time, on sensuality, on human essence—well-illuminated by a good glass of wine—and on the *ora et labora* (pray and work) of the hermits, especially those who survived exclusively on fish and wine, as our Giovanni says in a piece devoted to wine about that certain Peter, instigator of the First Crusade; we must also consider their intolerance for idiots, their social habits, their penchant for dialogue, their love of independence and, finally, their mastery of the unknown.

As regards the concept of time, Giovanni has expressed himself on several occasions, beginning with his reworking of Horace's "*Eheu! fugaces, Postume*" (the 14th ode of *Carmina* II), an ode that he translated with consummate interpretive skill—compare it, for example, to some of Robert Lowell's "imitations"—even while including a reference to Mt. Soratte, taken from another ode (and I suspect Horace would have approved). This is the way it begins: "How quickly, oh Posthumous, time / tumbles down Mt. Soratte, / bearing white and craggy old age / together with indomitable Death." Significantly, this ode surfaces in two volumes of Giovanni's poetry: *Nel cammino dei monti* (Firenze: Vallecchi, 1980) and in *Favole spente* (Venezia: Edizioni del Leone, 1988). Giovanni has also written: "Time takes you to the brink; and then it leaves you there." Again: "It is our attempt at weaving meaning into the present." And again: "The lantern that trembles in the distance and the one we carry within are the same uncertain

vedono la mattina gli abitanti di Beirut sotto le bombe del pomeriggio; o le devastazioni d'un tifone abbattutosi sulle coste giapponesi all'alba del giorno dopo". O il tempo è un'"estensione della psiche umana", secondo il detto d'Agostino? (*Spuntature...*, 11, 13, 14)

Giovanni ha scritto, magari nella forma condensata dell'aforisma, su molti dei temi summenzionati. Non si possono citar tutti. Mi limito alla sua distinzione fra gl'intelligenti e i meno intelligenti: "Gli uomini intelligenti sentono negli altri i partecipi della loro stessa umanità; li rispettano e li amano. Perché l'intelligenza è madre della comprensione, che a sua volta si manifesta in generosità e amore. Parlano poco. E sono i rarissimi che hanno qualcosa da dire. Vengono ignorati dalla maggioranza, cioè dai poco intelligenti, e disprezzati e odiati dai meno intelligenti". Questi ultimi "son quelli che s'affannano giorno e notte per convincere, e per convincersi, che sono i più intelligenti. Svalorizzano e sviliscono il lavoro degli altri: è un modo per proclamarsi importanti e per giustificare la propria esistenza. Non esitano a salire su un cadavere, per sembrare venti centimetri più alti. Si agitano all'interno di molte delle organizzazioni e delle istituzioni, e a volte riescono a dominarle" (*Spuntature...*, 60–61).

Giovanni è un poeta che parla per immagini, ma è anche un riflessivo; strana cosa uno che pensa sognando, o sogna pensando. Continuo a citare da quell'aureo libretto, *Spuntature e intermezzi*, che val la pena di tener sempre presente. Là scrive che i musicisti dormono con la testa piena di visioni fatte di note e i poeti con la testa piena di visioni fatte di sillabe. Da svegli si sforzano di ricuperare quelle visioni, quelle note e quelle sillabe, perché per tutti la vita è una continua corsa al ricupero. Ma solo gli artisti lo realizzano. E conclude: "Frugano tra i cespugli del sogno, scoprono il deserto e si mettono a rifarlo" (27).

E giunge a scrivere queste stranissime e verissime cose:

"Non so come ci capitai. Avevo lasciato la macchina sulla ghiaia giallastra vicino a un cactus gigante e m'ero messo a

dimming light." And once more, but with time playing tricks on us as we watch the television screen: "It makes us see the events before they happen. In California, in the morning, you can see the inhabitants of Beirut under the bombs of the following afternoon, or the devastation wrought by a typhoon rolling over the coasts of Japan at dawn of the following day." Is time perchance "an extension of the human psyche," as St. Augustine says it is? (*Spuntature...*, 11, 13, 14)

With that terse, aphoristic style of his, Giovanni has dealt with many subjects, too numerous to adequately illustrate in this *Introduction*. We must, however, consider at least the distinction he draws between intelligent people and their opposite: "The intelligent ones include others as participants in their own humanity; they respect and love others—for intelligence breeds understanding, which in turn shows its colors through generosity and affection. They do not talk much, yet they are the few who have something to say; and they are ignored by the majority, that is, by those of lesser intelligence." The latter, instead, "strive day and night to convince others, and themselves, that they indeed are the more intelligent. They defame and vilify the labors of others, which is their way of asserting their own importance, their very existence. And they will not hesitate to step on the body of a dead man, if only to appear some few inches taller. They agitate under the cover of legitimate organizations and institutions, and often manage to control them" (*Spuntature...*, 60–61).

Giovanni is a poet who thinks while dreaming; and this is why his writings are replete with reflections. In the same *Spuntature e intermezzi*, that golden little book one should keep always close at hand, he writes that musicians sleep with their heads full of visions made of notes and poets with their heads full of visions made of syllables. When they are awake they strive to recover those visions, those notes and those syllables, because for everyone life is a continuous race toward recovery. But only true artists ever achieve it. And he concludes: "They ransack the underbrush of their

camminare sui sassi, inciampando negli sparuti cespugli, tremanti nell'aria secca. Era una zona identica a tante altre; ci avevo fatto talmente l'abitudine che mi pareva che tutto l'universo fosse così—senza sentieri, senza ruscelli, e specialmente senz'erba" (*Danza nel deserto*, 7).

E poi, ecco, qualcosa accade:

"Immediatamente vidi gli scheletri alzare il piede destro, piegare il ginocchio sinistro, scendere dal piedistallo, muovere piano le braccia spingendo la testa indietro, e cominciare a scivolare all'unisono sul pavimento, facendosi musica coi denti. Era un suono curioso, con ogni scheletro che produceva note diverse, ma così perfettamente sincronizzate da formare una serie di accordi che si compenetravano fino a perdersi in una loro sinfonia" (ivi, 16).

Giovanni ha anche parole aspre per quanto viene chiamato storia, e spiega il suo pensiero in una "spuntatura", oltre che nella "Suite della storia", raccolta in *Favole spente*: "Tutti i popoli s'esaltano di storia. Eppure la storia è un'ininterrotta catena d'assassini e di stragi. I grandi eroi sono i grandi massacratori. Delle vittime si parla solo come di numero che serva all'esaltazione del massacratore: milioni di cadaveri con cui costruire l'arco di trionfo. Perché la storia l'hanno scritta o i massacratori o i loro lacché. È il peana che gli assassini cantano a se stessi. Chi sa quanti oggi sono i discendenti dei massacratori! Per le vittime non era possibile riprodursi. Che potrebbe anche spiegare l'origine della grande crudeltà che vibra nel fondo umano, personale e collettivo. Meglio dimenticare la storia e ricominciar da capo. Se si può" (34).

Ed allo stesso modo ha condannato gli abitanti del mondo in cui è stato messo a vivere: gran parte della molta gente che popola i dipartimenti universitari, dentro i quali certi individui razzolano come ducetti (o muse/madame) di paesucoli nei quali ci s'imbatte nei convegni. A p. 28 delle citate *Spuntature* Giovanni descrive gli oratori con sardonica gentilezza: "Chi frequenta i congressi dei

dreams, they discover the desert and begin making it anew" (27).

And he can write these strange and yet so true facts:

"I don't know how I got there. I had left my car on the yellowish gravel next to a giant cactus and had begun to walk over the stones, stumbling along the emaciated shrubs, which quivered in the parched air. The place was like many others; I had gotten so used to them that to me the world was like this, everywhere: without streams, without byways, and especially without grass" (*Danza nel deserto*, 7).

And then something happens:

"Immediately I saw each skeleton lift its right foot, bend its left knee, climb down from the pedestal while slowly moving its arms, pushing its head slightly backwards, and then begin to slide along the floor, each one in unison, and all accompanying themselves with the music of their teeth. It was a strange sound, with each one producing different tones, but so well synchronized that they permeated each other, losing their individuality and all blending into a unique symphonic melody" (*Danza...*, 16).

Giovanni has harsh words for that phenomenon we call history, not only in his poem "Suite della storia" (of *Favole spente*), but also in one of his *Spuntature*: "All people find their exaltation in the glories of history. And yet history is an uninterrupted chain of murders and slaughters. The great heroes are the great slaughterers. History refers to its victims only in number: millions of corpses with which to build triumphal arches. For history has been written by the slaughterers or by their lackeys. It is the paean that murderers sing to themselves. Who knows how many, today, are the descendants of murderers! The victims were unable to reproduce; which might even explain the great cruelty that vibrates at the core of the human psyche, be it personal or collective. Better to forget history and start all over again. If we can!" (34)

In much the same way, he has attacked those who inhabit the very world in which he himself has labored most of his life: the community of academics, especially those who rummage among

'dotti' e ascolta pazientemente relazioni e interventi, sa che gli oratori si servono di artisti, di filosofi e di scienziati da meri pretesti per la propria glorificazione. Ed è meraviglioso che siano così ingenui da credere che nessuno se n'accorga".

In un'altra occasione (cfr. *Forum Italicum* [Spring 1992], 252) li chiama "pavidi molluschi", che corrono nelle sale dei congressi per ritrovare i "grandi insetti" loro fratelli abbarbicati a dei leggii, mentre deturpano, esorcizzano e ricompongono "la lingua dimidiata dei poeti".

Parla spesso del deserto, che conosce assai bene, un deserto vero, ma anche simbolo di quel che ha per tanti anni circondato la nostra vita, travasatasi in quella specie di deserto dell'eroismo che m'era parsa "La grande vallata" e "Nel deserto un giorno", e insieme tutta la nostra esistenza vissuta alla ricerca di quella che è anche innocenza; l'instancabile aspirazione d'un inesauribile rapporto con la natura e con gli altri. Le sue poesie e le sue prose ci sono piantate. È il deserto della California, accanto al quale ha dovuto far sosta; un deserto che è, e insieme non è, un deserto, a suo modo popolato di senso e d'avventura. Ecco che oggi ripete, come in un sogno, una cosa che ha saputa da sempre: la sua personale dominanza dell'ignoto, il deserto appunto: "Io son vissuto accanto al deserto per molti anni. Un deserto vivo, che mi si muove davanti agli occhi, ed eppur fermo, con sassi e cespugli e lucertole inchiodate nel sole. Ci ho trovato un senso alla vita randagia di tutti, che camminano e traslocano pur restando sempre nel medesimo posto. Lo vedo popolato di gente, sia quella della mia infanzia italiana che quella della mia giornata adulta di oggi" ("Sullo scriver poesia [in terra straniera]", nel già citato numero di *Forum Italicum*, 256). E subito dopo il sogno mescola la visione del deserto con la visione dell'oceano: "Come quando da un colle californiano si guarda l'oceano e a un tratto ci si vedono camminar sopra uomini e animali, tesi verso una mèta che rimarrà ignota sia per loro che per noi. E si sentono cominciare a cantare. Quasi che camminare insieme sugli spruzzi bianchi non fosse altro che

their departments and whose behavior, at best, is questionable—the little duces (or "*muses/mesdames*") we run into at professional conferences. On p. 28 of *Spuntature*, Giovanni describes such individuals with sardonic kindness: "Those who attend 'scholarly' conferences and listen patiently to papers and comments know that the readers are using poets, philosophers and scientists as mere pretexts to glorify themselves. And it is indeed surprising that such readers should be so naive as to assume that nobody notices."

In another instance (cf. *Forum Italicum* [Spring 1992], 252), he dubs "pavid mollusks" those who scuttle from one hall to another seeking "the great insects," their true confreres, who in turn read while clinging to lecterns—defacing, exorcising, and reconstructing "the fractured language of poets."

He often writes about the desert, which he knows well; a real desert and at the same time symbol of the one that has surrounded our lives for so many years. This phenomenon has found its unique expression in that desert of heroism I encountered in "La grande vallata" and in "Nel deserto un giorno," and, of course, throughout our entire existence, whenever we went searching for some sort of innocence—the inexhaustible connection with nature and with other human beings. His poems and his prose writings are rooted in it. In the California desert where he had to pitch his tent; a desert that is, and at the same time is not, a desert—so intensely crowded with feelings of adventure and a logic all its own. And so he reiterates, as in a dream, what he has always known: his personal closeness to the unknown: "I have lived on the edge of a desert for many years. A living desert that moves before my eyes and at the same time is motionless: pebbles and bushes and lizards nailed in the sun. And I have found a meaning in this, for everyone's life is one of wandering and running, only to remain in the same place. To me the desert appears filled with people, both those of my Italian childhood and those of my present everyday life" ("On Writing Poetry [in a Foreign Land]," in the above-mentioned issue of *Forum Italicum*, 256). And soon after he mixes desert and ocean:

musica" (*ibidem*).

La filosofia cecchettiana, già espressa in una lettera riportata nell'introduzione a *Diario nomade*, che potrebbe ancora oggi funzionare in una ipotetica Postfazione a tutta l'opera di Giovanni (poesia e prosa), si è andata maturando col tempo, proprio come si dice del vino. Risplende oggi ancor più chiara, senza equivoci né paraocchi, in tutti i suoi scritti posteriori, sino a *Favole spente* (Venezia: Edizioni del Leone, 1988), un volume di poesie che Giovanni considera, e giustamente, il suo "libro migliore", aggiungendo: "Ho sempre pensato che in tutta la vita uno non scrive che un solo libro. Se è vero, questo è il mio libro" (da un'intervista con Michael Lettieri per la rivista *Ipotesi 80*, I/II [giugno 1989], 123–130). Parole che si riempiono di significato se viste accanto alla carica filosofica di *Favole spente*, qual è riassunta dallo scrittore con chiarezza e chiaroveggenza nella stessa intervista concessa a Michael Lettieri: "La vita è una favola fatta di favole. Leopardi vedeva la vita come una serie di illusioni distrutte dalla realtà. Io invece credo che si possano vivere le favole, sentirne il succo e il sapore, anche se sappiamo che stanno scomparendo, che si spengono o che si spegneranno. Credo che non ci sia altro modo di vivere. Bisogna accettare quel che possiamo avere, anche se questo è favola" (130).

Che va letto insieme a una serie di considerazioni e pensieri legati ai classici, di cui è assiduo lettore. Sono sparsi nei suoi libri e in parte in questo volume. Si tratta della vecchia saggezza, di chi può esprimersi in tono ironico, col sorriso sulle labbra, perché non dice altro che l'ovvio, cosicché anche chi ascolta possa sorridere sì, ma mentre ne coglie tutta la sostanza. Si legga il tante volte già citato libretto *Spuntature*, alcune pagine del quale occorrono in questo volume, oppure i pezzi più brevi, come "Un volo di pernici", o più complessi, ma sempre chiarissimi, come quello "Sul vino", o "Lettere e postini", o "Il voltapagine", o "Il pozzo dell'infanzia", o "L'infermo", dove, pur non facendo mai concessioni al sentimentalismo, par che cammini su un filo teso fra la poesia e la

"Like when we watch the ocean from a California hill and suddenly in the distance we see people and animals walking on the waves toward a place as unknown to them as to us. And then we hear them begin to sing. It's almost as if walking together in the white spumes could be nothing but music" (256).

Giovanni's philosophy—articulated in the original letter of introduction to *Diario nomade*: a statement which, even today, might well serve as the nucleus for a critical study of his entire output (poetry as well as prose)—has matured with time, just as one says about wine. Today it shines all the more clearly, never hedging and without equivocation, in all his subsequent writings, up through *Favole spente* (1988), a volume of verse which Giovanni considers his very finest: "I have always believed that over a lifetime a writer writes only one book. If it is true, this is my book" (from an interview with Michael Lettieri, *Ipotesi 80*, I/II [June 1989], 123–130). An affirmation which becomes even more significant when seen side by side with the author's own description of the volume's philosophical underpinnings: "Life is a fable made of fables. Leopardi viewed life as a series of illusions destroyed by reality. I, on the other hand, believe that we can live our fables, even though we know that they are disappearing, or that they will soon disappear. I do not think there is any other way to face life. We must accept what we can get, even though it is nothing but a fable" (from the same interview, 130).

All this must be read in the broader context of his thoughts and reflections, often inspired by classical texts, which he reads assiduously. Such thoughts are scattered throughout his writings, and, to some extent, in the present volume. They are the old wisdom of someone who can express himself ironically, with a wry smile, simply because he is only saying the obvious; and so the reader/listener may smile as well, while savoring the substance of something profound. Suffice it to examine the often quoted *Spuntature* (some of which are included in the present edition), or the shorter pieces like "And Suddenly Partridges Came Flying

prosa: e non parlo di "Danza nel deserto", dell'"Ascensore", della "Macchina dell'aria", dove siamo veramente nel regno della poesia (tutti i soprammenzionati sono inclusi nella presente antologia).

*

Giovanni ha avuto sempre una tenerezza estrema per gli amici, e probabilmente i suoi libri di poesia esistono perché esistono i suoi amici. L'esilio della vita è talmente forte che gli pare del tutto necessario far dei gesti da quel suo deserto: allungare la mano per trovare magari anche un cactus; la ricerca è sempre per qualcuno a cui parlare, raccontargli i propri miti. La dedica del *Diario nomade*, indirizzata, come già detto, agli amici di due continenti, continuava così: "Voi avete popolato il mio esilio. Mi auguro di essere stato parte del vostro. E intanto il viaggio continua; come camminare dentro un cerchio, al solo scopo di camminare, perché non è possibile star fermi". *Nel cammino dei monti* era per i suoi "compagni di strada", quelli dell'ultima parte del volume, ma anche per gli altri. *Impossibile scendere* per Gianfranco Contini che sostava "sulla costa pacifica".

La dedica dell'ultimo libro, *Favole spente*, è tanto eterea che fa pensare agli intimissimi del poeta, ormai in perfetta sintonia con lui e con le sue lucidissime convinzioni, e questi io li chiamerei gli "amici cactus", tra i quali includo anche me: "A chi sa di vivere le favole mentre si spengono". Quella del primo libro era diretta a coloro ch'eran parte del nomadismo del poeta, anche se quel suo viaggiare non si configurava in altro che in un'allegoria dell'immobilità. Ora è un raccogliere i miti sbocciati dal suo vagabondare per regalarli agli altri, a quelli che si son creata una mitologia simile: uno scambio e insieme un processo simbiotico.

Tempo fa Raymond Petrillo, che è professore alla Texas A&M University, mi scrisse che aveva intenzione di pubblicare, in una collana da me diretta presso Peter Lang di New York, una raccolta di prose cecchettiane, una specie di antologia da intitolarsi

Out," or the more complex, extremely lucid ones such as "On Wine," "Letters and Postmen," "The Pageturner," "The Well of My Childhood," "The Invalid"—stories that make no concession to sentimentality, yet seem suspended on a thread between prose and poetry; not to mention "Dance in the Desert," "The Elevator," "The Machine," which truly belong to the realm of poetry (all of the above are included herein).

*

Giovanni has always nurtured deep feelings of tenderness for his friends. Probably his books of poetry exist only because his friends exist. His sense of exile is so great that he can hardly contain certain gestures from his desert: to extend his hand and find perhaps no more than a cactus; but his quest is always for someone with whom to speak, with whom to share his own myths. The original dedication of *Diario nomade* to his friends of two continents, continued with these words: "You have peopled my exile. I hope I have been part of yours. And meanwhile the voyage continues; like walking inside a circle, with the sole purpose of walking, because it is impossible to stand still." *Nel cammino dei monti* was for his "fellow travelers," those mentioned in the last part of the book, but for the others as well; and *Impossibile scendere*, for Gianfranco Contini, who had paused for a while "on the Pacific Coast."

The dedication of his last book of poems, *Favole spente*, is so ethereal that it calls to mind the poet's most intimate friends, those who are in perfect harmony with him and with his extremely lucid convictions; so much so that I would call them "cactus friends," among whom I include myself: "To those who can savor their fables as they are fading." And if Giovanni's first volume was for those who accompanied the writer in his nomadic journey even though that journey had turned into an allegory of immobility, now, the poet gathers up the myths that have blossomed in the course of

Contrappunti / Counterpoints. E nella sua lettera esprimeva un giudizio critico quanto mai interessante, perché si armonizza con tutto il lavoro poetico di Giovanni: "Cecchetti's writing always deals with myths. He is aware that they are myths, indeed that mythmaking is a crucial part of human existence. He believes that we can live the fantasies we create, feel their meaning and flavor, thus enriching our lives, even though we know at the same time that they are fading or being spent, or that they *will* fade and be spent".

Giovanni ha detto spesso, ripeto, che se si pubblica conviene farlo solo per gli amici, che, secondo lui, è come dire per se stessi. E così ha fatto in tutta la sua vita. Anzi, prima di pubblicare manda i manoscritti proprio agli amici, che è come pubblicare, o almeno un primo stadio del pubblicare. Forse anche per questo è più noto come critico letterario e come traduttore del Verga e del Leopardi che come poeta. Sostiene, come nel pezzo sulla poesia incluso in questo libro, che i migliori critici sono proprio i poeti, perché sanno com'è fatta la poesia; una convinzione che non sembra in sintonia con quel che pensa la maggior parte di coloro che fanno i critici di professione.

Per fortuna alcuni dei suoi amici—coloro per cui ha scritto e pubblicato—hanno capito, hanno ricevuto il messaggio ed hanno preso sul serio la sua poesia e la sua prosa, e devo dire che l'hanno fatto con ammirabile penetrazione, da Fredi Chiappelli a Danilo Aguzzi-Barbagli a Rebecca West a Raymond Petrillo; nel gruppo mi ci devo mettere anch'io che, come dimostrano i miei scritti, sono stato dei primi a capire.

Mi ci devo mettere appunto per il lungo sodalizio, ma anche e soprattutto perché Giovanni ha capito anche me, che ero fuggito da casa su un camion per ritrovarmi fra i repubblichini senza sapere perché, e senza aver mai accettato, né allora né dopo, un partito politico. Ha capito *Tiro al piccione* (Mondadori: 1953, ristampato da Einaudi: 1992, con un bel saggio prefatorio di Sebastiano Martelli) come un libro di sottesa polemica contro la guerra, contro qualsiasi guerra. E lui, proprio quand'io ero "dalla parte sbagliata",

his wanderings and offers them to others, to those who have created a parallel mythology for themselves: an exchange and at the same time a symbiotic process.

Some time ago Raymond Petrillo, a member of the faculty at Texas A&M University, wrote to inform me that he wanted to publish, in a series I edit for Peter Lang in New York, a collection of Cecchetti's prose writings, a sort of anthology to be entitled *Contrappunti / Counterpoints.* In his letter he expressed an extremely interesting critical opinion, which is in harmony with all of Giovanni's works: "Cecchetti's writing always deals with myths. He is aware that they are myths, indeed that mythmaking is a crucial part of human existence. He believes that we can live the fantasies we create, feel their meaning and flavor, thus enriching our lives, even though we know at the same time that they are fading or being spent, or that they *will* fade and be spent."

Giovanni has often said, and I repeat, that if we publish we should do it only for our friends; something which, in his view, is like doing it for ourselves. And so he has done all of his life. In fact, before publishing, he sends his manuscripts to friends; which is like publishing, or at least is a first stage of publishing. This is perhaps another reason why he is better known as a literary critic and translator of Verga and Leopardi, than as a poet. He maintains (as in the piece on poetry in the present volume) that poets are indeed the best critics, because they know what poetry is; a conviction that does not seem to be in harmony with the current ideas of most professional critics.

Fortunately, some of his friends, for whom he has written and published, have understood, have received the message and have taken his poetry and his prose seriously; and I must say that they have done so with admirable perspicacity—from Fredi Chiappelli, to Danilo Aguzzi-Barbagli, to Rebecca West, to Raymond Petrillo; I must say that I, too, belong to this group, for as one can see from my writings, I was among the first to understand.

I belong to the group because of my years of fellowship, but

era allievo ufficiale in Puglia, parte d'un esercito in sfacelo, e presto si ritrovò a Cassino, finché non andò a far parte dell'Esercito di Liberazione Nazionale, mezzo partigiano e mezzo alle dipendenze dell'VIII Armata inglese; ed era stato proprio in quei giorni che aveva scritto un libretto di miti, *Il villaggio degli inutili*, uscito quarant'anni dopo per le cure d'un altro amico, Michele Ricciardelli, il fondatore e direttore di *Forum Italicum*, un'importante rivista di studi italiani stampata in America. Giovanni dunque era "dalla parte giusta", ma ha spesso detto che moltissimi di coloro che erano dalla parte sbagliata ci si trovarono senza quasi accorgersene, certamente senza volerlo e senza poter tornare indietro. Sì, la storia; chi potrà mai dire perché uno ci si trova dentro? È una parte essenziale della filosofia di Giovanni, come ho già scritto. E dei miei libri Giovanni mi dice che ammira molto l'orientamento storico di *Tiro al piccione*, anche se preferisce *Una posizione sociale*, probabilmente a causa di quello speciale alone poetico—il suono del corno che domina tutta la vicenda—che corrisponde di più alla sua personalità, per cui ogni fatto umano, sia pure tragico, si avvolge subito in un velo di fantasia che genera la comprensione umana.

Una volta Giovanni mi disse che aveva passato l'infanzia fra i racconti e le fantasie, sinché non s'era incontrato con i poeti della grecità e della latinità, e con Dante e i vari poeti europei fino a quelli del nostro tempo, specialmente Pascoli e Ezra Pound, che leggeva come fantasticatori di una vita che riuscivano a vivere proprio perché fantasticavano. Ciò si riflette non solo nella sua opera, ma nel suo modo di pensare e di comunicare con gli amici.

*

Una notte di gennaio mi svegliai di soprassalto, sudato e stralunato, nel letto del mio compare di matrimonio e collega romanziere Pietro Corsi, non nel nostro paese natale, Casacalenda del Molise, ma nella sua vasta casa di Mazatlán, nel Messico,

also and above all because Giovanni has understood me as well—I, who ran away from home on a truck to find myself among the so-called *Repubblichini* (Fascists), without knowing why, and without ever having been a member of any political party. Giovanni has understood my *Tiro al piccione* (Mondadori: 1953, and reprinted by Einaudi: 1992, with an introductory essay by Sebastiano Martelli) as a book against war, against any kind of war. And yet, just when I was on "the wrong side," he was serving as an officer in Apulia, with an army in disarray; and soon he found himself at Cassino, where he became a member of the Italian Liberation Army, an organization with one foot in the Resistance and the other in the British Eighth Army. Precisely in those days he put together a small book of myths, *Il villaggio degli inutili*, published forty years later under the editorship of another friend, Michele Ricciardelli, founder and editor of *Forum Italicum*—an important journal of Italian studies published in America. Giovanni, then, was on the "right side," but he has often said that many of those who were on the wrong side found themselves there almost without knowing how, certainly without having done so deliberately, and with no possibility of turning back. Yes, how can one ever explain why he finds himself caught in the grip of History? This is an essential part of Giovanni's philosophy, as I have said. And so Giovanni tells me that he admires the historical perspective of my *Tiro al piccione*, even though he prefers *Una posizione sociale*, probably because of its special poetic aura—the sound of a horn floating over the entire story—through which every event, no matter how tragic, is enveloped in a veil of fantasy that produces human understanding; and this, of course, is more consonant with his own personality.

Giovanni once told me that he had spent his childhood among stories and fantasies, until he encountered the Greek and Roman poets, and then Dante and various European poets including those of our own century, especially Pascoli and Ezra Pound, in whom he saw the fantasizers of a life they managed to live precisely because they had fantasized it. This is reflected not only in his writings, but

perché m'era sembrato che suo padre Giovanni, col quale avevo bevuto in passato qualche bicchier di vino, mi tirasse per i piedi, e al solo scopo d'indicarmi una cantina piena zeppa di bottiglie, una *farmhouse*, un po' come quella dello zio Giovanni di St. Paul nel Minnesota, che s'era fatta una cantina a Mendota, sul Mississippi.

E invece m'accorsi, mentre continuavo a sognare, che non ero affatto nel Minnesota, ma al Bar Rosati in Piazza del Popolo a Roma, dove spesso in passato incontravo i vecchi amici; ed ecco che subito ne riconobbi alcuni: Giancarlo Vigorelli, biografo di Giovanni Gronchi, che parlava irritatissimo di Tangentopoli col critico del quotidiano *Il tempo*, Gian Luigi Rondi, ma continuando di tanto in tanto ad occhieggiare Giovanni Spadolini, che tranquillamente se ne stava succhiando un divino gelato, insieme a Giovanni Agnelli della FIAT, e tutti e due erano arrabbiatissimi che, a causa della corruzione e dell'indifferenza d'oggigiorno verso le opere d'arte, la stazione di Firenze non è più il gioiello che era nel 1936, quando Giovanni Michelucci la edificò. Erano ancora i Giovanni che mi affollavano il sogno, come avevano affollato la storia umana e la mia vita stessa.

Appena sveglio m'accorsi che avevo un assoluto bisogno di rivedere Giovanni Cecchetti, per cui volai a Los Angeles, e per alcuni giorni mi fermai a casa sua, bevendo e discutendo di viticultura, di vini e di scienza enologica. Nell'ingresso della casa, arroccata su un colle di Pacific Palisades, c'è un quadro a olio che gli regalai anni ed anni fa e che io stesso inchiodai al muro di sinistra e che raffigura noi due: uno più uno, poeti che camminano e camminano, nel deserto... Ma ecco: camminano? No, stanno sempre là, fermi, nella cornice, dietro la porta. Perché quella è anche la loro filosofia: origliare il mondo, per stufarsene, annientandosi, riedificandosi, studiando l'Italia dall'America, pellegrini e ambasciatori, missionari e discepoli, e che, facendosi pietra, hanno qui l'ultima radice.

Mi vennero in mente dei versi, ma mi guardai bene dal recitarli: Giovanni avrebbe potuto rispondermi sollevando il dilatato occhio

also in his way of thinking and of communicating with his friends.

*

One night in January I woke up with a start, in a cold sweat, frantic, in the bed of my *compare*[2] and fellow novelist Pietro Corsi, not in our hometown of Casacalenda, in Molise, but in his spacious Mazatlán house in Mexico. At first I thought that Giovanni, his father, with whom I had been drinking, was tugging at my feet trying to show me his wine cellar overcrowded with bottles, in a farmhouse, much like my uncle Giovanni's—my uncle from St. Paul, Minnesota, who had built himself a wine cellar in Mendota, on the Mississippi River.

But then I realized I was still dreaming, that I was not in Minnesota at all, but in the Rosati Bar in Piazza del Popolo, in Rome, where in the past I had often gone to see my old friends. Immediately I recognized some of them: Giancarlo Vigorelli, biographer of Giovanni Gronchi, who was railing against Tangentopoli with Gian Luigi Rondi, critic of the daily *Il tempo*, all the while eyeballing Giovanni Spadolini, who sat there quietly, next to FIAT magnate Giovanni Agnelli, licking a scrumptious ice cream; and both of them were steaming mad because—due to present-day corruption and indifference toward works of art—the Florence railway station was no longer the architectural jewel it had been in 1936, when Giovanni Michelucci built it. The Giovannis were still crowding my dreams, as they had crowded human history and my personal life.

As soon as I woke up, I felt an overwhelming desire to go see Giovanni Cecchetti; so I flew to Los Angeles, and stayed at his house for a few days, drinking and exchanging ideas about grape growing, wines and enology. In the vestibule of his house, on a hill in Pacific Palisades, there is an oil painting that I gave him years ago—I myself nailed it to the wall—showing the two of us: side by side, walking and walking in the desert... But are they really

destro: 'che c'entra?' Dissi solo:

"Hai sempre lo Chagall? Mi ricordo quando lo riportasti, che avevi speso gran soldi, eppoi lo studiammo quando fu al muro. Era un rosso vino che sfumava leggermente nell'arancione; ma poco; l'arancione si vedeva assai più in fotografia. Aveva una lunga piega al centro..."

"Oh, quello. Ce l'ho sempre. Anche la piega c'è sempre; è parte integrante del quadro. Sarà stato vent'anni fa, forse di più..."

Così parlammo un po' di Chagall, come lo conobbi ad Antibes, all'epoca in cui si bruciò le mani con gli acidi, intorno al 1954–55, quando preparava le vetrate per Gerusalemme.

"Gerusalemme?"

"Marc Chagall era nato in Russia, ma la sua pietra era a Gerusalemme".[2]

"Eh, già, Gerusalemme", annuì Giovanni, pensoso. Doveva accendersi la pipa e uscimmo fuori, sulla pietra del patio. All'improvviso chiese:

"Hai presente la *Bibbia di Gerusalemme*?"

"No".

"Hai allora presente la *Bibbia di Oxford*?"

"No, mi dispiace".

Immaginai che volesse parlarmi dei sacri simboli del vino, pane e olio, dei quali avevo letto in un suo pezzo, che ora si trova in questo volume, "Sul vino". Da quando anche lui, come me, s'è messo in pensione, si diverte a racimolare e scartabellare, e i fogli e fogli che scarabocchia non li chiama più nemmeno scartafacci, ma *scarafacci*, forse perché quel che inchiostra su quei fogli lo tira fuori da polverosi buchi di biblioteche, dove vivono gli scarafaggi, nonostante che lui dica—ma dev'essere una decisione presa *a posteriori*—che è la contaminazione toscana di "scartafaccio" e "scarafaggio", una spiegazione perfettamente in tono con la mia.

"Tutt'e due le Bibbie annotano che quando Maria alle Nozze di Cana dice *Vinum non habent*, le sei giare disponibili erano di 120 litri ciascuna. Si sarebbe insomma trattato di 720 litri d'acqua da

walking? No, they are standing there, fixed in the frame, on that wall to the left, just past the door. Because that is their philosophy: to eavesdrop on the world and become bored with it, destroying and rebuilding themselves, as they scrutinize Italy from America, strangers, missionaries, disciples and, finally, becoming rock, here is where they plant their final roots.

Some lines of poetry came to mind, but I dared not let them out, for Giovanni might have responded by raising high his right eyebrow—'What's that got to do with it?' So I said merely:

"Do you still have that Chagall? I remember when you brought it home, after spending lots of money; and when it was up on the wall, we began to study it. It was bordeaux finely tempered into orange; but subtle, for the orange was apparent only in a photo. There was a long wrinkle down the center..."

"Ah, that one. It's still here. The wrinkle too; it's an integral part of the painting. It must have been twenty years ago, perhaps longer..."

And so we talked a little about Chagall, how I had met him in Antibes, at the time when he burned his hands with acid, around 1954–55, while preparing the stained-glass windows for Jerusalem.

"Jerusalem?"

"Marc Chagall was born in Russia, but his rock was in Jerusalem."[3]

"Ah, yes, Jerusalem," Giovanni nodded pensively. He had to light his pipe, so we walked out of the house to the rock-paved patio. Suddenly he asked:

"Are you familiar with the *Jerusalem Bible*?"

"No."

"With the *Oxford Bible*?"

"Sorry, I'm not!"

I thought he wanted to talk about the sacred symbols of wine, bread and olive oil that I had read about in his piece "On Wine" (included in the present volume). Ever since he, as I have, retired from teaching, Giovanni enjoys browsing, scraping things together,

convertirsi in vino".

"A Cana?"

"A Cana".

Ci stavamo avviando in un precario ufficiolo, situato in uno "scantinato" della UCLA, a quanto diceva il collega Franco Betti. "In verità è un gabbione per sfollati", rettificò Giovanni, quasi con amarezza, siccome su due piedi era stato messo fuori dal suo ufficio col sopraggiungergli della promozione a Emeritus, e per opera proprio di un paio di "amici" per i quali lui stesso era stato praticamente l'artefice della carriera accademica. Sembra che questo sia il destino dei Giovanni, dentro e fuori la storia: mentre vengono apprezzati per la loro generosità e il loro idealismo, vengono a volte aggrediti, anche fisicamente, e diffamati proprio da quelli che da loro hanno avuto l'autorità e il potere. Il nostro Giovanni non disse niente di tutto ciò, ma aggiunse:

"Ora, ascolta: se gl'invitati alle Nozze di Cana avevano già tracannato tutto il vino disponibile, è lecito opinare che, data la solennità delle nozze, per cui il vino era assolutamente essenziale in notevoli quantità, ne dovessero aver consumato almeno altrettanto, non ti pare?"

"Alle Nozze di Cana?"

"E sai quanti potevano essere? Un dugento, trecento?"

"Tutti ubriachi, vuoi dire?"

"Eh, sì. Devono aver bevuto abbastanza", Giovanni concluse, disserrando la porta. Così m'accorsi che eravamo giunti nel "gabbione", una specie di mini-tendopoli fatta di vecchi alti scaffali metallici stracolmi di libri, ordinati quasi a semicerchio, tipo la bechettiana *End Game*, ma più spaziosa, perché, oltre a un tavolinetto con una vecchia macchina da scrivere, c'era un'ampia scrivania e vari armadi di metallo per tenere in ordine i documenti e gli "scarafacci", oltre a un altro tavolo con un vecchio computer, che Giovanni mi disse di non aver mai usato.

"In ogni caso", Giovanni continuò, "nel *Cantico dei Cantici* la sposa gorgheggia: *Introduxit me in cellam vinariam*". Allungò una

and filling innumerable sheets of paper with his scribblings; scribblings which he refers to, not as scrawls (*scartafacci*), but "*scarafacci*" ("wormings"?), perhaps because whatever he sets down on those sheets is extracted from dusty library holes, where cockroaches live—although he maintains (and it must be an *a posteriori* idea) that "*scarafaccio*" is the Tuscan contamination of *scartafaccio* (scrawl) and *scarafaggio* (cockroach). An explanation which is perfectly consonant with my own!

"Both Bibles note that, at the Wedding at Cana when Mary says, 'They have no more wine,' the six available containers could hold 20 or 30 gallons each; in other words, the water to be converted into wine was circa 180 gallons."

"At Cana?"

"At Cana."

We were headed for a makeshift little office (at least that's how my colleague Franco Betti had described it) in the basement of a UCLA building. "In truth, this cage is for refugees," Giovanni specified, with sadness in his voice; for, as soon as he had been promoted to Emeritus, he was unceremoniously ousted from his regular office, and precisely by a couple of "friends" whom he had helped up the academic ladder. This seems consonant with the fate of all the Giovannis, whether they are inside or outside history: just as they are appreciated for their generosity and their idealism, they are sometimes attacked, indeed physically, and even defamed by those to whom they have lent authority and power. Our Giovanni said nothing about all this, but just added:

"Now, listen: if the guests at the Wedding at Cana had already gulped all the available wine—and on such solemn occasions it had to be supplied in abundant quantities—they must have consumed at least that much, don't you think?"

"At the Wedding at Cana?"

"And how many guests could there have been? Perhaps two or three hundred?"

"All drunk, you mean?"

mano in aria e me la ripresentò davanti agli occhi con un libro. "E questo ce l'hai?"

Si trattava del *Flores sententiarum* di Ernestus Sarasino: un latinista del secolo decimonono. 'Certo', avrei voluto rispondergli. 'Me ne servo anch'io'. Ma scossi la testa, e lui capì no. Il suo "gabbione" m'aveva come abbattuto. 'Del resto', pensai, 'con uno che sa tanto... potrebb'esser gentile sapere di non sapere'.

E così non volli nemmeno dirgli che, dormendo per tre notti nel suo studio, avevo scartabellato le sue cose e letto le sue ultime poesie, e questa in special modo:

PRIMO TESTAMENTO

Ho già bruciato quasi tutto. Ormai
rimangono sparuti frammenti d'una vita
senza bagliori e quasi senza sfoghi.
Solo qualche angoscia ogni tanto, quando
s'è protesa la nemica intransigente
per scaraventarmi giù dentro un suo fondo
verminoso; ma son rimasto in piedi.
Ora i frammenti se ne vanno foglie
di sibilla al vento. Se qualcuno le afferra
si sfaldano in minimi detriti con ognuno
non più d'una lettera di quell'antico
alfabeto che non dice. Si bruciano
da sé contro una polvere senz'acqua.
Non c'è più nulla da ricuperare.

Avrei voluto dirgli, con autentica chiarezza, che questa sua voce è la giusta misura di tutto un viaggio nel blù acrilico della memoria, e vale tanto quanto quella, perché ci ricorda noi stessi, con la nostra ed altre voci: *O cara piota mia, che sì t'insusi...* (cfr. *Par.* XVII, 13). Ma lui, Giovanni, se n'era già andato molto lontano. Volevo comunque, almeno ricordargli quel pensierino del

"Ah, yes. They must have drunk quite a bit," Giovanni concluded, as he unlocked the door. Thus I realized we were already at the Great Cage, a sort of minitentopolis, full of old metal bookcases overflowing with books, arranged almost in a semicircle, more or less like Beckett's *End Game*, but more spacious, because, in addition to a small table with an old typewriter, there was a large desk and several file cabinets for his papers and "*scarafacci*," and also another table with an old computer, which Giovanni said he had never used.

"In any case," Giovanni continued, "in the *Song of Solomon* the bride giggles: 'He led me into the wine cellar.'" He raised his hand and then lowered it to the level of my face, holding a book. "Do you have this?"

It was the *Flores sententiarum* by Ernestus Sarasino, a Latin scholar of the nineteenth century. 'Sure,' I wanted to answer, 'and I use it, too!' But I shook my head, and he understood that I didn't. His Great Cage had almost depressed me. 'Well,' I thought, 'with someone who knows so much… it's only polite to show what we don't know.'

And thus I didn't even tell him that, having slept in the study at his home for three nights, I had browsed around and read his latest poems, especially this one:

MY FIRST LAST WILL

I burned almost everything. By now
only meager fragments remain of a life
with no flares and almost no rejections.
A few pains at times, when the intransigent
enemy reared up ready to hurl me into
her own verminous pit; but I stood my ground.
Now my fragments are Sybil's leaves
flying in the wind. If you can grasp them
they crumble into pieces of debris, each

D'Annunzio sul Pascoli, e dedicarglielo; cosa che lui stesso, col suo preciso acume, aveva ricordato in una rilettura della *Pioggia nel pineto*:

> In nessun laboratorio d'uomo di lettere m'era avvenuto di sentire la maestria quasi come un potere senza limiti. Penso che nessun artefice moderno abbia posseduto l'arte come Giovanni Pascoli la possedeva. La sua esperienza era infinita, la sua destrezza era infallibile, ogni sua invenzione era un profondo rinnovamento. Nessuno meglio di lui sapeva e dimostrava come l'arte non sia se non una magia pratica. "Insegnami qualche segreto", gli dissi a voce bassa.[3]

Giovanni Cecchetti, infatti, come Pascoli per D'Annunzio, mi aveva insegnato molto: specie a leggere Dante, soggetto di tante nostre lettere.

Riconsegnandogli il libro, gli dissi senza parere: "Beh, grazie, Giovanni, grazie di tutto... anche di questa straordinaria visita al gabbione... Me ne ricorderò".

"Anch'io".

"Ma dimmi: da quand'è che ci conosciamo?"

"Da sempre", rispose pronto. "Perché me lo chiedi".

"Mah!" feci, forse perplesso, scrollando le spalle; e lui pure alzò le sue. Si girò verso un mucchio di scartafacci e vi frugò dentro per mostrarmi, credo, qualche altra sua cosa.

"Sto scrivendo sulla gloria". E ridacchiò. "È uno strano soggetto".

"Quella di Cicerone ritrovata dal Petrarca, eppoi buttata nel fuoco da suo padre, a Montpellier?"

La mia voce era un po' afona. Me la rischiarai subito. Ma Giovanni rispose, negando con la testa: "Si dice, però non è sicuro..." E di colpo ricordai una cosa che mi pareva dimenticata... da sempre! Non aveva avuto il Petrarca un figlio di nome Giovanni? Volevo una conferma, e subito: ma lui anche, Giovanni, era stato evidentemente fulminato da quella stessa strana telepatia onomastica che mi stava abbacinando da qualche tempo. Noi che passavamo il tempo nuotando fra le parole, quelle parole

no more than one letter of that ancient alphabet
now mute. They burn alone
against the driest of all dusts. And today
there is nothing more to be recovered.

I would have liked to tell him, as clearly as possible, that this voice of his is the perfect measure of an entire journey in the acrylic blue of memory, and that it has real value, because it reminds us of ourselves, with our own voice as well as with that of others: *Oh my dear root, who are lifted up so high...* (*Par.* XVII, 13). But he, Giovanni, had already traveled very far. I wanted at least to remind him of that short passage by D'Annunzio on Pascoli, and dedicate it to him; he himself, with his usual acumen, had remembered it in a new reading of "La pioggia nel pineto":

> In no workshop of a man of letters had I ever felt the mastery of craftsmanship as something whose power is unlimited. I believe that no modern artist has mastered his art as thoroughly as Giovanni Pascoli. His experience was infinite, his skill infallible, each invention of his was a profound renewal. No one knew or showed more clearly than he that art is a practical magic. "Teach me some of your secrets," I whispered.[4]

In fact, as Pascoli had done for D'Annunzio, Giovanni Cecchetti taught me a great deal: especially how to read Dante, the subject of so many of our letters.

Returning his book, I said somewhat flatly: "*Beh*, thank you, Giovanni, thanks for everything... including this extraordinary visit to your Great Cage... I won't forget it."

"Neither will I."

"But tell me: how long have we known each other?"

"Always," he answered without hesitating. "Why do you ask?"

"I don't know," I said, shrugging my shoulders, a little perplexed; he shrugged his too. He turned to a pile of papers, searching through them, to show me some of his other things; at least that's what I think now.

che contenevano la nostra storia, a volte ci perdevamo tra i nomi; in fondo, non sono parole anche i nomi?

Guardai l'orologio e lui notò che lo guardavo. Era ormai vicina l'ora del sacrosanto bicchiere. E fuori del gabbione, dalle parti di San Fernando Valley, c'era adesso un sole di fuoco al tramonto, glorioso, miracoloso.

"Andremo fra poco", disse.

"Bene. Quando vuoi. Non c'è fretta".

E presi a recitarmi, ma come cantando nella memoria, una cosa che il nostro Orazio scrisse per rassicurare l'amico Mecenate:

Non ego perfidum
dixi sacramentum: ibimus, ibimus,
utcumque praecedes, supremum
carpere iter comites parati. [4]

(Non ho pronunciato un falso giuramento;
andremo, in qualunque tempo mi guidi,
andremo, da compagni, pronti
a percorrere il supremo viaggio.)

"I'm writing about Glory." And he chuckled a bit. "It's a strange subject."

"You mean Cicero's text that Petrarch discovered, and his father threw into the fireplace at Montpellier?"

My voice was a little hoarse. I managed to clear it up, just as Giovanni answered, shaking his head: "That's what they say, but it's not certain…" And then something… something long forgotten… suddenly flashed through my mind: hadn't Petrarch a son by the name of Giovanni? I wanted to be reassured, and right away; evidently he too, Giovanni, had been struck by the same, odd, onomastic telepathy that had been dazzling me for some time. We who spent so much time swimming among words, those words that contain our own story, often we got lost among names. But aren't names words too?

I looked at my watch, and he noticed. It was almost time for our sacred glass. And out of the Great Cage, toward San Fernando Valley, there was the fiery light of sunset, a glorious, miraculous sunset.

"Soon we'll go," he said.

"Whenever you want. There is no hurry."

And I began to recite to myself, but almost singing in my memory, some lines that our Horace wrote to reassure his friend Maecenas:

Non ego perfidum
dixi sacramentum: ibimus, ibimus,
utcumque praecedes, supremum
carpere iter comites parati.[5]

(I haven't pronounced a false oath;
we shall go, wherever you lead me;
we shall go, ready to travel
the last journey together.)

NOTE ALL'*INTRODUZIONE*

¹ Da Ponte scrisse per Mozart tre libretti: *Le nozze di Figaro* (1786), *Don Giovanni* (1787), e *Così fan tutte* (1790).

² Si tratta delle 12 vetrate a colori eseguite da Chagall per l'Hadassah-Hebrew University Medical Center di Gerusalemme, un progetto che il pittore russo portò a termine nel 1962.

³ Gabriele D'Annunzio, *Prose di ricerca...*, vol. III (Milano: Mondadori, 1950), 223.

⁴ Orazio, *Carmina*, II, 17.

NOTES TO THE *INTRODUCTION*

¹ Da Ponte wrote the librettos for three Mozart operas: *Le nozze di Figaro* (1786), *Don Giovanni* (1787), and *Così fan tutte* (1790).

² Read: the best man at my wedding.

³ Reference is made to the 12 stained-glass windows Chagall executed for the Hadassah-Hebrew University Medical Center in Jerusalem, a project the Russian painter completed in 1962.

⁴ Gabriele D'Annunzio, *Prose di ricerca...*, vol. III (Milano: Mondadori, 1950), 223.

⁵ Horace, *Carmina*, II, 17.

CONTRAPPUNTI / COUNTERPOINTS

IL PROCIONE DI MONTREAL

Dopo tanti anni tornai a Montreal, per rivedere Michelangelo Picone, l'illustre romanista dagli occhi lucidi come bottoni di madreperla e dalla mente acutissima; prima che decidesse di emigrare a Zurigo. Trovai la città architettonicamente rinnovata, rinfrescata, e insieme lenta, senza tempo, un po' incappucciata, immobile nel proprio provincialismo, orgogliosa e priva di *élan*, come se avesse i piedi piatti. Mentre arrivava la sera, sopraggiunse la folata del Polo Nord, che finì di vuotare le strade e d'intirizzire i rarissimi che osavano rimanerci.

La mattina dopo Michelangelo mi chiamò sul balcone che guarda il giardinetto dietro casa. In una gabbia lunga e splendente d'acciaio inossidabile un procione correva su e giù disperato. C'era caduto nella notte ed aveva pianto per ore. Pareva che la magnifica maschera intorno agli occhi e le strisce che variavano il bel colorito grigio-chiaro piangessero anch'esse. Chiesi perché mai l'avevano messo in quella prigione, un animale così buono e così bello. "Per via del gatto", rispose Michelangelo, "che mugolava sconvolto tutte le volte che appariva". Allora vidi un gatto nero che s'era messo in guardia sul terrazzino accanto, con gli occhi gialli fissi sul procione. Un gatto che l'aveva fatto ingabbiare. Ritornai più tardi; s'era rincantucciato depresso in fondo.

Andai a un ristorante della città vecchia. Ai tavoli c'era gente in abito convenzionale, quasi protocollare, che parlava con mezzi sorrisi. Ebbi la sensazione che tutti fossero stati sempre così, che fossero nati con quei vestiti, con davanti piatti agghindati di vivande antiche. Mangiavano in punta di forchetta, come parlavano in punta di labbra.

Pensavo al procione caduto in trappola. Pescai un pezzo di

THE RACCOON OF MONTREAL

After many years I returned to Montreal, to see my friend Michelangelo Picone, the distinguished Romanist with eyes as bright as buttons of pearl and an even keener mind; this was prior to his decision to emigrate to Zurich. I found the city architecturally restored, spruced up, but so sluggish and out of rhythm that to me it seemed sort of hooded—all wrapt up in its own provincialism: proud and yet deprived of *élan*, as if it had flat feet. As night fell, an icy blast descended from the North Pole and finished emptying the streets, numbing the feet of the few who dared to linger.

The next morning Michelangelo called me to the balcony that overlooks the little garden behind his house. In a long and shiny stainless steel cage was a raccoon, running back and forth, desperate. It had fallen into the trap during the night, and had been crying for hours. The bright mask around its eyes, even the stripes which set off its beautiful light gray fur, seemed to be crying. I asked whyever had they locked it up, such a fine and handsome animal. "On account of the cat," replied Michelangelo, "which howled like mad every time the raccoon showed up." Then I saw a black cat standing guard on the little balcony next door, its yellow eyes fixed on the raccoon. A cat had made them lock it up! Later on, I went back; it had crawled into a far corner of its cage, dejected.

I went to a restaurant in the old part of the city. At the tables there were people in conventional clothing, almost like uniforms; they were speaking through half smiles. I had the feeling that all of them had always been that way, born into those clothes, their plates in front of them already garnished with ancient victuals. They ate with the tips of their forks, as they spoke with the tips of their lips.

carta in una tasca e cercai di scrivere. Volevo dire dell'altra trappola, in cui viveva, rinchiusa e apparentemente tranquilla, tutta quella gente. Ma riuscivo a buttar giù sempre la stessa riga, che continuavo a cancellare: "Un procione accasciato nella trappola".

Finché non m'accorsi di dove veniva la paralisi. Da Montale, che a Modena, sotto i portici, aveva visto un vecchio portare a spasso due riluttanti cuccioli color sciampagna, di razza piuttosto rara. S'era avvicinato e aveva chiesto: "Che cani sono questi?" E il vecchio baldanzoso: "Non sono cani, sono sciacalli". Poi, quando scrisse un "mottetto" per Clizia, a un tratto si fermò scombussolato. Gli mancavano i versi conclusivi. Finalmente, assalito dal ricordo, il problema gli si risolse da sé: "A Modena, tra i portici, / un servo gallonato trascinava / due sciacalli al guinzaglio". Eppure, mi ripetei, questo procione l'ho visto io, e il suo stato non somiglia nemmeno lontanamente a quello degli sciacalli modenesi. Non riuscii a scriver nulla lo stesso. Forse non ero nella condizione psichica giusta? O forse ero stato messo in gabbia anch'io? Le gabbie i poeti ce le hanno sempre pronte.

Quando rividi Picone, a cui tanto tempo prima avevo regalato "Verso Montreal", non gli parlai del ristorante della città vecchia.

I thought of the raccoon locked up in its cage. I searched through my pockets for a piece of paper and tried to write. I wanted to express that other cage, where all those people lived, all locked up and so apparently serene. But I only managed to put down a single line, which I erased over and over again: "A raccoon lying helpless in its cage."

Then I realized the source of my paralysis. It came from Montale, who, under the porticos of Modena, had seen an old man with two recalcitrant, champagne colored pups of rather rare stock. He approached and asked: "What kind of dogs are these?" The old man answered cockily: "Not dogs, they are jackals." Then, while composing one of the Clizia "motets," he had suddenly stopped, disconcerted. The concluding verses just wouldn't come to him. Finally, assailed by the remembrance of things past, his problem simply resolved itself: "In Modena, among the porticos, / a liveried servant was dragging / two jackals on a leash." And yet, I thought to myself, I saw that raccoon with my own eyes, and its predicament is in no way similar to that of the Modena jackals. All the same, I wasn't able to put down a single word. Maybe I wasn't in the right frame of mind? Or perhaps I too had been caught in a cage? Cages—for poets they are always available.

When I saw Picone again, to whom I had already given my poem "Toward Montreal," I didn't even mention the restaurant in the old part of the city.

IL TEMPO

È facile dirlo: "Il tempo ti conduce fino all'orlo;
poi se ne va".

Secondo Antifonte, il tempo è la cosa più preziosa
che abbia l'uomo; ma forse perché è così elusivo
e sfuggente da far dubitare se davvero esista.

*

Il passato è quel che crediamo sia avvenuto:
la trasformazione di qualcosa forse accaduto in qualcosa
certamente non accaduto—o che sta accadendo.

È lo sforzo di cucire un senso dentro il presente.

L'anno che verrà è il miraggio d'una lanterna
che trema nelle tenebre. Quando si crede d'averla
raggiunta, è scomparsa.

Il presente costruisce infaticabilmente se stesso
al solo scopo di distruggersi.

La lanterna che trema lontano e quella che portiamo
dentro sono un unico, incerto barlume.

TIME

It's so easy to say: "Time takes you to the brink;
and then it leaves you there."

According to Antiphon, time is the most precious thing
mankind possesses; perhaps because it is so elusive
and unreliable as to make us question its very existence.

*

The past is what we think has happened:
a transformation of something that has perhaps occurred
into something else which certainly did not occur—or is
still in the process of formulating itself.

It is our attempt at weaving meaning into the present.

The year which has yet to come is the mirage of a lantern
that trembles in the dark. When you think
you have reached it, it is gone.

The present is forever reproducing itself
with the sole purpose of demolishing itself.

The lantern that trembles in the distance and the one
we carry within are the same uncertain dimming light.

COLL'ETÀ DIMINUISCE LA FRETTA

"Adesso scrive assai lentamente. Si ferma dieci volte a fare e disfare... Ogni tanto pensa che prima di morire deve tirar fuori tutto quello che ha. Questa idea però non gli mette nessuna febbre... non gli mette fretta". Son parole di Natalia Ginsburg, che ho trovate fra i miei scartafacci (cioè "scarafacci"). Semplicissime. Le devo avere appuntate perché le ritenevo più che vere. Tutte le cose ovvie, tutte le cose importanti, hanno bisogno di parole semplici.

Sì, uno scrittore, un poeta, prima di morire vuol dir tutto; crede sempre d'aver detto poco. Ma non ha fretta. Curioso: sembra che i vecchi abbiano sempre tanto tempo. Per chi ha vissuto molti anni il futuro s'allenta, pare vicino, e non c'è mai l'urgenza di lanciarvisi subito dentro. Il tempo è più lungo. E si scrive anche più adagio, si fa e si disfà, perché ogni parola è definitiva, *final*. Che la Ginsburg, citando un suo personaggio anziano, parlasse di se stessa?

Sono i giovani invece che hanno sempre fretta; in tutto. Come se il tempo per loro non esistesse.

AS TIME GOES BY

"Now he writes very slowly. He pauses a dozen times to do and undo... Occasionally he lingers over the notion that before dying he must bring out all that is in him. But this doesn't make him frantic... it doesn't make him rush." The words of Natalia Ginsburg, which I found in my notes (my old *scarafacci*). Very simple words. I must have put them down because at the time I considered them profound. Things which are self-evident, which are important, require only the simplest of words.

Yes, before dying, a writer or poet wants to bring out all the best that is in him; and he always believes he has said too little. But he is not in a hurry. It's curious how old people always seem to have so much time. For a person who has lived many years the future slows down, it appears within reach, and there's never that urgency to jump headlong right into it. Time goes by more slowly. And you write more deliberately, constantly doing and undoing, because every word is definitive, *final*. Can it be that Ginsburg, by creating her elderly character, was in effect describing herself?

It is the young, though, who are always in a hurry—whatever they are doing. As if time for them didn't really exist.

IL VOLO

Chi è in aeroplano crede di volare; invece è chiuso
in una gabbia e non può uscire.

Chi cammina sulla terra, crede d'andar dove
vuole; invece si nutre d'una palla volante e non
può scendere.

*

Si dice che l'uomo voglia volare perché stanco
della terra.

Ma chi ha viaggiato negli spazi ha visto la terra
sorgere, globo azzurro sul vasto orizzonte.

Nei profondissimi silenzi del vuoto, ha potuto
dimenticar la protervia delle formiche umane.

Ed ha scoperto in sé le ragioni della terra. Perché
anche lassù s'è dovuto portar dietro l'aria e
le voci e l'orologio.

FLIGHT

People in airplanes actually believe they are flying; instead they are
locked in a cage and they can't get out.

People moving about upon the earth actually believe they are going
where they wish; instead they are feeding on a flying ball
and they can't get off.

*

It is commonly said that man wishes to fly because he is tired
of the earth.

But whoever has traveled in space has seen the earth rise, a
pale blue globe on the vast horizon.

In the deepest silences of the void, he could
forget the arrogance of human insects.

And yet he was carrying within himself the boundaries of earth.
Because even way out there he had to take with him
air, human voices, and a clock.

SALITA

Quando tocchi la cima della montagna, non creder d'aver finito di salire.

Devi gettar via funi e picconi.

Non cercar teleferiche o elicotteri.

Prepàrati per la vera salita.

Che potrebbe anche essere una discesa.

ASCENT

When you touch the top of the mountain,
do not think you have finished climbing.

You must throw away your ropes and your pickaxes.

Do not look for cableways or helicopters.

But prepare yourself for the true ascent.

Which could even be a downturn.

L'INFERMO

C'era qui, in California, Giuseppe Velli, il buono e dotto amico di Pisa-Milano; si parlò molto di Mediterraneo e di Pacifico, mentre si girovagava da una spiaggia all'altra, da una città all'altra, davanti a onde lunghe e all'azzurro profondissimo. I giorni se n'andavano frettolosi e storditi, quando a un certo punto Peppino (tutti lo chiamano così) disse che, prima di partire, voleva vedere Chiappelli, per più d'un anno immobilizzato da un ictus feroce. Telefonò a Gabriella, la giovane moglie dell'infermo. E siccome anch'io volevo vederlo, telefonai anch'io per chiederle se potevo accompagnare l'amico. Non avevo più visto Fredi da quando m'era apparso da una porta semichiusa ripieno di tubi d'ogni sorta in una stanza d'emergenza. Dopo avevo voluto visitarlo, e m'era sempre stato detto che era "occupato"; forse la solita terapia? Ogni tanto, a qualche riunione, Gabriella m'assicurava che stava meglio. Ora, col pretesto di Peppino, riuscii ad andarci.

Era su una seggiola a sdraio, con la spalliera rialzata, che lo faceva sembrare seduto. Immobile, con la mano sinistra nascosta sotto la coperta e la destra abbandonata lungo la sedia. Aveva la faccia color cenere, rossigna e chiusa, gli occhi coperti dalle sopracciglia-palpebre, le labbra sigillate. Davanti, sullo schermo televisivo discretamente rumoroso, correvano giocatori di pallacanestro.

Gabriella ce lo presentò, ma accorgendosi che s'era assopito lo scosse gentilmente:

"Svegliati, Amore; ci sono qui i tuoi amici, Peppino e Giovanni; son venuti a salutarti". Si voltò verso di noi:

"Bisogna che non dorma. Se dorme di giorno, sta sveglio tutta la notte".

THE INVALID

He was here in California, my good and learned friend, Giuseppe Velli, from Pisa–Milano; we talked and talked about things in the Mediterranean and in the Pacific, as we rambled from beach to beach, from one town to the next, never very far from the rolling waves, under a dazzling blue sky. The sunstruck days were all too quickly whizzing by when, at a certain point, Peppino (that's what we call him) said that before going back to Italy he wanted to see Fredi Chiappelli—immobilized for more than a year by a massive stroke. So he phoned Gabriella, the young wife of the invalid. Since I too wanted to see him, I also phoned and asked Gabriella if I could go along. The last time I saw Fredi, it was through a half-closed emergency room door, his body full of tubes. Afterwards, I had very much wanted to pay him a visit, but I was always told he was "busy"; perhaps the usual physical therapy? From time to time I would run into Gabriella at some gathering, and she always assured me that he was improving. This time, with Peppino paving the way, I finally managed to get to see him.

He was in a chaise lounge, the back support propped up, which made him appear as if seated. He was motionless, his left hand hidden under the blanket and his right dangling limply from the chair. His face was ashen, reddish but expressionless, his eyes completely covered by his lids and brows, and his lips sealed. Facing him, on a rather noisy TV screen, basketball players raced back and forth.

Gabriella introduced us, but realizing that he had dozed off, she shook him gently:

"Wake up, Love; your friends are here, Peppino and Giovanni; they've come to see you." She turned toward us:

A poco a poco parve che si svegliasse. Aprì gli occhi. Ci guardò. Poi li richiuse. La faccia triste, con sopra quegli occhi che rifiutavano di guardare, mi fece credere che si sentisse a disagio, che si vergognasse di farsi vedere così impotente.

"Ha ancora cominciato a parlare?" domandai a Gabriella.

"Non proprio. A volte fa dei rumori, come se volesse dire qualcosa, ma non ci riesce". E aggiunse:

"Anche le corde vocali sono paralizzate, anzi tutta la gola. Non può parlare, non può inghiottire. Mangia per mezzo d'un tubo nello stomaco".

"Respira?"

"Sì. Ci ha anche la tracheotomia". Alzò una fascia intorno al collo per mostrarci un piccolo tubo piantato nella carne. "Di qui esce lo spurgo quando tosse. Ma può anche respirare regolarmente".

Proprio allora Fredi cominciò a tossire; ma quasi con pertinacia. Durò parecchio, finché la moglie non si mise a raccogliere lo spurgo che usciva dal tubetto, con un tovagliolino di carta.

Poi Fredi alzò la mano destra e fece un gesto, come a dire: "È finita!" Lo ripeté varie volte. Peppino prese quella mano e si mise a premerla dolcemente, per fargli sentire che era vivo e che si capivano le sue reazioni. Poi disse:

"Questa è la sua mano. Sempre la stessa d'una volta. Sempre con gli stessi movimenti vitali".

Allora Gabriella parlò dell'altra mano, che apparteneva al lato sinistro paralizzato. La scoprì e ce la mostrò, legata a una tavoletta, che la reggeva. Era piccola, atrofizzata, dopo tanto tempo senza moto.

"Gliel'ho legata così perché non si consumi. Cerco di fargli muovere i muscoli, perché non s'atrofizzino del tutto. Anche la gamba". E prese la gamba sinistra e cominciò ad alzarla e abbassarla dal ginocchio in giù.

Poi disse che gli facevano fare un po' di terapia. E si rivolse a

"I don't want him to sleep. When he dozes off in the daytime, he stays awake all night long."

Little by little he seemed to awaken. He opened his eyes and looked at us. He closed them again. His sad face, those eyes that refused to see, made me understand how uncomfortable he was, how ashamed of appearing so totally helpless in our presence.

"Can he speak yet?" I asked Gabriella.

"Not really. Sometimes he makes sounds, as if trying to say something, but he never succeeds." She added:

"Even his vocal chords are paralyzed, his whole throat in fact. He can't speak, he can't swallow. He has to eat through a tube in his stomach."

"Is he able to breathe properly?"

"Yes. He even has a tracheotomy." She lifted a bandage from his neck and showed us the small tube embedded in his flesh. "Here's where the phlegm comes out when he coughs. But he is able to breathe freely."

At that moment Fredi began coughing violently. It lasted quite a while; then his wife took some tissues and began wiping the discharge of phlegm that was oozing from the tube.

Fredi raised his right hand and gestured as if to say: "It's all over!" He repeated the gesture several times, until Peppino took that hand into his own and began squeezing it tenderly, to make him feel that he was still alive and that we understood his reactions. Peppino said:

"This is his hand. The same as always. Always with the same vital movements."

Whereupon Gabriella told us about his other hand, on the paralyzed left side. She picked it up and showed it to us, tied to a thin board, which held it in place. It was small, atrophied, after so much time without use.

"I've tied it down to prevent it from wearing out. I try to make him move his muscles so they won't become completely atrophied. His leg, too." And she took hold of his left leg and began raising

lui:

"Vero, Amore?" Lo chiamava sempre così, mai per nome. Come tante madri coi bambini.

Ci raccontò anche di quand'era all'ospedale:

"Dalla stanza d'emergenza lo mandarono in una camera di corsia. Non aveva le stesse cure. Gli venne come un infarto. Quasi morì. Dovettero rimetterlo nella stanza d'emergenza. I medici non capiscono nulla. Fuorché i chirurghi... Mio padre è chirurgo". Sorrise appena e continuò: "Io litigai coi medici. Non me lo volevano far più vedere. Perché lui era ormai finito; s'era strappati tutti i tubi colla mano destra; voleva morire; e io volevo lasciarlo morire. Naturalmente, ora che è qui, son contenta che sia vivo".

Fredi capiva tutti questi discorsi. Quando sentì del cuore e del quasi infarto, alzò la mano destra e se l'appoggiò sul petto. Due volte.

"Vuol dirci del cuore; vuol dirci che ha capito", intervenni io.

Rifece il gesto di "È finita!" sempre con quella mano. E parve assentarsi. Lo vidi lontanissimo.

Noi non sapevamo più cosa dire. Per riempire i minuti vuoti, Peppino domandò:

"Guarda molto la televisione?"

"Ci abbiamo il disco sul tetto; per via satellite prende tutti i programmi del mondo. Lui può guardare tutti i canali che vuole".

Io mi chiedevo che cosa potesse voler guardare. Sentii Gabriella che diceva:

"Stai sveglio, Amore; fra poco ti faccio vedere una bella partita di hockey".

Dovevamo andare. "Ciao Fredi". E sulla porta augurai "tante cose" alla moglie, che mi ringraziò.

Io ero sconvolto. Dissi a Peppino che la mia impressione era che lui non avrebbe voluto farsi vedere, in quello stato, in quelle condizioni umilianti. Fu d'accordo.

Nella macchina non riuscimmo a dire altro per molto tempo. Finalmente vinsi il silenzio:

and lowering it from the knee down.

She told us he was taking physical therapy, then turned toward him:

"Isn't that true, Love?" She always addressed him that way, never by his real name. Like some mothers do with their children.

She even told us what had happened at the hospital:

"They transferred him from intensive care to a regular room. But he wasn't getting the same treatment. He had a sort of heart attack, and almost died. They had to send him back to intensive care. These doctors, they don't understand anything. Except for the surgeons... My own father is a surgeon." She smiled a little and continued: "I argued with the doctors. They didn't want me to see him any more. Because by then he was practically dead; with his right hand he had torn out all of his tubes; he really wanted to die; and I wanted to let him die. Naturally, now that he's here with me, I'm glad he's still alive."

Fredi understood all that was said. When he heard the part about the heart attack, he raised his right hand and laid it across his chest. Twice.

"He wants to tell us about his heart," I interjected; "he wants us to know that he understands."

With the same hand he repeated the gesture meaning, "it's all over!" Then he seemed to fade. I saw him as if far off in the distance.

We no longer knew what to say. And in order to fill the empty minutes, Peppino asked:

"Does he spend much time watching TV?"

"We have a satellite dish on the roof, capable of picking up programs from all over the world. That way he can watch any channel he likes."

I was wondering what he might like to watch when I heard Gabriella say:

"Stay awake, Love; in just a few minutes I'm going to let you watch a great hockey game."

"E forse Gabriella non voleva che lo vedessi anche perché io son sempre qui. Tu te ne vai; è più facile farlo vedere a chi passa e se ne va lontano... Lo sai? Non vorrei averlo visto nemmeno io. Me lo ricorderei com'era prima. Cinque o sei mesi fa, lo sognai in un corridoio dell'università; era lo stesso d'una volta. Perfettamente guarito, come se non fosse successo nulla. Ora che lo so disfatto, non lo potrei più sognare".

Mi pareva che fosse stato peggio che aver visto un morto. M'ero trovato davanti non alla morte, ma alla suprema crudeltà di cui la morte è capace: rifiutando un uomo in quelle condizioni, per accettarlo solo quando il tempo l'avesse ridotto all'atrofia totale.

Dopo quelle mie ultime parole, tutti e due, stritolati dal peso d'una vita che non era vita e che non voleva esser morte, ripiombammo in un silenzio ancora più duro.

A un certo momento Peppino lo ruppe:

"Hai visto quando Gabriella gli ha scoperto la mano anchilosata per farcela vedere, con che sforzo della destra, spingendo un dito dietro l'altro, cercava di ricoprirsela col lembo della coperta, un pezzettino alla volta?"

"Sì, l'ho visto. Era la mano che faceva solo gesti definitivi, rassegnati. M'avevan detto che poteva scrivere, comunicare colla penna retta da quella mano. Ma quando l'ho domandato a Gabriella, ha risposto che scrive lettere e parole confuse, che non si capiscono. Allora non può nemmeno scrivere. Solo quei gesti".

Non dicemmo più nulla.

It was time for us to leave. "Ciao Fredi." At the door I gave my best to his wife, and she thanked me.

I was deeply shaken. I told Peppino I felt sure Fredi would have wanted to avoid being seen in that condition, in such humiliating circumstances. He agreed.

In the car we were unable to say a single word for quite some time. Finally I broke the silence:

"And maybe Gabriella didn't want me to see him mainly because I live here. You'll go away; it's easier to let him be seen by someone who is only passing through, who will soon be far away... Believe me, now I wish I had never seen him. I'd like to remember him the way he was. Five or six months ago I dreamt about him: he was at the university, standing in the hallway, the same as always. The picture of health, as though nothing had ever happened. But now that I know how he really is..."

For me this was worse than seeing a dead person. I had been confronted not with death, but with the supreme cruelty of which death is capable: rejecting a man in that condition only to accept him when time had reduced him to total atrophy.

Crushed by the weight of a human life that was no longer alive but which refused to let go, we both fell into an even deeper silence. After a long time, Peppino broke the silence:

"When Gabriella uncovered his paralyzed hand and showed it to us, did you see what an effort he made with his right hand, one finger at a time, inching forward, trying to conceal it with the edge of his blanket, one tiny piece at a time?"

"I did. That hand could only make gestures, definitive and resigned. My colleagues had told me he was able to write, that he could communicate with a pen in that hand, but when I asked Gabriella, she admitted that he could only make confused letters and words—totally incomprehensible. He can't even write. Only gestures."

We said nothing more.[1]

IL PROFESSORE INUTILE

Un illustre studioso che aveva fatto il professore all'UCLA [University of California, Los Angeles], dove mi trovo anch'io da più di vent'anni, a un certo momento scoprì d'essere inutile. Abitava solo al decimo piano d'un palazzo di lusso su Wilshire, vicino all'Università. Un pomeriggio scrisse una lettera alla figlia, prese una sedia, e l'appoggiò alla ringhiera del terrazzino. Poi si tolse le pantofole, e salì. Lo raccolsero sul marciapiede.

Aveva 88 anni, ed era in ottima salute. Aveva passata tutta la vita indagando la forza di resistenza dei materiali da costruzione. I suoi studi, cominciando da quelli sui cristalli, avevano ispirato innumerevoli applicazioni tecniche. Era in pensione da 21 anni, ma aveva continuato a insegnare principi d'ingegneria applicata sia all'UCLA che in altri istituti della zona di Los Angeles, come *part-time*. Ora, a quell'età, non lo voleva più nessuno.

Era un uomo piccolo, un po' rimbarcato. Lo vedevo a colazione al Faculty Club. Mi faceva pensare a uno che appartenesse a un'epoca remota della storia; forse per questo non ci avevo mai parlato. Eppure aveva sempre qualcosa da dire, e gli altri l'ascoltavano attenti. Dopo la notizia, uno dei suoi compagni di tavola ha detto: "Lo vidi tre giorni fa; era vivace e acuto come sempre". Un'osservazione che sembra prodotta dalla sorpresa per quel gesto. Invece spiega il suicidio.

Solo uno che ha la mente vivace e acuta può rifiutare la condanna a vivere nell'inazione, a diventare un parassita, un *useless vegetable*, a prendere senza poter dare, ad afflosciarsi in quell'inerzia che è già una morte.

Si chiamava Daniel Rosenthal. Per me, va non soltanto rispettato, ma ammirato. Di solito, i suicidi son giovani; s'uccidono

THE USELESS PROFESSOR

A famous scholar who had been on the faculty at UCLA, where I too have been teaching for more than twenty years, realized at a certain point that he was useless. He lived alone on the tenth floor of a luxury apartment building on Wilshire, near the university. One afternoon he wrote a letter to his daughter, picked up a chair, and set it against the railing of his balcony. He removed his slippers, and jumped. They collected his remains from the sidewalk.

He was 88 years old, and in excellent health. He had spent his entire life investigating the resisting power of construction materials. His writings, beginning with those on plate glass, had given rise to countless technical applications. Although retired for the past 21 years, he had continued teaching principles of applied engineering, that is part-time, at UCLA and at other Los Angeles area institutions. Now, at his age, no one wanted him any more.

He was a small man, slightly bent over. Occasionally I would see him having lunch at the Faculty Club. He reminded me of someone from an earlier period of history; maybe that's why I had never spoken with him. And yet, judging by the way others listened, he always had something meaningful to say. After the news, one of his table companions had remarked: "I saw him only three days ago, just as sharp and lively as ever." A statement which seems to stem from the shock. Instead it explains the suicide.

Only a person with a sharp and lively mind will reject a life of inactivity, will refuse to live as a parasite, a useless vegetable, always taking without giving; he will never succumb to the bane of total inertia, which is already a form of death.

His name was Daniel Rosenthal. For my feeling, he should not only be respected, but admired. Usually it is the young who

per delusioni personali, per liberarsi da sofferenze immediate che sembrano insuperabili; in altre parole, per egoismo. Lui era vecchio; aveva spesa tutta la vita per gli altri; dando. Ora gli altri non volevano più niente da lui. Non poteva più dare.

commit suicide; they destroy themselves for personal disenchantments, in an attempt to escape the immediate anguish which to them seems insurmountable; in other words, for selfish reasons. Rosenthal was old; he had spent his life in the service of others; always giving. Now, no one wanted anything more from him. And there was nothing more for him to give.

IL POZZO DELL'INFANZIA

Son stato un po' di tempo nella mia prima città, nella Toscana nordoccidentale, dove abita mio fratello, l'unico sopravvissuto alle tempeste degli anni; è per me un punto di riferimento, un filo conduttore. Parto e ritorno. E vado ad esplorare i segni del passato. Ne son rimasti pochi; ma i presenti si riallacciano agli assenti.

Era la fine di novembre, con l'aria già fredda; mi pizzicavano i piedi, come quando ero bambino ed arrivava infallibile l'inverno. Chiesi a mio fratello di portarmi a vedere la casa dei campi, quella in cui eravamo nati, che mio padre aveva abbandonata, prima per la volontà di comprarsi una grande villa in cui poter metter comodamente tutta la sempre crescente famiglia, eppoi, siccome la villa sarebbe costata troppo a rinnovarla, per farsi due villette nuove, più piccole, ma più comode.

Apparve fra i campi nudi. Nell'infanzia tutto era pieno di alberi e di filari di viti; ora non c'era che erba secca scoraggiata e depressa, ridotta a fili di paglia dal vento ghiacciato. Le mura erano come una volta, screpolate e scarnite; la facciata, bianca di calce, aveva acquistato un colore tarlato qua e là di chiazze.

Quando la macchina si fermò nel cortile, al davanzale d'una finestra s'affacciò una signora ancora bella, nonostante gli anni che le erano scorsi sulle braccia e sul viso. Mio fratello disse:

"Questo è l'altro mio fratello, quello che sta in California. Voleva riveder la casa dov'è nato".

Ci presentammo. Poi tutt'a un tratto, quasi senz'accorgermene, mi venne detto:

"Son nato in codesta stanza; proprio dov'è lei ora".

Immediatamente scomparve. Dopo un minuto era sull'uscio dell'ingresso.

THE WELL OF MY CHILDHOOD

Recently I spent some time in my native city, in northwestern Tuscany, where my brother lives, sole survivor of the storms of the years; it is for me a point of reference, a main thread. I leave and return. And I go exploring the signs of the past. Few have remained; but the ones I find are linked to those which have vanished.

It was the end of November, with a chill already in the air; my feet tingled, like when I was a child and winter was inevitably coming. I asked my brother to take me to see the house in the fields, the one where we were born, that my father had abandoned, initially with the idea of buying a villa in which to settle his ever growing family more comfortably, and later—since renovating the villa proved too expensive—in favor of building two brand new cottages, more modest, but more comfortable.

It appeared amidst the naked fields. During my childhood everything was covered with trees and rows of vines; now there was nothing but dry grass, wilted and dejected, reduced to strands of straw by the icy wind. The walls, as always, looked thin and cracked; the whitewashed facade was marred here and there by the mottled colors of faded stains.

As the car came to a halt in the courtyard, there appeared at one of the windows a woman, still attractive despite the years that had descended upon her arms and face. My brother said:

"This is my other brother, the one who lives in California. He wanted to have a look at the house where he was born."

We exchanged greetings. Then abruptly, almost without realizing it, I blurted:

"I was born in that room; where you are standing right now."

Instantly she disappeared. In a moment she was at the front door.

"Entrate", disse.

In cucina ci offrì da bere; della birra. Mi scusai.

"Volete vedere la casa?" aggiunse.

La seguimmo. Il salotto, le stanze accanto, le scale, le camere, tutto era pieno di spazio, bello, come rimbiancato di fresco—il colore che ricordavo—e in perfetto ordine. In ogni camera c'erano grandi scaffali pieni di libri, quasi tutti in italiano; gli altri, con un'enciclopedia, in tedesco.

"Quando c'ero io", dissi, "avevo riempito tutta la casa di libri. Erano i miei libri. Leggevo continuamente. Ora ho riempito la mia casa della California".

Mi misi a guardarli.

"Sono di mio marito", disse. "Siamo stati tanti anni in Germania. Ecco perché ci sono i libri tedeschi".

Ci vidi tante cose che avevo lette. Dovevano essere migliaia. Siccome so quanto sia difficile leggere migliaia di libri, le domandai:

"Ma suo marito questi libri li ha letti tutti per intero?"

"Sì", rispose.

Rimasi muto. Io avevo letto tanti libri perché non facevo altro; mi avevano aiutato a pensare. Ma suo marito aveva un mestiere. Come aveva fatto a leggere migliaia di libri? Avrei voluto incontrarlo.

Mi guardai attorno. Le stanze erano quasi sale. Il letto di quella in cui ero nato, e dove eran nati i miei fratelli, s'era fatto più bello, più morbido, forse soltanto sensuale.

Scesi le scale di marmo, poi uscii. Dalla parte est della casa c'era ancora il vecchio pozzo. Ma era secco, diventato inutile; non era neppure un ornamento. Mi sorprese che fosse ancora lì, che non l'avessero distrutto. La signora, formosa e attraente, mi disse che aveva due figli.

Pensai a mia madre. E guardai la finestra da cui era apparsa; quella della camera dov'ero nato.

Poi, mentre guardavo fuori, verso i campi nudi, mi trovai a

"Come in, please," she said.

In the kitchen she offered us something to drink—beer; I declined.

"Would you like to see the house?" she asked.

We followed her. The sitting-room, the adjacent rooms, the stairways, the bedrooms, everything was so spacious and beautiful, as if freshly painted—the color I remembered—and in perfect order. In every room there were large bookcases full of books, mostly Italian; the rest, including an encyclopedia, were in German.

"When I lived here," I said, "I filled this whole house with books. They were my books. I used to read constantly. Now I've filled my house in California."

I began looking them over.

"They're my husband's," she said. "We spent many years in Germany. That's why some of the books are in German."

I saw many things that I had read. There must have been thousands of books. And since I know how difficult it is to read thousands of books, I asked:

"But your husband, did he read all these books from cover to cover?"

"Yes," she replied.

I was speechless. I had read an enormous number of books because I did nothing but read; they had helped me to think. But her husband had a trade. How had he managed to read thousands of books? I would have liked to meet him.

I looked around. The rooms were more like halls. The bed in the one where I was born, and where my brothers were born, had become more beautiful, softer, even sensual.

I went down the marble staircase, and then outside. On the east side of the house, the old well was still there. But it was dry, it had become useless; no longer even ornamental. It surprised me to find it still there, still in one piece. The woman, shapely and attractive, told me she had two children.

I thought of my mother. And I looked at the window where she

fissare gli occhi sul pozzo, quello che era stato parte della mia infanzia ed ora se ne stava lì abbandonato, secco. E mi sembrò che di tutta la Casa Vecchia, come si continuava a chiamarla, solo quello avesse un senso. Lo dissi a mio fratello:

"Ma perché c'è ancora quel pozzo secco?"

"Non lo so. Si vede che non hanno trovato il tempo di disfarlo".

had appeared; the window of the room where I was born.

Then, as I looked out, toward the naked fields, I caught myself staring at the well, the one which had been part of my childhood and now was abandoned there, all dried up. And of all the things in the Old House, as they continued to call it, only that well seemed to have real meaning. I said as much to my brother:

"But why is that dry well still here?"

"I don't know. They probably haven't found the time to take it apart."

LA CASA DELLA SAGGEZZA

Avvenne a Bagdad nell'aprile del 1990, cioè parecchi mesi prima del cosiddetto *Desert Shield*, poi trasformato in *Desert Storm*; ma era certamente avvenuto moltissime altre volte. Un giornalista passeggiava in un viale del centro insieme a un amico iracheno. Tutt'a un tratto gli chiese:
"Qual è la miglior libreria?"
"La Casa della Saggezza".
Ci andò subito. Voleva acquistare qualche libro, magari la storia della capitale. Ma dappertutto, sugli scaffali ritti nel centro, su quelli appoggiati alle pareti, sui tavoli sparsi, non c'erano che taccuini, blocchetti e registri.
Dinanzi a tanta squadernata abbondanza, si sentì esitare. Finalmente pensò a un salone dello scantinato o del piano di sopra. S'avvicinò al libraio seduto dietro la cassa e gli domandò:
"Vorrebbe per gentilezza indicarmi dove sono i libri?"
"Non abbiamo libri; niente articoli di lettura; solo oggetti di scrittura".
Il giornalista rimase stralunato. Non poteva capacitarsi come nella "Casa della Saggezza" non ci fossero libri, che il sapere non avesse nulla a che vedere col leggere, ma solo collo scrivere. E siccome anche lui scriveva, si sorprese a domandarsi: Se nessuno legge, per chi si scrive? Per veder le parole vibrare nell'aria della propria solitudine? E se si scrive senza leggere, che cosa si scrive? Si ricomincia sempre da capo? Cioè dal nulla?
Nella storia occidentale pare che le prime opere scritte siano quelle d'Omero. Ma qualcuno doveva aver scritto prima, perché c'era l'alfabeto. E qualcuno doveva aver letto. Su per giù nella stessa epoca ci fu Mosè che dicono abbia composto il Pentateuco—

THE HOUSE OF WISDOM

It happened in Baghdad in April of 1990, that is, several months before the so-called Desert Shield, which later turned into Desert Storm; but it had certainly happened before, on numerous occasions. A journalist was strolling down one of the avenues in the center of town with an Iraqi friend. Abruptly he asked:
"Which is the best book store?"
"The House of Wisdom."
Immediately he went there. He wanted to purchase some books, perhaps a history of the capital city. But everywhere—on the bookcases standing in the middle of the floor, on those against the walls, on the scattered tables—there was nothing but writing tablets, pads and agendas.
Confronted with such an ostentatious display, he became uneasy. Finally, he thought maybe the books were in the basement or on an upper floor. He approached the clerk seated behind the cash register and asked:
"Would you kindly show me where the books are?"
"We have no books; no reading materials; only writing implements."
The journalist was flabbergasted. He just couldn't believe that the "House of Wisdom" contained no books, that wisdom had nothing to do with reading, only with writing. And since he too was a writer, he couldn't help but wonder: If no one reads, for whom do we write? Only to see our words vibrating within the sphere of our own solitude? And if we write without reading, what do we write? Must we always start anew, from the beginning? That is, from nothing?
In the history of western civilization, it seems that the first

sebbene oggi gli si attribuisca solo una parte di quei libri. Sia Omero che Mosè si rivolgevano a qualcuno, a lettori tutt'altro che immaginari. Vero: tutti e due misero su carta una tradizione orale, una saggezza che era cresciuta attraverso gli anni, e forse i secoli; ma prima l'avevano ascoltata, che è come dire che avevano letto. Rimane comunque, si diceva il giornalista, la questione dell'alfabeto, ossia del come scrivere, del come fissare le parole nella pietra o sul papiro. Non fu inventato da loro. Se c'è una cosa che uno scrittore non abbia mai inventata è proprio l'alfabeto.

Attraverso i secoli, da Aristotele a Cicerone, da Virgilio a Dante a Shakespeare, prima di scrivere si è dovuto leggere, e quanto! Era l'unico modo di approfondirsi. E s'è scritto perché qualcuno leggesse; le parole erano invariabilmente inviate a un destinatario; questo giustificava lo scrivere. E quelli che potevano leggere—di solito assai pochi rispetto alla totalità—cercavano libri; in essi volevan trovare la saggezza.

Ma, continuò fra sé il giornalista, che la "Casa della Saggezza" di Bagdad esista solo per scrivere e non per leggere, può anche essere un segno dei tempi, una documentazione vivente del nostro concepire il mondo alla rovescia. A questo punto il suo pensiero si ritirò intimorito in un guscio; non poteva andare avanti. Uscì in istrada e camminò lento, cercando colle pupille qualche palma.

A me sembra che il mondo alla rovescia esista davvero; che sia quello in cui viviamo; e che vi ci siamo così abituati che il rovescio è divenuto il diritto. Una volta ci si metteva la giubba rivoltata quando s'andava a cercar funghi. Ora è un fatto quotidiano, normalissimo; il sopra è il sotto, e viceversa. Basta guardare un momento l'ambiente in cui ci si trova piantati, senza dire degli altri, che non sono affatto migliori.

Nel mondo della cultura, ossia nel mondo accademico, la gente vien giudicata da quanto ha scritto, non da quel che ha letto, da quel che ha imparato, da quel che ha pensato. Si dirà che questo si capisce da quel che ha scritto. Che è una miseranda scappatoia, specie perché quel che ha scritto non lo legge nessuno, cominciando

written works were those of Homer. But someone must have written before him, since the alphabet already existed. Moses lived during much the same time, and they say he composed the Pentateuch—although today only certain parts of those books are attributed to him. Both Homer and Moses were addressing specific audiences, readers who were anything but imaginary. True: both of them recorded in writing an oral tradition, a body of knowledge that had evolved throughout the years, and perhaps the centuries; but first they had listened to it, which is the same as saying they had read it. Nonetheless, our journalist ruminated, the problem of the alphabet, that is, of how to write, how to fix words in stone or on papyrus, had already been resolved. It was not invented by them. If there is something no writer has ever invented, it is precisely the alphabet.

Throughout the centuries, from Aristotle to Cicero, from Virgil to Dante to Shakespeare, before putting pen to paper it was essential to read—and a lot! It was the only way to become learned. And writers wrote so that others might read; words were invariably destined for intended audiences; this justified the act of writing. Those who knew how to read—usually very few relative to the total population—went looking for books; in them they hoped to find wisdom.

But, our journalist reflected, the fact that the "House of Wisdom" in Baghdad exists only for writing and not for reading, may be a sign of the times—living proof of our upside-down view of the world. At that point his startled mind retreated as if into a shell, incapable of going on with such considerations. He walked slowly out into the street, his eyes searching for palm trees.

It seems to me that an upside-down world really does exist; it is the one in which we are living, and we've grown so accustomed to it that the reverse side has become the right one. Years ago, when hunting for mushrooms, we used to wear our jackets inside out. Now, this is a daily occurrence, totally normal; the reverse side is the right side, and vice versa. Just look at the cultural environment

dai membri delle commissioni di concorso. Quel che ha scritto conta sì, ma a peso; o a titoli, che è come dire a peso. Forse la "Casa della Saggezza" è nel giusto.

Una volta, a un ricevimento californiano, un lettore vorace, dopo aver parlato del più e del meno con Gordon Blackfoot, romanziere abbastanza noto, gli chiese se avesse letto un certo libro importante uscito da un paio di mesi. Blackfoot rispose perentoriamente:

"Io i libri non li leggo; li scrivo".

Doveva essere stato a Bagdad.

that has been thrust upon us, not to mention other environments which are certainly no better than our own.

In the world of culture, that is, the academic world, individuals are judged by how much they have written, not by what they have read, or learned, or pondered. One might argue that all this should be implicit in one's writings—which is a miserable rationale, especially since no one bothers to read those writings, starting with members of tenure and promotion committees. What a person has written does indeed count, but by weight; or by title, which is the same as saying by weight. Perhaps the "House of Wisdom" *is* in the right.

Once at a California reception, an avid reader, after chatting casually with well-known novelist Gordon Blackfoot, asked him if he had read an important book which had appeared a couple of months earlier. Blackfoot responded peremptorily:

"Books? I don't read them; I write them."

He must have spent time in Baghdad.

IO E IL MIO CANE

Io e il mio cane siamo in un'impasse: io vorrei che tutti gli uomini fossero come lui; lui vorrebbe che tutti i cani fossero come me.

LA CORSA IMMOBILE

Il mio cane ha viaggiato in macchina con me, accovacciato sul sedile posteriore. In una casa davanti alla Baia di San Francisco s'è subito trovato a suo agio, s'è messo a esplorarla e a difenderla.

Ma di lì l'ho portato sulla Sierra Nevada in una villa tartaruga vegliata da altissimi pini. S'è messo di nuovo a difendere il territorio, cacciandone via come intruso un gatto siamese, che viceversa ne era il legittimo proprietario. E dopo un ritorno alla Baia di San Francisco, l'ho riportato nella sua vecchia casa di Pacific Palisades.

Ora se ne sta col muso di coccodrillo sul pavimento, domandandosi perché mai ha dovuto viaggiare per una settimana al solo scopo di ritrovarsi al punto di partenza.

Si sa, per un cane queste cose rimarranno sempre un mistero.

MY DOG AND I

My dog and I have come to an impasse: I would like all men to be like him; he would like all dogs to be like me.

THE IMMOBILE RACE

My dog has been riding in the car with me, all curled up in the back seat. At a house overlooking the bay in San Francisco he was immediately at ease; he explored and he guarded the place.

But from there I took him to a tortoise-like villa hemmed in by huge pines in the Sierra Nevadas. Again, he began guarding the territory against intruders, indeed running off the Siamese cat who, after all, was its legitimate custodian. Then, after a second stay near the bay in San Francisco, I took him home to his old house in Pacific Palisades.

And now, with his gator-like muzzle resting on the rug, he wonders why he had to ride for a week only to find himself right back at the starting point.

Of course, to a dog such matters are always full of mystery.

DANZA NEL DESERTO

Non so come ci capitai. Avevo lasciato la macchina sulla ghiaia giallastra vicino a un cactus gigante e m'ero messo a camminare sui sassi, inciampando negli sparuti cespugli, tremanti nell'aria secca. Era una zona identica a tante altre; ci avevo fatto talmente l'abitudine che mi pareva che tutto l'universo fosse così—senza sentieri, senza ruscelli, e specialmente senz'erba.

Per un po' la pianura saliva senza scosse, quasi una vasta tenda cachi spruzzata di macchie verdastre, retta da picchetti sempre più lunghi, finché non si levava a perpendicolo, per fermarsi alta nel vuoto. Ne fissavo l'ultimo lembo.

È sempre stata la mia malattia. Da bambino partivo dalla valle, balzavo per sentieri e per greppi, finché non mi riusciva toccare un picco di montagna, o perdermi in uno specchio d'orizzonte. Ma presto vedevo un altro picco più alto—o il mare, o una città, che esistevano soltanto di lassù.

Ora andavo nell'ansia di raggiungere un crinale di tenda. Quando ci arrivai, scoprii montagne scarne di pietra e di terra bruciata, punteggiate di magri fusti neri. Abbassai gli occhi, e giù sotto, in una piccola valle fra due alture, ci avevano posata una villa bianca con al lato una torre dal tetto a imbuto, d'un verde sbiadito, con in cima una statua lunga e sottile, quasi rossa, in atto di spiccar la corsa—il piede sinistro sulla punta e il destro alzato all'indietro—una specie di Mercurio con in mano una bandierina bianca.

Mi lanciai giù per la scarpata, senza sentire né i sassi né l'annuncio d'un precipizio. Fui per sbattere nel muro d'un vecchio pozzo coperto di bandone sbrecciato, con sopra un telaio di carrucola mangiato dalla ruggine; un pozzo che non doveva servire

DANCE IN THE DESERT

I don't know how I got there. I had left my car on the yellowish gravel next to a giant cactus and had begun to walk over the stones, stumbling along the emaciated shrubs, which quivered in the parched air. The place was like many others; I had gotten so used to them that to me the world was like this, everywhere: without streams, without byways, and especially without grass.

For a while the plain climbed slowly and with no variation, like a vast khaki tent held up by taller and taller stakes, until it raised itself upright and finally stopped high in the air. I looked intently at its rim.

This is how I've always been. As a boy, I would take off from the valley and bounce along the trails and cliffs until I could touch the peak of a mountain or find myself lost in the mirror of a faraway horizon. But soon I would see another, even taller peak— or the sea, or a distant city, which could exist only from way up there.

Now I was driven by an acute longing for the crest of that tent. When I reached it, I discovered bare, distant mountains, overrun by rocks and scorched earth, dotted with meager blackish stalks. I lowered my eyes, and down below, in a glen between two steep slopes, someone had set down a white villa sporting a small tower topped by a funnel-like roof of faded greenish color; on the summit, a long thin statue, almost red and in the act of jumping on the run— its left foot bearing down and the right one raised and pushed back—a sort of Mercury holding a small white flag in one hand.

I raced downhill without even feeling the rocks or the steepness of the slope and almost ran smack into a stone wall: part of an old well. Its shaft was covered with a sheet of corrugated metal flaking

a nessuno; uno scheletro abbandonato nel deserto.

La villa aveva muri lunghissimi, con intorno un vecchio lastricato di pietra giallastra, e un cortile con al centro un rudere di calesse tarlato, dalle ruote sconquassate. Ma i muri eran piuttosto freschi d'intonaco e senza una crepa.

Trovai il portone e tirai il pulsante. Non si presentò nessuno. Riprovai. Avevo deciso d'andarmene quando ci fu un sommesso cigolio. Apparve sulla soglia un uomo piccolissimo, con un cappello di feltro dalle falde larghissime, come usano ancora in certe parti del Messico; gli copriva la testa fino alle labbra. Credetti che lo ricoprisse tutto: un cappotto—in verità poco adatto al gran calore del deserto, greve nelle ossa. Dopo un po' notai anche un paio di pantaloni di fustagno color terra, che finivano in due mocassini arancione.

Mi fissò col cappello un po' sperduto, senza dir nulla. Dopo un lungo momento d'imbarazzo, dovetti dir qualcosa io:

"Ero da queste parti... Ho visto la villa... Spero di non disturbare".

Ma le mie parole eran solo un pretesto; tanto per non far la figura di chi non sa nemmeno dove sono i quattro punti cardinali, e si mette a girovagare nel deserto senz'accorgersi che è appunto un deserto.

Di sotto al gran cappello si mosse il cenno d'un braccio. Lo seguii. L'ingresso era una sala senza sedie, senza tavoli e senza tappeti. Tutt'intorno vidi attaccate ai muri delle maschere, allungate verso il soffitto e quasi cuneiformi, che si reggevano l'un l'altra per gli orecchi e digrignavano i denti. Tutte uguali. Le guardai con una certa apprensione, aspettandomi di vederle saltare sul pavimento per darsi tutte insieme a qualche danza macabra, rimbalzando in assordante acciottolio. Fu allora che avvertii una brezza gelata battermi alle tempie; ma decisi di non farci caso. Volevo informarmi sulla villa e su chi ci abitava. Finalmente dissi:

"Lei sta qui... solo?"

Il piccolo uomo scosse il gran cappello.

at the edges, and up above was the old frame of a pulley, all eaten up by rust. A well that couldn't have been of any use to anyone— just a skeleton abandoned in the desert.

The villa had very long walls, which rested on yellowish bedrock, and a courtyard dominated by the worm-eaten wreck of a calash with ramshackled wheels. The walls looked almost freshly painted, without a single crack.

I found the front door and yanked the bellpull. No one appeared. I had just made up my mind to leave and forget the whole thing when I heard a soft squeaking, and there, standing on the threshold, was a very small man wearing a big wide-brimmed felt hat, of the kind some people still use in certain regions of Mexico; it covered him all the way to his lips. I thought it covered him all, almost like an overcoat, certainly not so suitable in the great heavy heat of the desert. I also noticed a pair of earth-colored jeans resting on two orange moccasins.

He stared at me with his hat, somewhat bewildered, without speaking a word. After a long, embarrassed moment, I had to be the one to start:

"I was in the area... I saw the villa... I hope I'm not bothering you."

But this was no more than a pretext; I didn't want to look like someone who can't tell north from south, and wanders in the desert without even noticing that it is nothing but a desert.

From under the hat an arm moved and beckoned in the air. I followed. The entryway was a large room, without chairs, without tables and without rugs. All around, hanging on the walls, there were masks, their heads almost wedge-shaped and stretched toward the ceiling, holding each other up by the ears and gnashing their teeth. All alike. I looked at them with some apprehension, almost expecting them to leap to the floor and begin a dance macabre, bouncing together with deafening clatter. It was then that I sensed an icy breeze at my temples; but I decided not to pay any attention to it. Finally I said:

"C'è anche... la Signora".

Aveva un accento straniero non localizzabile. Parlava a voce bassa, poco più d'un bisbiglio, inciampando; sembrava che ogni sillaba scendesse da una sfera lontanissima. Aggiunse:

"Nessun altro..."

Io mi sentivo la testa vuota, come quella delle maschere attaccate alle pareti. Dopo un po' osservai:

"Ci si deve star bene qui. È un posto tranquillo".

"Fino a un certo punto".

Questa era stata una risposta rapida, con tutte le sillabe risolute e decise. Capii che s'era rinfrancato e mi parve che fra noi stesse nascendo una certa familiarità e io potessi ormai far domande ovvie.

"Ci passa mai nessuno di qui?"

"No", rispose; "da più di tre anni Lei è il primo... L'ultima volta passò uno a cavallo; mi chiese se avevo visto un paracadute; e se ne andò... Un paracadute... Che cos'è un paracadute?"

"Un grande ombrello che fa cadere adagio", dissi. "Ma", continuai, "come vi rifornite? Che cosa mangiate?"

Aveva alzato tutte e due le mani alle grandi tese del cappello; forse pensava al paracadute. Rispose:

"Mangiare?... È facilissimo... Vo a cercarlo io... Fuori".

"Che cosa?"

"Piccoli cactus... La polpa è deliziosa... Anche conigli selvatici... Anche lucertole... si fanno fritte... ma ce n'è poche. La Signora è ghiottissima di lucciole... perché si mangia al buio... Non abbiamo più l'elettricità da anni, e le poche candele finirono quasi subito... Se le servo un piatto di lucciole, la Signora le vede; e dopo che le ha mangiate cambia completamente... Ma è difficile trovarle da queste parti. Tre anni fa, quando passò quello del paracadute, gli dissi di mandarmene un sacchetto. Ma non è arrivato mai niente".

Ora sembrava contento di poter parlare con qualcuno. Ma aveva una voce piena di lontananza. Aggiunse con un tono di

"You live here... alone?"

The little man shook his hat.

"There is... the *Signora* too."

He spoke in an undefinable foreign accent, and in a low voice, little more than a whisper, stumbling: every syllable seemed to come down from a remote sphere. He added:

"No one else..."

I felt empty-headed, like those masks hanging on the walls. After a while I observed:

"It must be nice here. It's a peaceful place."

"Not always."

This had been a quick answer, with the syllables well-articulated and unfaltering. He seemed reassured, and I thought a certain familiarity was growing between us. So I felt free to ask obvious questions.

"Does anybody ever come here?"

"No," he answered; "in more than three years, you are the only one. The last time, a man on horseback came by; he asked if I had seen a parachute, and then he went away... What's a parachute?"

"A great big umbrella that makes you fall slowly," I said. Then I continued: "But how do you get your supplies? What do you eat?"

He had raised both his hands to the big brim of his hat; maybe he was thinking about the parachute. He answered:

"Eat?... It's very easy... I go looking for food... out there."

"What?"

"Small cactuses... the flesh is delicious... Also wild rabbits... Also lizards... we eat 'em fried... but there aren't many of them. The *Signora* is very fond of fireflies... because we eat in the dark... We haven't had electricity for years and the few candles we had were used up almost immediately... If I serve her a dish of fireflies, the *Signora*, she sees them; and after eating she changes completely... But it's hard to find fireflies in this area. Three years ago, when the parachute man came by, I asked him to send

tristezza:

"Non mi riesce trovarle, le lucciole... In tutti questi anni le ho trovate solo due o tre volte... L'avesse vista la Signora, dopo che aveva mangiate le lucciole... Gliele cerco sempre, quasi tutte le sere... Niente".

Non avrei saputo dire che ore fossero, nella penombra di quello stanzone. Del resto non m'interessava. A un certo momento il piccolo uomo dal grande cappello si girò in su e chiese:

"Vuol vedere la villa?"

Era un'offerta che non m'aspettavo. Ma non è forse vero che lontano dai centri urbani, sulle montagne o nei deserti, si fa sempre prima a stabilire un rapporto?

Mi limitai a dire:

"Non vorrei disturbare".

"No, no; la Signora dev'essere in qualche stanza segreta; son certo che non verrà fuori".

Mi guidò per un corridoio fra due lunghe file d'archi senza porta. Non si vedeva altro che grandi vuoti di stanze; sempre senza sedie, senza tavoli e senza tappeti. Dopo una quindicina di questi archi-stanze, in fondo al corridoio, dissi:

"Ma perché non c'è mobilia?"

"La Signora dice che la casa è bella così... A volte si meraviglia d'averci fatti i pavimenti... Ogni tanto dice: 'Il vuoto... il vuoto è tutto!' Io non la capisco troppo bene".

Dopo un po' volli sapere quand'era stata costruita la villa. E il piccolo uomo raccontò:

"Una trentina d'anni fa... Allora la Signora era giovane... bellissima... sposata da poco con un industriale del Nord, che aveva l'asma. Per consiglio dei medici, suo marito cercò un posto in cui farsi una villa, in un clima secco... Finalmente decise di farsela qui... fra le montagne del deserto, dove non piove mai, dove non viene mai nessuno... Mandò la moglie a dirigere i lavori... In meno d'un anno la villa era finita".

Abbassò la voce:

me a bag... But nothing ever came."

Now he seemed happy to be able to talk to someone. But his voice was full of distance. He added in a sad tone:

"I can't find 'em. In all these years I found 'em only two or three times... You should have seen the *Signora*, after eating fireflies... I go around trying to find 'em for her, almost every evening... No luck."

I wouldn't have known what time it was, in the shady light of that large room. And besides, I didn't much care. At a certain moment the little man with the hat raised his face toward me and asked:

"Would you like to see the villa?"

It was an offer I did not expect. Isn't it true though that far from urban centers, in the mountains or on the desert, it's always easier to establish a rapport?

I said only:

"If it's no trouble."

"No, don't worry; the *Signora* must be in a secret room; I'm sure she won't come out."

He led me through a corridor between two long lines of arches without doors. All I could see was the great emptiness of the rooms; always without chairs, without tables and without rugs. After some fifteen of these arch-rooms, at the end of the corridor, I asked:

"But why no furniture?"

"The *Signora* says the house is beautiful as it is... Sometimes she wonders why she had the floors put in... Every once in a while she says: 'Emptiness... emptiness is all!' I don't quite understand her."

After some hesitation, I decided to find out when the villa was built. And the little man told me:

"About thirty years ago... then the *Signora* was young... extremely beautiful... she had recently married an industrialist from a northern city, a tycoon who had asthma. On the advice of

"Poi partì anche lui dal Nord... con carri di grano, di frutta secca, di whiskey... Ma non arrivò mai... Si disse che tutta la carovana era rimasta sepolta in una tempesta di sabbia. Ma nessuno sa dove. Chi ha cercato non è mai riuscito a trovar niente".

Tacque un momento.

"Anch'io andai a cercare. Per settimane, per mesi, scavando col badile in ogni duna, in ogni rialzo. Non trovai mai niente. Pensavo agli uomini... ai cavalli... che dovevano esser rimasti imbalsamati nella sabbia. La notte me li sognavo, stesi su un fianco quant'erano lunghi, con gli occhi spalancati... statue di carne, che s'alzavano all'improvviso tutt'insieme, alti come giraffe, e riempivano il deserto di grida e di nitriti... Non potevo più distinguere gli uomini dai cavalli... E i carri di grano, di frutta secca, di whiskey... Chi sa dove sono! Non trovai niente... Ritornai qui col badile alle spalle, e decisi di assistere la Signora, che a quei giorni s'era chiusa a chiave nella sala centrale... Ero poco più d'un ragazzo, allora... Avevo fatto il manovale alla villa, quando la costruivano..."

S'era fermi davanti a una gran porta che chiudeva il corridoio. Mi venne da osservare:

"Ma quel signore coll'asma non poteva fare il trasloco coi camion, almeno fin dove arrivava la strada, invece di servirsi di carri e cavalli?"

"Me lo son detto tante volte anch'io. Ma poi ho saputo che era appassionato di cavalli. Andava sempre a cavallo. Anche in città. Tutte le mattine lo vedevano passare a cavallo che andava in ufficio... E non poteva sopportare né le automobili né i camion... E dire che le sue fabbriche ne costruivano a migliaia. Ho anche saputo che era attaccatissimo alle sue cose, e che voleva starci il più possibile insieme: la mobilia, i quadri, i rifornimenti, tutto quel che aveva destinato a questa villa perché diventasse la casa ideale".

'Ah', ripetei fra me, 'odiava i camion che costruiva... Voleva stare insieme alle sue cose...'

Il piccolo uomo alzò la mano e girò la maniglia della porta lì

doctors, her husband went looking for a place to build a villa, in a dry climate... Finally he decided to build it here... among the mountains of the desert, where it never rains, where nobody ever comes. He sent his wife to oversee the building... In less than a year the villa was finished."

He lowered his voice:

"Then he too left his northern city... with wagons full of wheat, dried fruit, whiskey... But he never got here... We were told that the entire caravan had been buried in a sand storm. But no one knows where. Those who searched and dug never found anything."

After a short silence, he continued:

"I went to look too. For weeks, months, digging with a shovel in every dune, in every mound. I never found anything. I was thinking about the men... the horses... under all that sand. At night I would dream of them lying on their sides in all their length, their eyes wide open... statues of flesh that would suddenly rise up all together, tall as giraffes, and fill the desert with screams and loud neighing... I couldn't even tell the difference between men and horses... And the wagons full of wheat, dried fruit, whiskey... Who knows where they are! I never found anything... I came back here, my shovel on my shoulder, and decided to help the *Signora*, who had locked herself in the main room... I was little more than a boy in those days... I had worked as a helper while they were building the villa..."

We had stopped in front of a large door at the end of the corridor. I observed:

"But couldn't that asthmatic businessman have moved his things with trucks, at least to the end of the desert road, rather than by horse and carriage?"

"That's what I thought too; and many times. But then I learned that he was a great horse lover. He always went horseback riding. Even in the city. Every morning they would see him going to his office on horseback... He couldn't stand cars, he couldn't stand trucks... And yet his factories built thousands of them. I also

davanti. Appena fui dentro, rimasi sbalordito. Era una sala rotonda col pavimento a parquet, anch'essa senza sedie, senza tavoli e senza tappeti, tutta circondata da piedistalli con su ciascuno uno scheletro.

"È la stanza speciale della Signora", m'informò lui. "Ci viene la sera, quando c'è la luna piena".

Mi parve di riavvertire l'aria gelida; più che nell'ingresso.

Continuavo a guardare. Saranno stati una decina. Tutti col cranio coperto di capelli intatti, lisci e ben pettinati. Sotto il naso ci avevano i baffi; altrettanto ben curati, ma sempre diversi: rivolti all'insù, quasi alla Cecco Beppe, o più corti, più assassini, alla Clark Gable. Anche la barba era di varie fogge: lunga e fluente, sino a posarsi sullo sterno, incorniciata dalle curve della gabbia toracica, o a pizzetto, o addirittura a mosca. Avevano le braccia alzate, a mezza via fra la testa e il torace, oppure distese lungo i fianchi. Tutte le ossa erano d'un colore bianco grigiastro, e lucidissime. Ma ciò che più mi colpì fu che tutti portavano un paio di calzoncini, così attillati da far indovinare il sesso.

Mentre guardavo a bocca aperta, il mio piccolo uomo disse che gli scheletri era dovuto andarli a cercar lui, per il deserto, dov'erano morti viaggiatori e esploratori, che la Signora ce l'aveva rimandato, anni dopo la vana ricerca della carovana, e che lei sperava sempre che forse avrebbe trovato anche quello di suo marito. Poi cominciò a raccontarmi come la Signora li curava, li lisciava, gli faceva i calzoncini nuovi una volta l'anno, e li chiamava tutti con nomi speciali che conosceva soltanto lei.

"Son tutti maschi", disse a un tratto il piccolo uomo.

"Tutti maschi?" ripetei.

"Sì, tutti maschi. Quando li andavo a cercare, la Signora insisteva sempre che glieli trovassi maschi... Delle femmine non ne voleva... Credo di averglieli trovati tutti maschi... Ecco perché lei gli ha fatto i calzoncini col rigonfio davanti... E gli ha messo la barba e i baffi... Anche i capelli son tutti d'uomini".

Qui aggiunse che fanno una specie di musica coi denti, e ballano al ritmo di quella musica. Lui l'aveva vista dal buco della

learned that he was very fond of his own things, and that he wanted to be as close to them as possible: his furniture, his paintings, his supplies, everything that he had destined to this villa to make it his dream home."

'Ah,' I said to myself, 'he hated the trucks he built... He wanted to be close to his own things...'

The little man extended his hand and turned the doorknob. As soon as I stepped inside, I stood there in a daze: it was a round hall with a parquet floor, and again, without chairs, without tables and without rugs, but completely encircled with pedestals, on each of which was a skeleton, standing.

"It's the *Signora's* special room," he explained. "She comes here in the evenings of the full moon."

I thought I felt that icy breeze again, stronger than in the entrance hall.

I kept staring at the skeletons. Their skulls were covered with hair in perfect condition, smooth and well-combed. Under their noses they had moustaches, also well-groomed, but all different: upward turned, in the style of Emperor Francis Joseph's, or much shorter, more bewitching, like Clark Gable's. Their beards, too, were of various shapes: long and flowing all the way to their sternums, where they rested, framed by thoracic cages, or in varied goatee designs. Their arms were raised between their heads and thorax, or hanging down along their sides. All their bones were grayish white, glossy and almost translucent. But what impressed me the most was that everyone was wearing shorts, so tight fitting as to suggest their sex.

As I was staring open-mouthed, my little man told me that he had gone looking for those skeletons himself, in the desert, where travelers and explorers had died; and that the *Signora* had sent him there years after the search for the wagons had failed; and that she still kept hoping he would somehow find her husband. Then he began telling me how the *Signora* took care of them, how she caressed them, how once a year she made new shorts for them, and

serratura, la Signora, nelle sere di luna piena, che faceva la danza dei sette veli, togliendosene uno per volta, finché non rimaneva nuda, languidissima, davanti agli scheletri... Poi batteva le mani, e loro scendevano dal piedistallo e cominciavano a ballare, con lei in mezzo, al ritmo dei denti. E la stanza sembrava s'illuminasse.

"La vidi varie volte, anni fa. Era bellissima... Specialmente quelle due o tre sere che aveva mangiato le lucciole; risplendeva tutta come se fosse d'alabastro... e ci avesse un lume dentro... M'è rimasta davanti così... Quando la guardo, dopo tanto tempo, mi par sempre di vederla com'era allora..."

Avevo davanti quella visione anch'io—come l'evocava il piccolo uomo. Fu un istante; e non potei resistere a un impulso. Battei le mani; due volte; in rapidissima sequenza.

Immediatamente vidi gli scheletri alzare il piede destro, piegare il ginocchio sinistro, scendere dal piedistallo, muovere piano le braccia spingendo la testa indietro, e cominciare a scivolare all'unisono sul pavimento, facendosi musica coi denti. Era un suono curioso, con ogni scheletro che produceva note diverse, ma così perfettamente sincronizzate da formare una serie di accordi che si compenetravano fino a perdersi in una loro sinfonia.

D'istinto feci due passi indietro verso la porta, quasi per lasciar libero tutto il pavimento. Danzavano leggeri, allungandosi e ritirandosi, nella continua ricerca di qualcuno da avvolgere in un abbraccio, pur rimanendo dentro i movimenti, che si ripetevano in una gamma di ritmi tanto prevedibili quanto spontanei.

Il piccolo uomo era rimasto fermo in mezzo alla sala; li seguiva col moto della testa, affogato in un incantesimo. A un certo punto si volse indietro, come ricordandosi di me. Disse:

"Li vidi così anche con la Signora. S'avvicinavano a lei per toccarla, o almeno per sfiorarne in qualche modo il tenero alabastro. Ma non ci arrivavano mai".

Pensai che se ribattevo le mani, gli scheletri sarebbero tornati sul piedistallo nella stessa maniera in cui ne erano scesi, per starsene in pace. Provai.

how she called each of them by a special name known only to her.

"They are all male," the little man said suddenly.

"All male?" I repeated.

"Yes, all male. When I'd go looking for them, the *Signora* always insisted that I'd only find them male... She didn't want any females... I think I found all males. That's why she sewed them shorts with the lump in front... and put beards and moustaches on them... Their hair is man's hair too."

Here he added that they make some kind of music with their teeth and dance to the rhythm of that music. He had seen her, the *Signora*, through the keyhole, in the evenings of the full moon, as she danced the Dance of the Seven Veils shedding one veil at a time, until she was naked, totally languorous, before the skeletons... Then she clapped her hands, and they came down from their pedestals and began dancing as well, with her in the middle, to the rhythm of their teeth. And the whole room seemed to be filling with light.

"I saw her several times, years ago. She was splendid... Especially those two or three evenings when she had eaten fireflies; she was shiny, as if made of alabaster... and with a light inside her... I can still see her that way... When I look at her, after such a long time, I still see her as she was then..."

I thought I was seeing her too, just as the little man was evoking her. At that moment I could not restrain myself: I clapped my hands, twice, in rapid succession.

Immediately I saw each skeleton lift its right foot, bend its left knee, climb down from the pedestal while slowly moving its arms, pushing its head slightly backwards, and then begin to slide along the floor, each one in unison, and all accompanying themselves with the music of their teeth. It was a strange sound, with each one producing different tones, but so well synchronized that they permeated each other, losing their individuality and blending into a unique symphonic melody.

Instinctively I stepped back toward the door, as if to leave the

Invece accelerarono incredibilmente la musica dentaria e il ritmo della danza. Mi parve che anche le mura fossero dentro un vortice frenetico. Decisi di non rischiare di più. Chiamai il piccolo uomo, lo presi per un braccio, lo tirai fuori della stanza e chiusi la porta.

Mentre ci si allontanava nel corridoio dissi:

"Bisognerà avvertire la Signora".

"C'è tempo", rispose. "Chi sa dove s'è rintanata... In questa villa ci son tante stanze che non riesco mai a trovarla... Ora poi... Dev'essere almeno una settimana che non la vedo".

Quando uscii, il tramonto aveva dato fuoco al deserto. M'arrampicai piano sul pendio, senza riuscire a pensare a niente.

entire floor to them. They danced lightly and gracefully, stretching and withdrawing, ever seeking someone to envelop in an embrace, but always within their rhythms, as spontaneous as they were predictable.

The little man was in the center of the room, motionless, except that he followed them with his head, totally spellbound. All of a sudden, he turned around, as if remembering that I was there too. He said:

"That's how they were with the *Signora*. They came toward her, as if to touch her, or at least to graze her tender alabaster. But they never got close enough."

It occurred to me that if I clapped my hands again, the skeletons might return to their pedestals just as they had come down, and would again stand there peacefully. I tried.

Instead they furiously accelerated their dental rhythm and their dance. Even the walls seemed to have plunged into a frenetic vortex. I could risk no more. I called the little man, grabbing him by the arm as I pulled him out of the room, and shut the door.

As we went down the corridor, I said:

"We must tell the *Signora*."

"There is no hurry," he answered. "Who knows where she's holed up... In this villa there are so many rooms that I can never find her... Especially now... I haven't seen her for at least a week."

When I went out, the sunset had set the desert on fire. Slowly I climbed the slope, and did not think of anything.

LA STORIA E LA POESIA

"La storia è la ricerca del possibile e la poesia è la ricerca dell'assoluto". Una doppia definizione, prima ancorata alla stessa parola ("ricerca"), poi depositata in due concetti antagonistici: "possibile" e "assoluto". Ma dopo averla pronunciata vien da domandarsi se veramente abbia un valore definitorio; se sia proprio vera.

"La ricerca del possibile" può indicare la storia come dovrebbe essere, non com'è. Perché in genere la storia è invenzione dello storico, cioè delle cause e degli effetti che vuol credere abbiano prodotto certi eventi, ma che hanno ben poco rapporto coi fatti come si verificarono. A me è avvenuto di ripetere che la storia non esiste, e che lo storico è colui che mette in fila i documenti, quando ci sono, eppoi li legge nel modo che trova più conveniente, e quindi partendo da preconcetti personali. È convinto di stare ai fatti, e invece dà loro un valore che non ha molto a che vedere con la realtà effettuale delle cose. Né potrebbe essere diversamente. Noi non possiamo conoscere il passato, ma soltanto quel che crediamo, e vogliamo far credere che fosse il passato. Possiamo conoscere la nostra esperienza individuale, benché anche quella tenda a sfuggirci, soprattutto quando il tempo l'ha coperta d'uno strato di polvere così spesso che stentiamo a vederla, nonostante tutte le affannose ripuliture.

Vico sosteneva che l'uomo può conoscere solo la storia, perché ne è stato l'artefice. Ma navigava nel gran mare della fantasia, come gli succedeva spesso. Infatti chi sono mai gli autori dei documenti del passato? O i conquistatori, come Cesare e lo stesso Alessandro Magno, o i loro fidatissimi seguaci, come Polibio, che va a Cartagine con Scipione eppoi scrive quel che ha visto, senza

HISTORY AND POETRY

"History is the quest for the possible and poetry is the quest for the absolute." A twofold definition, linked to a common denominator ("quest"), and then deposited between two opposing concepts: "possible" and "absolute." But having articulated such a definition, one is tempted to wonder about its validity. Does it really contain fundamental truth?

"The quest for the possible" may indicate history as it should be, but not as it is. For in the main history is an invention of the historian, that is, of the causes and effects he wants to believe have produced certain events, but which are only loosely connected to the facts as they actually occurred. A number of times I have argued that history doesn't exist, and that the historian is one who first lines up his documents—when these are available—and then interprets them in a manner which he finds most convenient, thereby utilizing preconceived notions as his point of departure. He is convinced he is adhering to the facts, when instead he is giving them a meaning which has very little to do with the effectual reality of things. Nor could it be otherwise. We cannot know the past, but only what we believe has occurred, and want others to believe. We can achieve close knowledge of our own individual experience, although even this tends to elude us, especially when time has covered it with layers of dust so thick we can scarcely discern it, despite all our laborious cleansing touches.

The philosopher Vico maintained that man can have close knowledge only of history, for it was man who created it. But Vico was navigating in the vast sea of the imagination, as he so often did. Who, in fact, are the authors of the documents of the past? Either conquerors, like Caesar and Alexander the Great, or their faithful

una parola di biasimo per il Generale. Per questo la storia ci parla sempre di eroismi, di guerre vinte, di conquiste; mai dell'efferata ferocia dei conquistatori. Gli sconfitti, regolarmente trucidati o, se avevano fortuna, fatti schiavi, non potevano scriverla. Le loro sofferenze, i loro tormenti, noi non li conosceremo mai. Dei tempi moderni si sa un poco di più; ma anche questo è spesso piantato nelle interpretazioni e negl'interessi personali di chi racconta. Churchill scrive la storia della seconda guerra mondiale, ma da protagonista, con se stesso al centro; è una forma di auto-esaltazione, come lo era stata per Cesare e per Napoleone.

La storia non è dunque la ricerca del possibile, a meno che per possibile non s'intenda l'irreale.

E la poesia è la ricerca dell'assoluto? Anche se non ci si mette a definire questa parola, non si può negare che solo rarissimamente il mondo interiore del poeta coincide con quello dei suoi lettori. Poi c'è il fatto che un poeta esprime sempre moti di percezione immediata; per poterli davvero non dico capire, ma pienamente condividere (che è l'unico modo di capire), bisognerebbe fare le stesse esperienze, con gli stessi moti vitali e con gli stessi fasci associativi, nel momento in cui si legge. Lasciando stare che moltissimi quelle esperienze non le hanno mai fatte, o per lo meno non con la stessa intensità, coloro che hanno provato qualcosa di simile non possono riuscire a richiamarlo intatto dal pozzo della memoria, e riviverlo con forza moltiplicata. In quest'area, la stessa filologia ci dà poco aiuto; può servire da avvio, magari un po' sfocato, ma non di più. Non condivideremo mai con Dante o col Tasso o col Leopardi quel che sentivano mentre scrivevano certi versi, o solo certe parole. E non dico di Omero, di Pindaro, di Virgilio. La poesia sarà stata una ricerca (puramente inconscia) dell'assoluto per loro; ma non per noi lettori. Perché il loro non poteva che essere un mondo profondamente personale, non trasferibile nella sua totalità, e quindi non traducibile in universale: un termine sinonimo di assoluto, tanto abusato dai secoli, che per la poesia non ne avevano altri. Nessuno si rendeva conto che,

followers, such as Polybius, a man who first accompanies Scipio Africanus to Carthage and then narrates what he saw, without a single word of blame for his General. This is why history always speaks to us of heroic gestures, of great battles and conquests; never of the savage cruelty of conquerors. The losers, normally slaughtered, or, if they were fortunate, taken as slaves, were incapable of putting it down. We shall never know the full extent of their pain and suffering. Concerning modern times, we may know a little more; but even this is usually rooted in the interpretations and personal interests of whoever is narrating. When Churchill, for example, writes the history of World War II, he does so as protagonist, with himself at its center; and this is a form of self-exaltation, much as it had been for Caesar and for Napoleon.

History then is not the quest for the possible, unless by possible one means the unreal.

And poetry, is it a quest for the absolute? Even without attempting a formal definition, it cannot be denied that only rarely does the inner world of the poet coincide with that of his readers. Then there is the fact that a poet always expresses certain impulses with great immediacy of perception; and in order—I won't say to understand—but to fully share in them (which is the only way of understanding), it would be essential for the reader to relive those same experiences, with the same attendant impulses and psycho-associative processes when actually confronting the text. Aside from the fact that many readers have never had those experiences, or at least not with equal intensity, those who went through parallel ones cannot expect to retrieve them intact from the deep well of their memories, much less relive them with intensified energy. In this area, even philology is of little value; it can serve, at best, as a somewhat hazy point of departure. We shall never share with Dante or Tasso or Leopardi what they were feeling while writing certain verses, or even certain individual words. Not to mention Homer, or Pindar, or Virgil! For them, poetry may have been a quest (at the purely unconscious level) for the absolute; but not for us readers.

nonostante fosse in apparenza traboccante d'orizzonti vastissimi, non si portava dentro che limiti. La maggior parte dei letterati, quando credeva d'aver scoperto un pezzo di mondo umano, ci si trincerava dentro e lo chiamava universale—ossia assoluto. Che era, e rimane, una forma di presunzione. Credevano d'aver risolto tutti i problemi, d'esser riusciti a definire la poesia; invece non facevano che mettersi compiaciuti su un piedistallo, che poi non era altro che lo scalino scricchiolante d'un povero sottoscala. Anni fa un mio amico di Ginevra pubblicò un volume di saggi, che chiamò *Les lettres et l'absolu*. Un titolo impressionante. Ma che voleva mai dire? Era un'antitesi? un ossimoro? Non son mai riuscito a saperlo. Sarebbe meglio decidere una volta per tutte che l'assoluto non esiste, né può esistere, e che è una delle tante "creazioni" della retorica del vuoto.

La poesia consiste nel cogliere con le parole e coi ritmi le nostre esperienze immediate, attraverso figure in cui ogni tanto qualcuno può pensare di trovar riflesso se stesso. Una specie di specchio concavo, parabolico, magico, che sfaccetta percezioni ed emozioni in un formicolio di linee e di note, per poi ricomporle in una totalità sempre diversa. Questo non è l'assoluto, ma le infinite facce dell'ambiguo.

Because their inner world couldn't help but be a deeply personal one, not transferable in its totality, and therefore not translatable into so-called universal terms. Universal: synonym of absolute, a term so abused throughout the centuries that for poetry there simply was no other. No one realized that, despite the semblance of pointing toward vast horizons, this term carried within itself nothing but limitations. The majority of literati, whenever they uncovered what they thought was a new piece of the human spirit, took refuge behind it and called it universal—or absolute. Which was, and still is, a form of presumption. They believed they had resolved all problems, that they had succeeded in defining poetry; instead, all they accomplished was to put themselves on a pedestal, which turned out to be nothing more than the squeaky rung of a rickety old stepstool. Years ago, a friend of mine from Geneva published a volume of essays which he called *Les lettres et l'absolu* (Literature and the Absolute). An impressive title. But what did it mean? Was it an antithesis? an oxymoron? I never quite figured it out. It would be wiser to admit once and for all that the absolute does not, nor can it, exist, and that it is just one of the many "creations" of the rhetoric of emptiness.

Poetry consists of capturing in words and in rhythms the immediacy of human experience, through figures in which occasionally readers think they catch glimpses of themselves. A kind of concave or parabolic or even magical mirror which turns perceptions and emotions into a whirl of lines and sounds, only to assemble them again in an ever changing paradigm. This is not the absolute, but the infinite faces of ambiguity.

LA STORIA

Tutti i popoli s'esaltano di storia.

Eppure la storia è un'ininterrotta catena d'assassini
e di stragi.

I grandi eroi sono i grandi massacratori. Delle vittime
si parla solo come di numero che serva all'esaltazione
del massacratore: milioni di cadaveri con
cui costruire l'arco del trionfo.

Perché la storia l'hanno scritta o i massacratori o
i loro lacché. È il peana che gli assassini cantano a
se stessi.

*

Chi sa quanti oggi sono i discendenti dei massacratori!
Per le vittime non era possibile riprodursi.

Che potrebbe anche spiegare l'origine della grande
crudeltà che vibra nel fondo umano, personale e
collettivo.

Meglio dimenticare la storia e ricominciar da capo.
Se si può.

HISTORY

All people find their exaltation in the glories of history.

And yet history is an uninterrupted chain of murders
and slaughters.

The great heroes are the great slaughterers. History
refers to its victims only in number: millions of corpses
with which to build triumphal arches.

For history has been written by slaughterers or
by their lackeys. It is the paean that murderers sing
to themselves.

*

Who knows how many, today, are the descendants
of murderers! The victims were unable to reproduce.

Which might even explain the great
cruelty that vibrates at the core of the human psyche, be it personal
or collective.

Better to forget history and start all over again.
If we can!

MUSICA E POESIA

Mozart e Beethoven dormivano con la testa piena
di visioni fatte di note.

I poeti dormono con la testa piena
di visioni fatte di sillabe.

Da svegli, musicisti e poeti si sforzano di ricuperare
quelle visioni, quelle note e quelle sillabe.

Per tutti la vita è una continua corsa al ricupero.
Ma solo gli artisti lo realizzano.

Frugano tra i cespugli del sogno, scoprono il deserto
e si mettono a rifarlo.

MUSIC AND POETRY

Mozart and Beethoven slept with their heads
full of visions made of notes.

The poets sleep with their heads full of visions
made of syllables.

When they are awake musicians and poets strive to recover
those visions, those notes and those syllables.

For everyone life is a continuous race toward recovery.
But only true artists ever achieve it.

They ransack the underbrush of their dreams, they discover the desert
and begin making it anew.

UN VOLO DI PERNICI

È morto Robert Penn Warren, il grande romanziere del governatore Huey Long della Louisiana, e più grande poeta. Una volta gli chiesero che cos'era la poesia. Ripose:
"I was in Vermont once on the edge of the woods, and suddenly phoom, partridges came flying out of the brush and into the sunset. It's the same with a poem. You can't force it".

La domanda riguardava lo spirito della poesia. La risposta ci dice che è un volo improvviso di pernici.

Il suo amico romanziere James Dickey l'ha ricordato così: "The main thing about Warren is that he had a powerful, primitive imagination that dealt with the basics of human existence" (*L.A. Times*, 16-9-1989).

Solo una fantasia potentemente primitiva può vedere lo spirito della poesia come un volo imprevisto e istantaneo di pernici.

Robert Penn Warren aveva una delle facce più grinzose che io abbia mai visto. Tanto che pareva irreale. Quasi che i cespugli del Vermont ci fossero entrati tutti dentro. Eppure sapeva sorridere. D'un sorriso profondo, aperto e fiducioso, come se dentro quei solchi e quelle rughe, sulle infinite punte di quei cespugli, a un tratto s'accendessero innumerevoli minuscole lampadine. Anche quello era il suo volo di pernici.

In California, di settembre, arriva una bellissima farfalla dalle ali d'oro, o biancastre o chiazzate di marrone. Viene da un bosco del Messico dove torna regolarmente con le sue compagne. Scivola ad ali aperte in una specie di leggerissima danza. Sembra che l'aria la tenga sulle palme, e che sia l'aria a muoversi, invece di lei. La chiamano "*Monarch*", ossia re (o regina) delle farfalle. Si posa di rado, ma quando lo fa, sul ramoscello d'un cespuglio, le ali

AND SUDDENLY PARTRIDGES CAME FLYING OUT

Robert Penn Warren died. Renowned for his novel about Louisiana's governor Huey Long, he was even greater as a poet. One time, in response to a question about the nature of poetry, he said:

"I was in Vermont once on the edge of the woods, and suddenly phoom, partridges came flying out of the brush and into the sunset. It's the same with a poem. You can't force it."

The question touched upon the essence of poetry. His answer tells us that it is a sudden flight of partridges.

His friend, novelist James Dickey, had this to say: "The main thing about Warren is that he had a powerful, primitive imagination that dealt with the basics of human existence" (*L.A. Times*, 9-16-1989).

Only a powerful and primitive imagination can pinpoint the essence of poetry in an unexpected and instantaneous flight of partridges.

Robert Penn Warren had one of the most wrinkled up faces I've ever seen. So full of furrows it seemed unreal, almost as though it had been overrun by all the underbrush in Vermont. And yet he knew how to smile. A broad smile, open and confident, as if deep in those furrows and creases, on the infinite points of all that undergrowth, innumerable tiny little lights would suddenly appear. This too was his flight of partridges.

In California, during the month of September, there arrives a beautiful butterfly with gold, white, or even mottled brownish wings. It comes from the Mexican woods where it returns periodically with its companions. Wings spread wide, it glides into a sort of delicate, nimble dance. It seems as though the air is lifting

rimangono come quand'erano sulle palme dell'aria.

Ali perpetuamente aperte. Con buona pace di Robert Penn Warren, questo è per me lo spirito della poesia. Entra ad ali aperte dentro le parole, e ci rimane.

it in its hands, the air itself vibrating, rather than the butterfly. They call it "Monarch," king (or queen) of butterflies. Rarely does it settle, but when it does, on a branch in the underbrush, its wings stay open, as though still being lifted in the hands of the air.

Wings perpetually spread wide. With all deference to the memory of Robert Penn Warren, this is for me the essence of poetry. With wings wide open, it penetrates the words, and there it settles.

SULLO SCRIVER POESIA IN TERRA STRANIERA

È sempre più agevole parlare della poesia degli altri che della propria; non perché quella degli altri s'intenda meglio e se ne percepiscano le vibrazioni che brulicano in ogni nervatura, ma perché con la propria bisogna esser capaci di rivivere intensamente il se stessi di quando si scriveva, ritrovarsi nudi davanti allo specchio e rivedersi come ci si vedeva allora. Che non è mai realizzabile. D'altronde nemmeno allora s'era del tutto consci dei sensi più riposti delle nostre parole: non ho mai capito perché Ezra Pound fosse convinto del contrario; infatti, quando gli fu chiesto il valore intrinseco di alcuni suoi versi, rispose: "Quando li scrissi lo conoscevano solo due, Dio e io; ora lo conosce soltanto Dio"; che vuol dire che mentre scriveva era perfettamente conscio di tutte le implicazioni segrete d'ogni minimo dettaglio del suo ordito espressivo. Inoltre, se ci dovessimo ritrovare nel fondo di quei momenti, spesso iperurani, ne potrebbe anche risultare un'infrenabile sofferenza. Mentre la poesia degli altri non genera mai tortura—se è poesia vera.

Però, quando si parla della poesia degli altri, con tono più o meno trasparente si parla anche della propria; solo i lettori veramente perspicaci lo sanno. Io ho scritto versi fin dall'età più acerba, ma nello stesso tempo ho scritto critica letteraria, ed ho appreso che la critica non è tanto un insegnare a leggere, come la definiva Sainte-Beuve, quanto, e soprattutto, un *imparare* a leggere, e perciò un modo di conoscere meglio se stessi; è scambio e interazione. Se quando si dialoga con la poesia del passato si penetra nella propria sostanza psichica e se ne scoprono i nessi, quando si scrive ci si addentra nelle strutture psichiche degli altri nel momento stesso in cui si riesce a fissare le proprie sulla carta.

ON WRITING POETRY IN A FOREIGN LAND

It's always easier to speak about the poetry of others than about one's own, not because the work of others is somehow more accessible or its vibrations more distinct as they course through every vein, but because with his own work one must place himself again into the intense moment of creation, thereby seeing himself naked before a mirror exactly as he was at the time. Which is not possible. On the other hand, not even at the time of composition was he totally aware of all the underlying meanings of his words. I have never understood why Ezra Pound believed the opposite was true; in fact, when questioned about the intrinsic value of some of his own verses, he replied: "When I wrote, only two of us knew—God and myself; now only God knows"; which means that during the moment of creation he was perfectly aware of all the hidden implications of every detail of his intricate expressive texture. Besides, even if we, as poets, could place ourselves again in the innermost depths of those lost moments—the numinous moments of creation—it might well be an unbearable torture. Whereas other people's poetry—if it is authentic—never engenders such anguish.

However, when we speak of the poetry of others, we are more or less transparently speaking of our own as well; only truly perceptive readers understand this. I have written verses ever since I can remember, but I have also indulged in literary criticism; and I have learned that criticism is not so much teaching how to read, as Sainte-Beuve would have it, but, above all, *learning* how to read and thus knowing oneself better through reading: it is exchange and interaction. When we interact with the poetry of the past, we gain access to our own psychic vitality and discover our particular connection with the poet; and when we write, we make contact with

È stato osservato che i critici sono poeti mancati; non si può asserire che l'opposto sia ugualmente probabile. I veri poeti sono anche veri critici, come hanno dimostrato Dante e Foscolo e Leopardi, Coleridge e T. S. Eliot ed Ezra Pound, Baudelaire e Mallarmé e Valéry, e infiniti altri. Sono critici potenziati, proprio perché poeti. I mancati non sono né critici né poeti, com'è oggi il caso dei tanti che s'abbandonano ciecamente alle mode, vagolando sulla cresta dell'assoluta superficialità, poveri eppur presuntuosi fantocci nelle mani d'un demone che si diverte a gonfiarli come la rana davanti al bue d'Esopo. Sono i deformatori, i falsari della poesia. Per fortuna, esistono anche gli altri.

*

Si sa che il poeta è colui per il quale il mondo è ben diverso da come generalmente si crede, tutt'altro che sempre uguale e sempre razionale, bensì sempre nuovo e traboccante di sorprese, pezzi e frammenti e bruscoli, di cui ognuno è un universo, che si può contemplare nella sua essenza: luminosa o buia, lieta o triste, l'altezza più gioiosa e la caduta improvvisa, il riso della vita e la tetra caligine della morte. Lo può trovare completo in una parola, in una frase o in un verso, o perfino in un intero componimento che nella sua ampiezza unifichi tutti i mondi.

La poesia è il prodotto della necessità inderogabile scaturita da tali visioni e da tali fervori. Non è mai volontaria. E non è mai riflessiva, almeno la mia, nonostante che le immagini in cui respira possano condurre alla riflessione. La poesia puramente riflessiva tende a farsi onda nel gran mare del tritume e della banalità; è quasi sempre peggiore della cattiva prosa.

Ed è inevitabilmente autobiografica, sebbene d'un'autobiografia configurata all'interno di metafore e di ritmi. Ed è un diario, ma di natura assolutamente associativa, come la memoria. Perché quando c'invade un'esperienza qualsiasi, subito la riempiamo di lontananza, di passato, di ricordi, fino al punto che

the psychological makeup of the reader at the very moment that we succeed in capturing our own psyche on paper.

It has been said that critics are poets *manqués*; it is not possible to assert that the opposite is equally true. Authentic poets are by nature also perceptive literary critics, as we can see from the examples of Dante and Foscolo and Leopardi, Coleridge and T. S. Eliot and Ezra Pound, Baudelaire and Mallarmé and Valéry, and many others. They are empowered as critics precisely because they are poets. Those who are *manqués* are neither critics nor poets, as is the case today with so many who have blindly embraced the faddish modes of criticism, riding the crest of a wave of absolute superficiality, vacuous and yet presumptuous marionettes in the hands of a demon who delights in inflating them—like bloated frogs before Aesop's ox. These are the crippled impostors, the counterfeiters of poetry. Luckily, there are also the others!

*

We all know that a poet is one for whom the world is much different from how it is generally believed to be—anything but always equal unto itself or rational—indeed, ever varied and overflowing with surprises, pieces and fragments and specks, each of which comprises a universe whose essence can be contemplated: bright or dark, cheerful or sad, the pinnacle of joy and the sudden fall, the laughter of life and the gloomy fog of death. The poet can capture its essence in a single word, in a phrase, a verse, or even in an entire work whose expanse unifies all worlds.

Poetry is the product of unavoidable necessity, which springs from such visions and from such fervor. It is never the result of mere volition. And it doesn't come from reflection—at least mine doesn't—even though the images that sustain it can lead to reflective activity. Poetry which is simply reflective tends to make waves in the great sea of triviality; it is almost always worse than bad prose.

questi possano anche prendere il sopravvento. In realtà li stiamo rivivendo soltanto nei termini del presente, stiamo mescolando dati ed eventi personali sulla tavolozza dell'oggi per trarne un quadro unificato e unificante. Tutto è contemporaneo. Per questo, la mia poesia ribocca, come ogni altra, d'impressioni che non possono non esser private, e anche di parole che appartengono alle varie epoche della mia esistenza, e infine di aspirazioni, cioè d'un futuro che è presente.

Fu detto che la poesia è memoria convertita in sogno. Ma il sogno non è che la parte associativa di noi stessi. E il lettore? Come può esserne pienamente partecipe? Per riuscire a entrare nel segreto d'ogni verso bisognerebbe che avesse fatto le stesse esperienze psichico-visive, con lo stesso bagaglio di passato. Siccome ciò non è possibile, deve potersi riconquistare la sostanza umana di quel segreto passo per passo e con lunga fatica. Il poeta si rivela, direi si confessa, solo a questo lettore.

Io son vissuto accanto al deserto per molti anni. Un deserto vivo, che mi si muove davanti agli occhi, ed eppur fermo, con sassi e cespugli e lucertole inchiodate nel sole. Ci ho trovato un senso alla vita randagia di tutti, che camminano e traslocano pur restando sempre nel medesimo posto. Lo vedo popolato di gente, sia quella della mia infanzia italiana che quella della mia giornata adulta di oggi; e non posso offrire che parole, suoni tradotti in paesaggi vecchi e nuovi. La poesia è visiva non solo perché coglie e polarizza, ma perché *crea*, le visioni. Come quando da un colle californiano si guarda l'oceano e a un tratto ci si vedono camminar sopra uomini e animali, tesi verso una mèta che rimarrà ignota sia per loro che per noi. E si sentono cominciare a cantare. Quasi che camminare insieme sugli spruzzi bianchi non fosse altro che musica.

*

E la lingua? È quella in cui si è nati; è la lingua d'un'infanzia

Poetry is inevitably autobiographical, although it is an autobiography turned into metaphors and rhythms. And it is a diary, but, like memory, of an absolutely associative nature. Because when any experience invades us, we immediately fill it with distance, with our past, and remembrances, to the point where these remembrances may even take over. In reality, we are reliving the past only in terms of the present, mixing dates and personal events on today's palette so that we can draw a unified and unifying picture. Everything, therefore, is contemporaneous. It is for this reason that my poetry overflows, as any other, with impressions that cannot be anything but private, with words that pertain to different periods of my life, and ultimately with aspirations—that is, a future which is present.

It has been said that poetry is memory converted into dreams. But dreams are nothing but associative aspects of ourselves. And the reader? How can he fully partake of our dreams? In order for the reader to succeed in penetrating the secret meaning of every verse it would be necessary for him to have lived the same psychovisual experiences, with the same psychological baggage as the poet. Since this is not possible, one has to reclaim the human substance of that secret, step by step and with great effort. The poet reveals himself—I would say confesses—only to this reader.

I have lived on the edge of a desert for many years. A living desert that moves before my eyes and at the same time is motionless: pebbles and bushes and lizards nailed in the sun. And I have found a meaning in this, for everyone's life is one of wandering and running, only to remain in the same place. To me the desert appears filled with people, both those of my Italian childhood and those of my present everyday life; and I can offer only words, sounds translated into old and new landscapes. Poetry is visual not only because it pinpoints and captures these landscapes, but above all because it *creates* them. Like when we watch the ocean from a California hill and suddenly in the distance we see people and animals walking on the waves toward a place as

trasfigurata, carica di quei sensi e di quei ritmi che allora sarebbero stati irraggiungibili. Nessuno può scrivere poesia in un'altra lingua, sovrapposta e quindi fittizia, che non gli può diventar linguaggio, sebbene ci stia dentro quotidianamente. In questa può scrivere versi, magari dei buoni versi, ma non poesia—la quale non può nascere in chi si trova bloccato nella prigione dell'artificio. Non ci sono, né ci potrebbero essere, esempi di grande poesia scritta in una lingua straniera, ossia estranea alla psiche del poeta. Dante, a Verona o a Ravenna, cioè in paesi dove si parlavano lingue ben diverse dalla sua, poté scrivere un poema immenso proprio riconquistando e ricostruendo la lingua della sua infanzia fiorentina; qualcosa di simile va detto del Petrarca, il quale stabilì la lingua della tradizione lirica italiana da Valchiusa o da Arquà. Browning scrisse le sue cose migliori a Firenze ed Ezra Pound in varie parti d'Europa. E così via. Noi che abbiamo avuto un'infanzia in Italia (quell'infanzia che in certo modo include anche l'adolescenza) possiamo scrivere poesia solo in italiano. L'inglese è la lingua della prosa.

È innegabile che le esperienze di cui ci siamo riempiti e di cui ci riempiamo ogni giorno son ben diverse da quelle che avremmo fatte in Italia. L'essere stati sbalestrati fra lingue e paesi ha arricchito la nostra vita, la nostra consapevolezza della profonda umanità che circola in noi e negli altri, di qualsiasi nazione siano. Ha anche arricchito il nostro linguaggio, caricando di pesi totalmente nuovi ogni parola che riusciamo a pronunciare. Ma il fondo di questo linguaggio non può non rimanere l'"antico", per quanto rinnovato e dilatato nei suoi significati. Uno degli esiti del nostro vagabondaggio è di trovar carenti, ossia inadeguate, le parole che ci sorgono dal passato, e di riuscire a immetterci dei sensi nuovi, che non respingono, ma si assommano ai vecchi. Per cui si può raggiungere una maggior concisione, che è anche maggiore intensità; qualcosa che avvicina all'espressione poetica. Proprio l'essere oppressi da un sentore d'inadeguatezza ci conduce inevitabilmente alla ricerca dell'espressione che racchiuda quel che

unknown to them as to us. And then we hear them begin to sing. It's almost as if walking together in the white spumes could be nothing but music.

*

And what about the language? It is the one we were born into, the transfigured language of our childhood, laden with meanings and rhythms that, at the time, would have been beyond our reach. Nobody can write poetry in another language—one which is superimposed and thus artificial—which can never become a deeply personal language even if one is daily immersed in it. In this case, one can write verse, even good verse, but not poetry; for poetry cannot issue from the prison of linguistic artificiality. There are not, nor could there be, examples of great poetry written in a foreign language, one which is alien to the psyche of the poet. Dante, at Verona or in Ravenna, that is, in places where people spoke languages quite different from his own, was able to write an incomparable poem precisely by reconquering and restructuring the language of his Florentine childhood; something similar might be said about Petrarch, who established the very language of the Italian poetic tradition, but from the distance of Vaucluse or from Arquà. Browning wrote his best things in Florence, and Ezra Pound in various parts of Europe. And so on. Those of us who lived our childhood in Italy (and in certain ways our childhood also includes our adolescence), we can write poetry only in Italian. For us, English is the language of prose.

It is undeniable that the experiences which make us what we are and which fill up our days are quite different from those we would have had in Italy. To have grappled with different languages and clashing cultures has enriched our lives, our awareness of the depth of humanity which runs through ourselves and others, whatever our nationality. It has also enriched our native tongue, bringing radically new meanings to every word that we utter. But

ci s'agita dentro o ci trema dinanzi agli occhi.

Lo scrivere poesia in un paese straniero può perfino costituire un vantaggio. Ci fa reinventare le parole anche più comuni. E ci rende più liberi, alieni dalle scuole e dalle conventicole, dai cibori dei caffè e dai riti delle mode, insomma da tutto un culto dell'effimero, che obbliga a pescare circonlocuzioni prefabbricate con le nasse della banalità. La lontananza è anche libertà, un dono per la conquista di quella sincerità che traluce solo dentro un preciso tessuto ritmico.

Le vie della poesia son dentro chi la scrive. Non soffrono imposizioni dall'esterno. Vengono i momenti in cui non ci si può negare d'incamminarcisi. Ma non sono frequenti; nascono quando un empito interiore deve riversarsi dentro un ordito fonico. Io ho sempre sentito il potere, direi la sacralità, della parola, che è soprattutto imperiosa metafora. Per i Greci era "mito"; per noi è "parabola". C'è insito un racconto, la storia del mondo e della nostra vita, un mondo nel mondo. Ogni parola lo contiene perché ci confluisce una gran dovizia di visioni e fantasie, sogni e associazioni.

E la parola poetica è ritmo, nota o gruppo di note che debbono ricorrere, simili o variate, come in un brano musicale. Di solito si parla di variazioni solo in riferimento alla musica; si dimentica che originariamente la musica era nelle parole, e che nelle parole pulsavano i ritmi che poi furono chiamati note. C'erano gli echi in cui vibravano tutti i desideri, e anche le delusioni e le sofferenze umane, come nella voce dell'innamorata di Narciso.

La poesia quindi non può essere altro che ritmo, altro che suono. Il suono è la sua sostanza: non solo è la voce melodica del poeta, ma apre vasti orizzonti davanti al lettore, suscita chimere e miraggi. Sta alla base delle coppie d'aggettivi, che sembrano sinonimici e non lo sono, come i dittici del Petrarca o dell'Ariosto o del Leopardi, ed è la radice delle omofonie—ossia di fonemi che si richiamano e si rincorrono, come avviene in Dante e in qualsiasi altro poeta, fino a Montale e Bigongiari. Se si prende una delle

the matrix of this native tongue cannot but remain the same, however much it is renewed or expanded in its meanings. One of the consequences of our vagabondage is that we find lacking, or inadequate, words that come to us from our past; and so we instill new meanings in them, which don't conflict with, but combine with the original ones. The result may well be a greater degree of concision, which is also greater linguistic intensity—something that approaches poetic expression. Just to be oppressed by a sense of inadequacy leads us inevitably to search for the words that can express whatever is seething within us or trembling before our very eyes.

Writing poetry in a foreign land can even be an advantage: we must make ourselves reinvent even the most common of words. And we are thus made more free and more detached from the academies and tabernacles, from the awnings of the café and the rituals of fashion, in sum, from every ephemeral cult that forces us to pursue premade circumlocutions with the fishnets of banality. Distance is also a form of freedom, a gift for winning the sincerity that surfaces only within the frame of a precise literary context.

The ways of poetry are inside those who write it; they do not yield to external impositions. Moments come when one cannot help but express oneself in one's own peculiar way. But these moments do not occur very frequently; they are born of the poet's inner impetus and must flow into a specific phonic texture. I have always felt the power, I would say sanctity, of the word, which is above all irresistible metaphor. For the ancient Greeks this power was called "myth"; for us it is the "parable."[2] It always contains an entire story, the history of the world and of our lives, a world within a world. Every word contains it, because the word weaves together a great wealth of visions and fantasies, dreams and associations.

Furthermore, the poetic word is rhythm, a single note or group of notes which must recur, in the same way or in variation, as in a musical composition. Usually one speaks of variations only in reference to music; it is often forgotten that music was originally

tante stupende terzine dantesche e si travasa in parole diverse, si riduce a ben povera cosa, a poco più d'una trivialità. Non è più poesia, non apre più orizzonti, non ha più il tono, le omofonie, i ritmi in cui era nata; in essi risiedevano i suoi significati, ora perduti. I suoni riempiono qualsiasi vuoto, nobilitano tutto ciò che è volgare, accendono tutto ciò che è spento.

Io credo d'essermi inventati i ritmi per conto mio, con varietà metriche, a volte apparentemente discordi, ma tali che formassero una concorde famiglia melodica; e dentro ai metri ho ricuperato le omofonie, continue sebbene spesso a una certa distanza l'una dall'altra, riconoscibili non solo nelle sillabe, ma addirittura nelle singole lettere. Fin dall'età acerba mi sono accorto che metri e ritmi, e quindi suoni a volte simili o addirittura identici, costituiscono la sostanza della struttura della lingua. I veicoli della poesia posson sembrar parte d'una tradizione, ma in verità risiedono in ogni parola e nei gruppi di parole legate insieme, concertate, dalla voce del parlante. Colui che chiamiamo poeta non fa che rinnovarne la disposizione e il suono, come il compositore, che, pur disponendo d'un limitatissimo numero di note, sempre le stesse per tutti da tempo immemorabile, compone melodie proprie e inconfondibilmente sue. Io scopro ed estraggo le parole che giacevano latenti e furtive dentro di me proprio mentre cerco i suoni in cui vibri l'impressione e il sogno. Può darsi benissimo che sia tutt'un'illusione, e che quel che ho scritto non trovi nessuna corrispondenza nel lettore; ma so che è mio, che è il meglio che potessi fare in quel momento d'inderogabile necessità. La libertà della distanza m'ha permesso d'essere me stesso ogni qualvolta mi trovi a cimentarmi con quel fatto privato che chiamiamo poesia.

Henry Rousseau era così timido che davanti a una porta di amici non osava suonare il campanello. Dopo che finalmente c'era riuscito, gli rimanevano dentro gli echi che aveva sentito agitarsi all'interno e gli si trasformavano nelle figure immaginose, leggere e quasi edeniche dei suoi quadri. Gertrude Stein non sopportava i collezionisti d'oggetti fragili e frantumabili; diceva di capire solo le

made of words, and that the rhythms that pulsated in the words later came to be called notes. Words contained the echoes in which all human desires and delusions and sufferings vibrated, like in the voice of Narcissus' lover.

Poetry, in short, cannot be anything but rhythm, anything but sound. Sound is its substance: not only is it the melodic voice of the poet, but it opens up vast horizons before the reader's eyes, arousing dreamscapes and mirages. Sound is the basis of binary adjectives, which seem to be synonyms but actually are not, like the diptychs of Petrarch or Ariosto or Leopardi; and it is the foundation of homophonies, that is, of the phonemes which echo and follow each other, as happens in Dante and in any poet, up through Montale and Bigongiari. If one takes one of Dante's most memorable tercets and puts it into different words, he reduces it to something very poor, little more than a triviality. It is no longer poetry, it no longer opens up horizons, no longer has the tone, the homophonies and the rhythms in which it was born; for it was in them that their meanings resided—and now they are lost. Poetic sounds fill any void, ennobling all that is vulgar, igniting all that is extinct.

I believe I have invented rhythms for myself, with metric varieties, at times apparently discordant, but such that they form a coherent melodic family; and within the meters I have recovered the homophonies, continuous although often at a certain distance from one another, recognizable not only in syllables but even in individual letters. From an early age I noticed that meters and rhythms, and therefore sounds at times similar or even identical, make up the very substance of language structure. The ways of poetry may seem part of a tradition, but in truth they reside in every word and in groups of words bound together and organized by the voice of the speaker. A poet does nothing but renew the order and the sound of those words, like a composer who, by arranging an extremely limited number of notes, always the same for everyone from time immemorial, creates his own unmistakable melody. I

cose solide e incorruttibili. Ma davanti alla porcellana e al cristallo, mentre ne saggiava i frantumi cogli occhi, li ricomponeva mentalmente in una totalità diversa e ipnotizzante. Quando Picasso la dipinse, tutti dicevano che il ritratto non corrispondeva alla persona; il pittore rispose: "Lo so; lei non è così, ma lo sarà". La fantasia del grande artista l'aveva prefigurata in una realtà futura, come lei ricostruiva i frantumi fantasticati e li vedeva cantare, o come Rousseau si perdeva negli echi del campanello e li rifaceva in figure. Questa è la poesia. Trasforma le cose viste in fatti immaginati, e perciò più veri. È la permanenza del temporaneo.

Se noi riusciamo o meno a raggiungere quest'ideale non ha importanza. Quel che conta è aspirarci, e ogni tanto credere d'averlo raggiunto, non importa da quale continente.

discover and extract words that lay hidden and secretive inside of me just while I search for those sounds in which my impressions and dreams reverberate. It could well be that this is all an illusion, and what I have written does not find a response in the reader; but I know that it is mine, that it is the best I could have done in that moment of unavoidable necessity. The freedom of distance has allowed me to be myself every time I happen to take a risk with that private act that is called poetry.

Henry Rousseau was so shy that at the front door of his friends' house he was reluctant even to ring the bell. But after he had finally pulled the cord, the echoes he heard within stayed with him and he would later turn them into the imaginative, buoyant, almost Edenic figures of his paintings. Gertrude Stein couldn't tolerate collectors of fragile and breakable objects; she would say she understood only things that were solid and indestructible. But when actually confronted with porcelain and crystal, while savoring their fragments with her eyes, she would mentally reconstruct them in a totally different and hypnotizing way. When Picasso painted her, everyone said that the portrait did not correspond to the person; the painter responded: "I know; she is not like that, but she will be." The vision of the great artist had fixed her in a future reality, just as she reconstructed the imagined fragile bits and made them sing, or like Rousseau, who lost himself in the echoes of the doorbell only to recast them into figures. This is the essence of poetry. It turns things seen into imagined facts, and thus they become more true. It makes permanent that which is temporary.

Whether or not we can attain this ideal is not important. What really counts is trying to achieve it, and every once in a while believing we have succeeded—no matter on what continent we happen to be.

LA DOPPIA AVVENTURA

Musica, mia breve avventura adolescente.
Mi spinse a raccogliere voci
dai boschi, tra pini e castagni—
suoni zampillanti facce
orlate di ghirlande evanescenti.

M'ha seguito negli anni senz'altro strumento
che quello assopito nelle parole.
Si risvegliò a un tratto, quando persi
il pianoforte e mi trovai sommerso
da note fatte di lettere e di sillabe.
Un'ossessione amica, un respiro
gremito nei giorni e nelle ore.

Lo sento ancora sbocciare dagli aghi dei pini,
sulle foglie dell'acero, al brusio
dei susini e degli aranci.

Lunga fu l'altra avventura
là dove c'erano altre parole
e suoni ignoti, fuggiaschi
tra mezze vocali e fruscii di consonanti.

Gli antichi tasti del piano
hanno corso i continenti
per scoprirsi a tremare
sopra la schiuma spruzzata del Pacifico.

MY DOUBLE ADVENTURE[3]

Music, my brief adolescent adventure.
It helped me put together the voices
from the woods, among pine and chestnut trees—
surging sounds, faces
framed in vanishing garlands.

Faithfully it has followed me throughout the years with no
instrument but the one lying dormant inside the words.
Suddenly it awakened, when I lost sight of
my piano and found myself submerged
under piles of notes made of letters and of syllables.
A friendly obsession, incessant cricket
crowded into my days and ways.

Even now I hear its voice pulsating in the needles of the pines,
on the leaves of the maple, through the whispering
of the plum and orange trees.

Unrelentingly long was my second adventure
there where I found alien words
and sounds beyond reach, runaway voices
amidst quasi-vowels and the crackling of consonants.

The ancient keys of my piano
have crossed continents
to find themselves quivering
against the white spumes of the Pacific.

IL VOLTAPAGINE

M'è capitato di riflettere su "trepidante", una delle tante parole che si dicono continuamente senza pensare a come e a quanto possano ramificarsi; e fra le varie definizioni "sinonimiche" ci ho trovato "pavido". Che m'ha fatto subito trepidare, forse a causa di quel mio verso: "Un popolo di pavidi molluschi". Ed ho cominciato a pensare ai sofisti, che c'entrano fino a un certo punto, perché non credo fossero "pavidi". Erano però professori ambulanti; e va da sé che quando si ambula si possono dire infinite parole, tornino o non tornino i conti. Eppoi, alla fin fine, che importa se non tornano? Un paio d'autunni fa mi sorpresi a perambulare per l'Italia trenifera da un'università all'altra. Feci ben 16 ore di lezione. Dopo di che mi sono spesso chiesto: "Quante baggianate si possono dire in 16 ore?" E sempre con l'ovvia risposta: "meglio non pensarci". I sofisti, dovunque andassero, fondavano delle scuole "elementari"; gli allievi dovevano provvedere da sé a completare la propria cultura. Ed eran tutt'altro che "trepidanti"; infatti si facevano pagare le lezioni, tanto che alcuni accumularono notevoli ricchezze. Non si contentavano di radici come gli anacoreti, che d'altronde non erano né ambulanti né pedagoghi. I Greci amavano la cultura e, come dimostrarono, secondo il racconto di Cicerone, al processo del vecchio Sofocle, amavano la poesia, ed eran disposti a pagarla; sapevano che era di gran lunga più duratura dei normali beni di consumo. Oggi invece la cultura è considerata un diritto superinfuso; e, come sempre, ciò che non si guadagna con dedizione e fatica rimane un guscio vuoto.

Lasciando stare quella del sofista-pedagogo, di professioni ce ne sono tante altre e di tante specie; vanno dall'ostetrica al becchino. A New York c'è uno, persona rispettabilissima, che ha scelto quella

THE PAGETURNER

Once I was reflecting on the meaning of "trepid," one of those words that people use without thinking carefully about its possible ramifications; and among its various "synonymic" definitions I found "pavid." Which immediately caused me some trepidation, perhaps because of a certain verse of mine: "A platoon of pavid mollusks." And I began thinking of the Sophists, who bear mentioning here, for I don't believe they were "pavid" at all. They were, however, itinerant professors; and it goes without saying that when you travel a great deal, you tend to utter an infinite number of words, whether they add up or even if they don't. And in the end, so what if they don't? A couple of autumns ago I couldn't resist rambling through Italy by train, hopping from one university to another. I gave a full 16 hours worth of lectures. Afterwards I often asked myself: "Just how much nonsense can one deliver in 16 hours?" And each time my response was the same: "better not to think about it." The Sophists, wherever they went, established "elementary" schools; thereafter it was the students' responsibility to complete their own education. The professors were anything but "trepid"; in fact, they demanded payment for their lectures, so much so that some of them attained considerable wealth. They weren't content to eat roots like some hermits, who, besides, were neither itinerant nor professors. The ancient Greeks loved culture and, as they demonstrated (according to Cicero) during the trial of the aged Sophocles, adored poetry and were disposed to pay for it; for they knew that poetry was far more durable than ordinary consumer goods. Today, instead, culture is considered a right bestowed from on high; and, as always, what is not earned through dedication and hard work is doomed to remain an empty shell.

del Voltapagine. E l'esercita così egregiamente da essersi conquistato gran fama. Tale da superare addirittura quella delle pagine che volta.

Si chiama Abe Zelnick, e per più di trent'anni non ha fatto altro che voltar pagine. Si siede alla sinistra del violinista o del pianista, prepara gli spartiti piegando orecchiosamente gli angoli dei fogli, poi segue attentissimo l'esecuzione. Appena comincia si tende tutto, senza trepidare un istante, e rimane così, come statua in bilico. All'ultima riga, esattamente una battuta prima che finisca, lancia la mancina e volta; con tal velocità che il gesto è invisibile. Concluso il pezzo, si rilassa e china il capo, convinto che gli applausi del pubblico siano in fondo anche per lui. La sua è la vittoria dell'inconspicuo. S'è accorto che l'inconspicuo può valere quanto, e forse più, del cospicuo. Infatti tutti cercano la sua velocissima mano.

Gli succedono degli imprevisti, per fortuna sua non gravi. Una sera, mentre voltava per Itzak Perlman, era così ammaliato dalla suprema maestria del grande violinista che si lasciò avvolgere nelle volute sonore dimenticando il proprio incarico, sinché non si riscosse e lanciò automaticamente la mano all'ultimo istante. Un'altra sera l'entusiasmo lo spinse con tal vigore che la voltatura fece precipitare tutto lo spartito. "Ebbi fortuna", ha poi detto; "il pianista sapeva il pezzo a memoria e nessuno s'accorse di nulla". Ma lo scoglio che deve superare più di frequente viene quando il tema musicale che si completa nella pagina seguente va ripetuto. Allora, invece che avanti deve voltare indietro; e gli orecchi in cima alle pagine diventano ostacoli. Quello è il momento di maggior destrezza d'occhio e di mano; la mossa invertita e rovesciata è il segno del dominio della situazione e della superiorità del mestiere. Il puntello di soccorso così attentamente costruito s'è trasformato in un intoppo da vincersi istantaneamente. Non par nulla, ma anche fare il voltapagine richiede, come tanti altri mestieri, virtuosità e perizia. Io, per esempio, non riuscirei a voltar le pagine all'indietro al momento giusto con la stessa tranquilla destrezza con cui le volto in

But aside from Sophist-educators, in this world there are various and sundry professions—from midwife to gravedigger. In New York there is a most admirable person whose chosen career is that of Pageturner. And he practices it with such distinction that by now he is very well known. His fame, quite frankly, is even greater than that of the pages he turns.

His name is Abe Zelnick, and for more than thirty years he has done nothing but turn pages. He takes his seat to the left of the violinist or pianist, readies the score by dog-earring the corners of the pages, and then alertly follows the performance. As the piece begins he snaps to attention, never trepidating for an instant, and remains in that position like a perfectly balanced statue. At the last line, exactly one measure before the end of the page, he launches his left and turns; but with such dexterity that his movement is scarcely perceptible. At the end of the piece, he eases up and bows his head, convinced that the applause is also for him. His is the victory of inconspicuousness. He has realized that the unobtrusive can be worth as much, and perhaps more, than that which is highly visible. In fact, his unobtrusive services are always in greater demand.

Unexpected incidents do occur, but fortunately for him, they are not very grave. One evening, while turning for Itzak Perlman, he became so involved in the supreme mastery of the great violinist that he was literally swept away by the inner tides of the music, ignoring his responsibility; until, at the last second, he recovered and automatically launched his left. On another occasion, his enthusiasm was so great that the turning of the page caused the entire score to go crashing to the floor. "I was fortunate," he said later; "the pianist knew the piece by memory and no harm was done." But the hardest hurdle occurs when the melodic line that ends on a subsequent page has to be repeated. In which case, instead of forward, he must turn backwards; and now the little ears at the top of the pages become obstacles. This is the crucial moment of hand-eye coordination: the inverted and backward motion thus becomes the mark of his dominion over the situation. And the little doggie-prop—so me-

avanti.

A New York, come in tutta l'America, Zelnick è definito, senza tanti orpelli, "Page turner". Che può anche costituire un groppo d'ambiguità. "Turner" va bene, e non si presta ad equivoci. È anche un cognome noto; non si sa però che cosa voltassero quei signori che per primi fecero un simile mestiere. E "Page"? Vuol dire "pagina"; fin qui siamo tutti d'accordo. Ma anche "paggio". Allora un "page turner" sarebbe addirittura un "voltapaggio", dando a "volta" la possibile accezione di "cambia"? Uno che sostituisce un "paggio" con un altro? Poi c'è il verbo, "to page", derivato da "page=paggio", che significa "chiamare una persona", magari in un aeroporto o in un albergo, e quasi sempre dall'altoparlante. Che si potrà mai voltare in quel caso? Il decostruzionista di oggi certamente troverebbe una risposta, tirando fuori chissà quali sgangherate conclusioni, e dimenticandosi completamente del bravo e felicissimo "voltapagine", Abe Zelnick, musicante mancino di Brooklyn.

Qui bisogna aggiungere che anche noi che leggiamo e scriviamo—o leggiamo per scrivere—siamo dei voltapagine. Solo che di solito passiamo il tempo a voltarle per noi, e non per gli altri, come fa Abe Zelnick. La somiglianza c'è: infatti le pagine che voltiamo per noi son viste e sentite come nostre; e questo è ciò che avviene anche a lui. Con la differenza però che lui le può sentire come sue soltanto quando le regala agli altri. Che per noi può essere vero più o meno metaforicamente quando facciamo i professori, sia ambulanti che statici.

Ogni tanto succede però che i professori abbiano parecchia difficoltà a voltar le pagine; e non solo all'indietro; infatti trovano professionalmente ostico anche voltarle in avanti. Col risultato che, senz'avvedersene, prendono lucciole per lanterne. Durante un congresso, un dantista americano dichiarò, senza il minimo segno di trepidazione, che "piote" (in "forte spingava con ambo le piote" d'*Inferno* XIX) significava "piedi piatti"; gli fu allora chiesto se, quando Dante si rivolge a Cacciaguida con "o cara piota mia" (*Par.*

ticulously folded in advance—has been transformed into an impediment instantly overcome. It may not seem like much, but pageturning, as any other craft, requires skill and virtuosity. I, for one, would never be able to turn the pages backwards at just the right moment and with the same facility with which I turn them forward.

In New York, as in the rest of America, Zelnick is identified simply, "Page turner." A term which might even constitute a tangle of ambiguity. "Turner" is clear, and doesn't lend itself to misinterpretation. It is also a familiar last name; no one knows, however, just what was turned by those who first practiced that particular craft. And "Page"? It means "page"; on this we all agree. But also "messenger." In which case a "page turner" would be a "messenger turner," giving to "turner" the possible meaning of "one who changes"? He who substitutes one "messenger" for another? Then there is the verb "to page," which comes from "page=messenger," and means "to summon" as in an airport or hotel lobby, almost always over a loudspeaker. In this case, what is it that can possibly be turned? Today's deconstructionist would undoubtedly find an answer, coming up with who knows what complicated conclusions, thus ignoring completely the capable and irrepressible "pageturner," Abe Zelnick, left-handed virtuoso from Brooklyn.

One should note at this point that even we who read and write—or read in order to write—are pageturners. Except that we usually spend our time turning them for ourselves, not for others as Abe Zelnick does. There *is* a parallel here: the pages we turn for ourselves are in fact viewed and felt as our own; and this also happens to Zelnick. But with the difference that he can feel them as his own only when he imparts them to others. Which for us can be more or less metaphorically true in our capacity as professors, whether itinerant or stationary.

Every once in a while professors experience considerable difficulty in turning the pages—and not only backwards; in fact, they find it professionally irksome even to turn them forward. With the result that they sometimes get hold of the wrong end of the stick.

XVII, 13), voglia dirgli "o caro mio piede piatto". Il dantista rispose che al centro del *Paradiso* non c'era ancora arrivato. Ecco il caso di uno che non aveva voltato le pagine in avanti; certo, si trattava di voltarne moltissime; però il fatto rimane. Uno studioso più giovane, a un altro congresso, fece un lungo discorso per dimostrare che il Veglio di Creta stava sì ritto sul piede destro, ma solo per lui; per chi lo guardava di fronte era il sinistro. E continuò citando un altro studioso, per il quale "il piè fermo", "sempre il più basso" d'*Inferno* I, è sicuramente il sinistro (quello studioso non ha mai provato a camminare in salita, in discesa, o in pianura, tenendo "sempre" fermo il piede sinistro), credendo così di dar pieno sostegno alla sua "sinistra" tesi. Il dantista di Creta non s'era accorto che il Veglio è parte di un discorso-racconto di Virgilio, il quale lo mette ritto dentro il monte Ida; e quindi né Dante né qualsiasi altro (incluso probabilmente Virgilio stesso) poteva vederlo; per cui il piede destro a nessuno sarebbe apparso davanti come sinistro; e questo pure accettando una premessa quant'altre mai bislacca. Ecco allora un caso lampante d'incapacità di voltar le pagine all'indietro. Qui si trattava solo d'una; ma ciò rinforza la veemenza di quell'incapacità. Un po' è colpa di alcuni metodi critici contemporanei, specialmente del decostruzionismo, che scoraggia dal voltar le pagine sia nell'oggi che nell'ieri.

Forse bisognerebbe far di Abe Zelnick un professore. Magari anche ambulante. Potrebbe insegnare a tanti come son messe insieme e come si voltano le pagine. E senza "trepidare" un momento.

*

L'altra sera Itzak Perlman suonava Mozart. Teneva gli occhi socchiusi, quasi che le melodiose sequenze gli nascessero spontaneamente dalle corde. Ci aveva davanti il leggio metallico colla partitura aperta, e accanto la faccia concentratissima e radiosa di Abe Zelnick, che ogni tanto lanciava la mancina per voltare. Tutt'a un

During a conference, an American Dante scholar declared, without the slightest trepidation, that *"piote"* (as in *"forte spingava con ambo le piote"* of *Inferno* XIX) meant "flat feet"; whereupon someone asked him if, when Dante turns to Cacciaguida with the words, *"o cara piota mia"* (*Par.* XVII, 13), he means to address him as "oh my dear flat foot"? The Dante scholar responded that he hadn't yet gotten to the middle of the *Paradiso*. This is an example of someone who had not turned the pages forward; admittedly, a large number of pages; nonetheless, the fact remains. At another conference, a younger scholar read a lengthy paper attempting to prove that Dante's Old Man of Crete stands erect with all his weight, yes, on his right foot, but only from his own perspective; for whoever views him frontally, it would be the left. And he went on, quoting a renowned Dantist, for whom *"il piè fermo," "sempre il più basso"* of *Inferno* I, is without a doubt the left (but that Dantist has never tried to walk uphill, or downhill, or on level ground, keeping *"sempre"* his left foot in one place), thus convinced that he had fully proven his "left-footed" thesis. The Crete scholar hadn't realized that the Old Man is part of a story told by Virgil, who places him erect inside Mount Ida; and thus neither Dante nor anyone else (including probably Virgil himself) could actually see him; for which reason his right foot would never have appeared—to anyone or from any angle—as the left; and this, even if we accept the scholar's somewhat peculiar premise. Here then is a glaring example of the inability to turn the pages backwards. In this case, a single page; which only underlines the vehemence of that inability. The problem derives, in part, from certain contemporary critical methodologies, particularly deconstructionism, which discourages one from turning the pages either into the present or into the past.

Maybe we should offer Abe Zelnick a teaching position— perhaps even an itinerant one. He could teach many of us how the pages are put together and how they should be turned. And without "trepidating" for a moment.

tratto ho visto la musica uscire a fasci luminosi dalla pagina per riversarsi nel televisore.

*

The other evening Itzak Perlman was playing Mozart. His eyes were almost closed, as if listening to melodic sequences spontaneously created by his own strings. Opposite him was the metal stand holding the score open, and at his side, the intense and radiant face of Abe Zelnick. Every once in a while he would launch his left and turn. All of a sudden I saw the notes lift themselves in luminous bundles from the page and pour into my television set.

L'ARCO DI SAINT LOUIS

Fu durante un viaggio, assai meno lungo di tanti altri, che ci trovammo a Saint Louis, una città dove, per un'improvvisa e del tutto imprevista ragione, sembra di retrocedere nel tempo.

E fu il suo grande arco che ci forzò alla sosta. Era apparso sullo schermo televisivo, ma si sapeva che certe cose non si fotografano. Ora era lì.

Dall'autostrada che corre al ponte del Mississippi ci fu tutto davanti. Il fondo a un parco si lasciò la macchina e si fece il resto a piedi. Di fronte c'era il gran fiume e a lato i grattacieli che credono d'essere il centro della città. Sorgeva fra l'erba e gli alberi, per conto suo. E senza scopo.

Di solito gli archi hanno una funzione precisa. Reggono ponti o addirittura portali di vecchie città. Già i più antichi, siano quelli di Volterra o di Perugia, ce lo dicono. Nelle chiese ci s'appoggiano sopra i soffitti. Questo è isolato, ritto in un parco, davanti al Mississippi. E sotto, fra i due pilastri, offre grandi saloni e negozi, e spaziosi ingressi verso le funicolari, che s'arrampicano nascoste fino al centro, là dove quei pilastri s'uniscono per fare il vero arco—all'inforcatura, all'incrocio, come là dove nel corpo umano s'uniscono le gambe. È altissimo: 630 piedi, cioè quasi duecento metri, di cemento armato rivestito di lastroni d'acciaio che riluccono al sole. E leggerissimo; un'apparizione.

È l'opera d'un grande architetto, il quale sognava ponti vastissimi che gli si trasformavano in archi.

Se ne sta lì, proprio dove più d'un secolo fa si radunavano gli avventurosi che poi si chiamarono pionieri, per partire verso l'Occidente americano, dove fondarono nuove, grandi città. Per questo lo chiamano il Gateway Arch. Un arco che non è fatto per

THE ARCH OF SAINT LOUIS

It was during a trip, less long than some others, that we found ourselves in Saint Louis, a city where suddenly, and for some totally unexpected reason, you seem to go back in time.

Yes, it was the city's great arch that made us decide to take a break. It had appeared on the television screen, but we knew all too well that some things just can't be photographed. Now it was right there.

From the highway all the way to the bridge over the Mississippi, the entire structure stretched out before us. We left the car at the far end of a park and went the rest of the way on foot. Facing it was the great river, and at its flanks, the skyscrapers, which think they are the heart of the city. It sprang up from the grass, among the tall trees, all on its own. And with no apparent purpose.

Normally arches have a specific function. They hold up bridges or even portals of medieval cities. This we know by looking at the most ancient ones, at Volterra or in Perugia. In churches they support the ceilings. The one in Saint Louis is isolated, just standing in a park, facing the Mississippi River. And down below, between its two pillars, it offers large reception rooms and stores, with spacious walkways leading to cable cars that climb unseen up to its center, where the pillars meet to form the true arch—at the bifurcation, the junction, like where the legs are joined in the human body. It is very tall: 630 feet, almost two hundred meters, of reinforced concrete covered with steel slabs that gleam in the sunlight. It is extremely graceful; an apparition.

It is the work of a great architect who dreamt of vast bridges which then turned into arches.

passarci sopra come un ponte, ma per radunarvisi sotto, eppoi partire. Non un semplice mezzo di transito, come gli archi etruschi e quelli dei portali delle città medievali, ma un luogo di raccolta. È la somma, l'epitome, la presenza viva di tutte le partenze. E la sua solitudine e il suo isolamento rispecchiano anche l'uomo di tutte le età; che crede di partire, ed è sempre nello stesso posto; fermo sott'un arco.

È indubbiamente uno dei grandi capolavori architettonici del nostro tempo. In confronto, la Torre Eiffel, che m'è sempre parsa brutta, ora mi pare un ritratto di pacchianeria, ciò che riflette lo spirito di chi la fece, d'un uomo senza fantasia e senza sogni; senza nemmeno un gocciolo di poesia nel sangue.

Decidemmo di prendere la funicolare di sinistra. Non sapevamo cosa fosse né come funzionasse. Ci trovammo in fila davanti a sei uscioli dentro la grande gamba nord; a un tratto s'aprirono e da ognuno uscirono quattro o cinque persone. Entrammo e si richiusero. Eravamo in una specie di barile-capsula, che cominciò a rotolarsi lentamente; prima a destra, poi a sinistra. A un certo punto ci s'accorse di salire dentro un muro che s'andava piegando verso il centro. Ai lati, gli altri barili-capsula, con quattro o cinque persone ciascuno. Ma si sentiva solo il rotolio del nostro. Dopo una decina di minuti, s'aprì un altro usciolo, e fummo dentro una saletta rettangolare, lunga e avara. Ritti davanti ai finestrini a oblò, senza più rotolio, vedemmo sotto, verso est, il fiume maestoso, e la campagna piatta e verde. A ovest c'era la città: i grattacieli sembravano fatti dai bambini con blocchi di cartapesta.

Fu allora che riuscii a capire la sostanza vera dell'arco, il suo dominio su tutto, la sua capacità di trapiantare in alto, nello spazio, e di far vedere. E capii il sogno dell'architetto, che stava diventando anche il mio sogno.

*

L'arco è una struttura perfetta, una visione fatta dall'incontro di

It just stands there, in the very place where more than a century ago groups of adventurers had gathered before taking off for the Far West, where they would found new and great cities. That's why it is called the Gateway Arch: not to be traversed like a bridge, but for people to gather, to assemble beneath it, and then depart. It is not meant to be a simple transit point, as were the Etruscan arches or those at the portals of medieval cities, but a true gathering site. It is thus the epitome, the living presence of all departures. But its solitude and isolation also reflect man throughout the ages, who believes he is headed somewhere, yet finds himself always in the same place: motionless beneath an arch.

It is undoubtedly one of the architectural wonders of our time. By comparison, the Eiffel Tower, which to me has always seemed rather ugly, now appears ridiculously flashy, a reflection of whoever created it—someone with no imagination, no ability to dream, without a drop of poetry in his veins.

We decided to take the cableway to our left, although we had no idea of how it worked. We waited in line opposite six gates inside the huge north leg; suddenly they opened, and from each, four or five people emerged. We went in, they closed again. We were in a kind of barrel-capsule, which slowly began to roll, first to the right, then to the left. At a certain point we realized we were climbing inside a wall that was bending toward the center. To either side of us were other barrel-capsules, each containing four or five people. But we could only hear the rolling sound of our own. After about ten minutes, another gate opened, and we stepped out into a narrow, elongated cubicle. Peering through its little porthole windows, we could see below, eastward, the majestic river, and the flat, green countryside. To the west was the city: its skyscrapers seemed to have been put together by children playing with blocks of papier-mâché.

It was only then that I felt the full impact of the arch, its dominion over everything, its capacity to project things way up high, into space, thus permitting true clarity of perception. And I

linee e di punti, l'unità dell'altezza a cui aspira l'uomo. Proprio l'essere piantato nella terra è ciò che conferma la sua perfezione. È una quasi sovrumana trasfigurazione della sfericità autentica. Che poi si è tradotta in cupola—fatta d'archi che s'incrociano all'apice: realizzazione d'una totalità.

I Greci non conoscevano l'arco, bensì la colonna, che si dissolveva in un concerto, quadrato o rettangolare, di moltiplicazione; non la figura sferica, che forse cercavano inconsciamente. Gli Egiziani lo conoscevano, ma non lo amavano. Gli Incas, assai più recenti, ma ignari del Mediterraneo, non ci pensarono mai. Gli Etruschi furono probabilmente gli unici a conoscerlo e ad amarlo: furono loro a trovarvi appunto una perfezione piantata in terra.

Quello di Saint Louis ha quindi una lunga storia. Ma il suo fascino non è solo nella struttura e nella leggerezza tesa verso l'alto, bensì anche nel non aver nessuno scopo preciso. È la pura immagine in cui si concretano i sogni e le aspirazioni di ognuno di noi. Anche la cupola è senza scopo. Un arco senza scopo, come una cupola senza scopo, è più grandioso di qualsiasi scopo.

understood the architect's dream, which was quickly becoming my own.

*

An arch is a perfect structure, created from the joining of lines and points; it is the expression of the loftiness toward which mankind can aspire. The very fact that it is planted in the earth—issuing from it only to return to it—confirms its perfection. It is the transfiguration of authentic sphericity. Something which was later translated into the cupola—made up of arches that intersect at the apex: the realization of a totality.

The Greeks never knew the arch, only the column, which tended to dissolve amidst concerts of square or rectangular multiplication: not a spherical figure, which perhaps they were unconsciously seeking. The Egyptians were familiar with it, but they did not love it. The Incas, a more recent people but cut off from the Mediterranean, never even thought of it. The Etruscans were probably the only ones who knew and loved it: perfection planted in the earth.

The one in Saint Louis thus has a long history. Its fascination lies not only in its structure or in its gracefulness directed skyward, but also in its not having a precise function. It is the pure image in which the dreams and aspirations of every human being may be realized. The cupola, too, may have no specific function. An arch with no specific aim, like a cupola with no precise function, is more noble than any aim.

PER L'OMBRELLO

Una volta andai a vedere i coccodrilli, oggi sono andato a vedere gli ombrelloni. Un certo Christo (si chiama proprio così) ne ha sparsi 1760 sulle montagne nude a nord di Los Angeles, distribuendoli a disegno e piantandoli tutti in lastroni di cemento per farli star fermi, dato che pesano più di due quintali ciascuno. Come se per i crinali e sulle scarpate tutt'a un tratto fossero spuntati giganteschi funghi giallo-oro, e se ne stessero lì immobili, nel sole.

Poi è arrivato il vento sfilacciatore e la pioggia; gli addetti ai lavori li han chiusi, riducendoli a corposi fusti senza foglie. Tutti fuorché uno. Ci s'è avvicinata un'ammiratrice, e una poderosa folata gliel'ha trabalzato addosso. Son ruzzolati insieme giù per il costone.

Sono da montagna; aperti nel sole e chiusi nella pioggia.

Christo è un fanatico d'ombrelli; ne ha messi altrettanti sulle pendici del vulcano di Tokio—là azzurri, invece che gialli. Prima di darsi agli ombrelli imbacuccò un grattacielo di New York con un immenso lenzuolo. Vuole l'arte visiva; dopo vari esperimenti, ha finalmente trovato un centro arioso per le sue aspirazioni.

*

Anticamente l'ombrello esisteva in Asia, soprattutto in Cina, e in Egitto, e aveva qualcosa di mistico; infatti lo tiravan fuori solo per le cerimonie religiose, un po' come da noi il baldacchino, il quale d'altro lato par discenda dai costumi dei pascià turchi e persiani per poi invadere tutta l'area araba, collo scopo di farsi fresco e mandar via le mosche nei giorni cocenti d'estate. I Romani l'importarono dall'Egitto, sempre per motivi religiosi, probabil-

FOR THE UMBRELLA

Once I went to see crocodiles, the other afternoon I went to see the great umbrellas. A certain Christo (that's his real name) had scattered 1,760 of them on the naked mountains north of Los Angeles, arranging them in patterns and planting them into blocks of cement so they would stand firm, for they weighed some two hundred and fifty pounds apiece—as if on the ridges and down the slopes giant yellow-gold mushrooms had suddenly sprouted and were standing there, motionless, in the sun.

Then came the fraying wind and the rain, and the attendants closed them, turning them into massive tree trunks with no branches and no leaves. All except one: when a lady admirer walked up close, a powerful gust of wind flung it on top of her. They rolled together down the slope.

These are mountain umbrellas—open in the sun and closed in the rain.

Christo is an umbrella maniac. He planted another 1,760 of them on the slopes of the Tokyo volcano—blue, rather than yellow-gold. Before taking up umbrellas, he had wrapped an entire New York skyscraper in an immense sheet. He demands visual art; and after several attempts, has finally found the ideal airy center for his ambition.

*

In ancient times the umbrella existed in Asia, especially in China, and in Egypt, and was laden with mystical implications; in fact, it was reserved strictly for religious rituals, more or less like our own baldachin, which in turn seems to have originated in the

mente nel primo secolo, insieme al culto di Iside. Ha una funzione simile ancora oggi: il sacerdote che reca il Viatico si fa accompagnare da un ombrello retto dal chierichetto scampanellante.

In letteratura se ne parla poco. Appare accanto al baldacchino nel Pulci, in due versi quanto mai espansivi, dove nella carica dei pifferi in mezzo a quei suoni da ottoni si colgon gli alti e bassi del parlar di Firenze:

Pertanto, io non aspetto il baldacchino,
non aspetto coi pifferi l'ombrello.

Dicono che nel mondo occidentale ci sia arrivato secoli fa dalla Cina; e il senso pratico fece subito ignorare che non solo in Cina, ma in tutta l'Asia, era un simbolo del cielo. In Tailandia era presente alle cerimonie funebri: l'anima s'arrampicava per il fusto e per le stecche onde ascendere al paradiso.

Allora era parasole; per noi invece è parapioggia. Fuorché per Christo.

Tempo fa, quando passai un paio di settimane in Oregon, stanco della pioggia permanente, mi venne da dire che se fossi andato a stare in quei posti avrei messo su una bottega d'ombrelli. Mi guardarono allibiti.

A Novara c'è il museo dell'ombrello, la cui storia ci vien raccontata attraverso le fogge più disparate, specialmente quelle dal manico d'avorio o intarsiato di pietre preziose: gli ombrellini della seduzione, quasi leggeri cappelli girevoli—le signore se ne giocherellavano il manico davanti al cavaliere desiderato, senza pensar davvero a ripararsi dalla pioggia. Erano così piccoli e graziosi che aiutavano a bagnarsi; quando pioveva sul serio, le signore fuggivano con vocalizzi e squittii, sperando che il cavaliere le seguisse dentro un portone o in una carrozza. Si sa, la pioggia ha sempre qualcosa d'erotico; bisogna accoglierla e godersela.

Ma a Novara ci sono anche gli altri, come quelli verdi da pastore, che nella forma somigliano un po' agli ombrelloni di

traditions of Turkish and Persian pashas and then to have spread throughout the Arab world, where its function was to bring in fresh air and protect against flies during the scorching days of summer. The Romans imported the umbrella from Egypt, again for religious purposes, probably during the first century A.D., when they also brought in the Cult of Isis. To this day, it still retains a similar function: the Italian priest who brings the Viaticum is accompanied by a bell-ringing altar boy holding an umbrella over his head.

In literature the umbrella appears only rarely. We find it once in the fifteenth-century poet Luigi Pulci, probably as a synonym of baldachin in two rather expansive lines, amidst fifes and trumpets, whose sounds are intended to reflect the varying levels of Florentine speech:

And so I do not await the baldachin,
nor the umbrella surrounded by fifes.

Some scholars say that the umbrella came to the western world from China, and that common usage quickly made people forget that not only in China, but in all of Asia, it was a symbol of heaven. In Thailand they used it in mortuary ceremonies: the soul of the deceased would climb up the center pole and onto the ribs, from where it rose to Paradise.

At that time umbrellas were intended for the sun; today we use them in the rain. Except Christo.

A few years ago I spent a couple of weeks in Oregon, and, tired as I was of the incessant rain, I happened to mention that if I ever moved to that state, I would set up an umbrella shop. They looked at me in total amazement.

In Novara, in northern Italy, there is a museum of umbrellas, where, by observing their many disparate shapes, one can learn something about their history. Among the most interesting are those with handles made of ivory or inlaid with precious stones; they are the umbrellas of seduction, resembling small brimless

Christo, aperti sui crinali e sulle scarpate delle montagne californiane, anche se giallo-oro piuttosto che verdi.

Siccome in California piove rarissimamente, tanto che da anni infuria la siccità, uno scienziato ha proposto di metterci una scanalatura, tutt'intorno alla gronda; l'acqua finirebbe in un tubo con sotto un secchiello che la raccoglie.

Credo che accanto alla fantasia di quello scienziato ce ne stia benissimo un'altra di Marinetti, un barocco in ritardo che si chiamò futurista:

Le matasse enormi di legumi del Verziere coi suoi biancastri ombrelli funghiformi furono e sono il delizioso refrigerio linguistico di Carlo Porta.

Bisogna chiedersi se sia stato il meneghino a ispirare ombrelli del genere.

bonnets that swivel: the lady would play with the handle in the presence of the desired gentleman, ultimately forgetting about the rain. These lovely umbrellas were so small and so charming that they actually helped one to get wet! And when it rained in earnest, the ladies fled with exclamative chirpings, hoping that the gentlemen would follow them to the entrance of a building, or into a carriage. As we know, rain is always somewhat erotic; it must be accepted and enjoyed.

But in Novara there are also other umbrellas, like the green ones the shepherds use, whose shape may resemble Christo's—those on the ridges and slopes of the California mountains—even though their color is far from yellow-gold.

Since in California it rarely rains—in fact for years it has been the target of an implacable drought—a local scientist once suggested that Christo's umbrellas be equipped with special drainage grooves, which would channel any and all water into a tube attached to a catch basin.

I think that right beside the dream of the California scientist we should place another one, by Marinetti, a belated baroque writer who called himself a Futurist:

> The enormous tangles of vegetables in the Verziere Complex,
> with its whitish mushroom-like umbrellas, were and are
> the delightful linguistic solace of Carlo Porta.

We must ask ourselves if it was indeed Porta's Milanese dialect that inspired such umbrellas.

VARIAZIONI SUL VINO

Tutti sanno che il vino è un leggero narcotico, un lento soporifero, che, mentre genera luminosi brulichii profondi, attutisce ansie e turbamenti e affanni; rallegra ed esalta. Eppure, quasi per antifrasi innocente, che non so di dove scaturisca, m'ha sempre fatto pensare—proprio per via di quei suoi effetti, non di rado splendenti di soccorrevole feracità. Ho trovata esaltante la nozione del vino antico simbolo di conoscenza, e quindi non solo come sapere ma come iniziazione e spinta all'inventiva e all'arte, che non credo sia difficile da dimostrarsi, e infine quale simbolo d'immortalità—in tal caso tutt'altro che dimostrabile, nonostante che i Greci lo dichiarassero un surrogato del sangue di Dioniso, dai Romani chiamato Bacco.

Nessuno può dirci quando fu prodotto per la prima volta. È notissimo il racconto della *Genesi*: "Noè, *vir agricola*, piantò una vigna, bevve il vino, s'ubriacò e s'addormentò nudo nella tenda". Tutto avvenne con incredibile rapidità; quel *vir agricola* spiega e giustifica il vino e la conseguente ubriachezza, subito lì, pronta, appena piantata la vigna. Noè fu il primo agricoltore, come del resto gli avevan profetizzato fin dalla nascita. C'era stato il diluvio e Dio, coll'arcobaleno, s'era impegnato, promettendogli che la terra non sarebbe più devastata dall'acqua. Poteva dunque arare e piantar subito una vigna, che avrebbe dato uva e vino.

Nel resto della Bibbia, dopo che Noè ha bevuto e s'è addormentato nella nudità della terra che gliel'ha offerto, il vino ricorre quasi sempre come bevanda gioiosa. Nel Salmo 104 i prodotti che ci nutrono sono tre, ma il "vino che allieta il cuore dell'uomo" David lo mette per primo; poi ci sarà "l'olio che fa brillare il suo volto", e infine il pane. L'olio rappresenta la luce,

ON WINE

Wine is undeniably a mild narcotic, a slow soporific; it easily arouses the deep, luxuriant bubblings that can muffle anxieties, worries and afflictions; it brings cheerfulness and enthusiasm. Yet, as if by unsuspected counterpoint, it has always stimulated me to think—perhaps for no other reason than its being so extraordinarily beneficial. Perennially exciting for me is the ancient notion of wine as a symbol of knowledge, not mere learning but an everbearing source of cues, a springboard to inventions and artistic creations; it is even a symbol of immortality—although this latter virtue can in no way be demonstrated, in spite of the Greek definition of wine as a surrogate for the blood of Dionysius, a god the Romans called Bacchus.

No one can say for sure when it was made for the first time. Everyone knows the story in *Genesis*: "Noah was the first tiller of the soil. He planted a vineyard; and he drank wine, and became drunk and fell asleep uncovered inside his tent." All of which happened with amazing rapidity; the epithet "tiller" explains and justifies not only the vineyard but the drunkenness as well—a condition that was there, ready to seize him immediately after the planting. That Noah was to be "the first tiller" had been predicted on the day of his birth. And then there had been the Deluge, and God sent the rainbow and promised that the earth would never again be devastated by water. And he could till the land and plant a vineyard, and reap grapes and make wine.

After the story of Noah who has drunk and slept in the nakedness of the earth, the ensuing pages of the Bible generally depict wine as a cheerful potion. According to Psalm 104, the products that nourish man are three, but David puts wine first and

ma il volto che brilla non può suggerirci quello di chi ha bevuto un orciolo di vino? Quando incitano a bere, le Scritture non accennano mai alla quantità; infatti l'*Ecclesiaste* ci esorta a farlo con gioia—e basta. Che gli Ebrei del Vecchio e del Nuovo Testamento si lasciassero facilmente persuadere par chiaro dalle Nozze di Cana. I traduttori e annotatori sia della *Bibbia di Gerusalemme* che della *Bibbia di Oxford* sostengono che, quando Maria disse *Vinum non habent*, le sei giare disponibili erano da 135 litri ciascuna. Si sarebbe trattato insomma di ben 820 litri d'acqua da convertirsi in vino. Ora, se gl'invitati avevano già tracannato tutto il disponibile, è lecito opinare che, data la solennità delle nozze, per cui il vino era assolutamente essenziale in notevoli quantità, ne dovessero aver consumato almeno altrettanto. Quanti potevano essere? Dugento, trecento? Vien da credere che, nonostante fossero molti, avessero già bevuto abbastanza da far sembrar gustosissima l'acqua fresca; un vero refrigerio.

Nel *Cantico dei cantici* la sposa gorgheggia: *Introduxit me in cellam vinariam*; cioè: "M'ha portata in cantina", un posto estroso per la consumazione delle nozze. Senonché l'originale ebraico può esser tradotto anche con "M'ha condotto nella sala del banchetto", che si suppone non fosse una cantina. Ma se il vino in tali occasioni doveva abbondare, lo sposo era colui che per legge aveva l'obbligo di provvederlo; onde il "miracolo" di Gesù, com'è raccontato da Giovanni, sarebbe stato in violazione della legge; infatti il maestro di tavola chiama lo sposo per rimproverargli d'aver lasciato il vino migliore per ultimo, quando gl'invitati eran già brilli. Piuttosto strano quel "miracolo"; Gesù osservava, e raccomandava d'osservare, le leggi. Ma si sa: i testi sacri traboccan sempre di mistero; sennò non sarebbero sacri.

In Italia pare che i primi a produrre il vino fossero gli Etruschi (arrivati tra il XIII e il XII secolo a.C., cioè circa 400 anni prima dei Greci nel Meridione), che lo esportavano anche nelle Gallie, dove secoli dopo i Romani avrebbero piantate le viti e di dove

adds that it gladdens the heart; then he mentions oil, which makes man's face shine, and finally bread. Oil is related to light, but couldn't a shining countenance suggest someone who has drained a jar of wine? When setting down sanctions for drinking, the Scriptures never dwell on quantity; in fact, *Ecclesiastes* simply states that it must be done with joy. That the Jews of the Old and the New Testament did not require much prodding seems evident from the Wedding at Cana. The translators of the *Jerusalem Bible* and the *Oxford Bible* maintain that when Mary said, "They have no more wine," the six containers to be filled would hold approximately 30 gallons each; in other words, the water to be converted into wine was circa 180 gallons. This means that if the guests had already gulped all the available wine—and on such solemn occasions it had to be supplied in abundant quantities—they must have consumed at least that much. How many guests could there have been? I can't help thinking that, even if there were two or three hundred, they would already have drunk enough to find irresistible any sort of spring water: a welcome relief!

In the *Song of Solomon* the bride giggles, "He led me into the wine cellar"—certainly an unorthodox place in which to consummate marriage. On the other hand, the original Hebrew can also be translated, "He led me into the banquet hall," which we might suppose was no wine cellar. But if on such occasions wine was expected to abound, the Law decreed that it was the groom's responsibility to supply it; thus Jesus' miracle as retold by John would have implied a violation of the Law; in fact, the steward of the banquet summons the groom and rebukes him for saving the finest wine for last, when the guests were already half-drunk. Rather strange that miracle; for Jesus abided by, and taught others to abide by, the Law. But as we all know, the Sacred Texts are filled with mysteries, or else they would not be sacred.

It seems that the first people to produce wine in the Italian peninsula were the Etruscans, who settled in Tuscany and in the surrounding regions some time during the twelfth century B.C., that

gl'imperatori avrebbero importato vini prelibati per le loro mense. Ma a quei giorni il vino, romano o gallico che fosse, era acido. Lo dolcificavano conservandolo in recipienti di piombo, col risultato di sterilità e d'avvelenamento. Un giorno mi trovai a tavola con uno storico americano, il quale passò almeno un'ora a raccontarmi come, dopo aver cercato per tanti anni di capire le ragioni della decadenza e della fine dell'impero romano, le aveva trovate nel piombo dei recipienti e delle caldaie, che aveva distrutto tutta la classe dirigente—l'unica che se lo potesse permettere.

Gli Etruschi, dunque, che coltivarono la vite e l'ulivo, furono anche i fondatori, e per un paio di secoli i signori di Roma: *Rumon* in etrusco significa "città del (o sul) fiume". Di "città sul fiume" ce ne son tante, fra cui Shang-hai in Cina e Riverside in California. Siccome il vino era una bevanda quasi soprannaturale, i Romani consideravano la vite un albero sacro; ed era giusto, come dimostravano Bacco e le Baccanti, che non solo bevevano e s'abbandonavano alle più frenetiche libertà, ma s'inghirlandavano di tralci e di pampini. Tutti sanno del falerno d'Orazio, e del *Nunc est bibendum*, declamato attraverso i secoli, senza ricordarsi che anche questo è d'Orazio, e tradotto infine nei "lieti calici" verdiani. Ma già Plauto nella *Casina* aveva dichiarato che il saggio beve vino, e magari vecchio. Tant'è vero, bisogna aggiungere, che può produrre risultati pressoché miracolosi. Un *clericus vagans* del tempo di Montaigne asseriva intrepido e sicuro: *Quando bibo vinum, loquitur mea lingua latinum*. Ma allora, gli ospiti delle Nozze di Cana che lingua avranno cominciato a parlare?

Chi ha sempre avuto una passione speciale per il vino sono stati i monaci e, appunto, i chierici, *vagantes* e non *vagantes*. Accanto ai monasteri, ai conventi, alle canoniche ci sono stati regolarmente vigneti cosparsi d'ulivi. Vino e olio dunque; e l'olio non tanto per condire l'insalata, ma per far lume a cena, quando la mano tremula irrorava le papille col bicchiere splendente. Forse l'ispirazione

is, approximately 400 years before the Greeks came to southern Italy. They exported wine to Gaul, where centuries later the Romans would plant vines that eventually produced premium wines; and the emperors imported these for their banquets. In those days wine, even if Roman or Gallic, contained acidity. It was therefore purified in leaden vessels; but the lead content caused sterility and poisoning. Once I had lunch with an American historian who spent at least an hour recounting his efforts of many years to discover the reasons for the decadence and destruction of the Roman Empire; he finally declared that the lead jars and pots used to purify the wine were actually the culprit—a practice that had destroyed the entire ruling class, the only one that could afford it.

The Etruscans, who planted vineyards and cultivated olive groves, were also the founders, and for about two centuries, the lords of Rome: *Rumon* is Etruscan for "city on the river." Now we know of many "cities on the river," from Shanghai in China to Riverside in California. Since wine was reputed to have supernatural qualities, the Romans considered the vine a sacred tree; and they were right, as demonstrated by Bacchus and the Bacchae, who not only indulged in drink and gave themselves over to riotous revelry but they garlanded their heads with vine leaves and young green branches.

Many people have heard of Horace's Falernian Wine; also of "Now's The Time For Drinking"—a song repeated throughout the centuries and even translated into Verdi's "cheerful chalices"— without recalling that the original is Horace's as well. But before Horace, Plautus had declared that wine, preferably of vintage variety, was the drink of wise men. So much so, one might add, that it's effects can be almost miraculous. A wandering cleric of Montaigne's time used to assert with intrepid clarity: "When I drink wine, my tongue speaks Latin." Well then, what language did those guests of the Wedding at Cana end up speaking?

Monks and, of course, clerics, whether wandering or not, have always nurtured a special passion for wine. Adjacent to the Italian

veniva la mattina, verso la fine del rito sacrificale. Ricordo un prete che a conclusione della Messa, allo scopo di tergere il calice dopo la comunione, l'allungava al chierichetto, tenendolo lì fermo sinché non ci fosse stata versata l'ultima goccia dell'ampolla: e non di quella dell'acqua, ché non ne voleva sapere. Dai monasteri sono usciti vini e liquori memorabili, come lo Champagne, inventato nel Seicento da quel gran tracannatore di Dom Pérignon, o il Bénédictine e lo Chartreuse, e forse anche lo Strega. In California, i Fratelli delle Scuole Cristiane possiedono vigneti floridissimi, i quali danno uve sopraffini, che si traducono in vino pregiato. Vino da Messa, lo chiamano, ma in realtà se lo godono anche ai pasti. Può darsi che seguano una tradizione dell'ordine. Dopo tutto, il fondatore, Giovanni Battista de la Salle, era di Reims, dove il buon vino non manca.

Come tanti altri prodotti naturali, il vino ha avuto notevolissimo significato storico. Pietro l'Eremita, secondo un cronista, si nutriva solo di pesce e di vino; probabilmente è per questo che s'infervorò sino al punto d'andare a predicar la Crociata pei villaggi e nei castelli. Ne parla Carlo M. Cipolla in *Allegro* (Bologna: il Mulino, 1988), aggiungendo che, a quanto riferisce Rutebeuf, "dopo una notte di abbondanti libagioni, i baroni erano pieni di fervore per la Crociata, e sognavano ad alta voce prodezze in battaglia ed atti di gloria" (p. 20). Senza quei gran brindisi, sia di Pietro che dei baroni, non ci sarebbe stata la Prima Crociata (e forse nemmeno le altre), e Goffredo di Buglione avrebbe dovuto guadagnarsi l'immortalità in qualche altra maniera—e senza morire avvelenato da un mussulmano. E non ci sarebbe stata né la *Liberata* né la *Conquistata*, e probabilmente nemmeno i discorsi sul poema eroico. Il povero Tasso cosa avrebbe fatto in quegli anni d'illimitata devozione alle armoniosissime ottave che si cantava sognando?

Il peggio successe a Giovanna d'Arco. La Guerra dei Cent'Anni fu combattuta perché gl'Inglesi s'erano appropriati di gran parte dei vigneti della Francia, e questo i Francesi non lo

monasteries, convents and rectories, vineyards strewn with olive trees have always flourished. Wine then, and olive oil; and the oil, not so much for dressing salads as to light up the supper table, when the quivering hand lifted a sparkling glass to wet the thirsty *papillae*. Perhaps the monks were inspired in the morning, toward the end of the sacrificial rite. I remember a priest, at the conclusion of Mass as the vessels were cleansed of all residue after communion, extending his chalice to the altar boy and holding it there until every last drop had fallen into it from the ampulla—and not the water ampulla either, with which he shunned all contact. Monasteries have given us memorable wines, such as Champagne, invented in the seventeenth century by Dom Pérignon, a great wine downer indeed, and Bénédictine and Chartreuse, and perhaps even the Italian Strega. In California the Christian Brothers own thriving vineyards that yield first-rate grapes, which in turn are made into excellent wine. They call it Altar Wine, but they also enjoy it during meals. Perhaps they are observing a tradition. After all, their founder, Jean-Baptiste de la Salle, was from Rheims, where there is no shortage of good wine.

Like many other natural products, wine has had a profound impact on history. According to a reliable chronicler, Peter the Hermit lived on fish and wine; nothing else. It was probably this diet that ignited his passion for the Crusade, a passion he preached until it resounded throughout the villages and castles. Carlo M. Cipolla describes this phenomenon in his *Allegro* (Bologna: Il Mulino, 1988), where he quotes Rutebeuf: "after a night of copious libations, the barons were so fired up about the Crusade that they began dreaming aloud of bravery in battle and glorious conquests" (p. 20). Without all that toasting—Peter's as well as the Barons'— there might never have been a First Crusade (maybe not even the other seven), and Godfrey of Bouillon would have had to earn immortality some other way—not just by poison at the hands of a Muslim. Thus, we would never have had either *Jerusalem Delivered* or *Jerusalem Conquered*. And poor Tasso—what would

potevano sopportare. È vero che i Romani avevano piantate viti anche in Inghilterra, nel sud-ovest della *Britannia romana*, ben diversa dalla *Britannia barbara*; infatti Adriano fece costruire il famoso *Vallum* per tenere i Caledoni, ossia gli Scozzesi, lontani dai Britanni. Una distinzione durata sino ai nostri giorni: il celebre Dr. Johnson, nel *Dizionario della lingua inglese*, sotto *oats* (avena) definisce imperterrito: "un cereale che in Inghilterra si dà ai cavalli e in Scozia alla gente". Insomma, a causa del cattivo clima, specialmente estivo, il vino inglese era di pessima qualità. Ce ne voleva ben altro! Il primo lungo periodo della Guerra dei Cent'Anni andò a favore degl'Inglesi, che s'impadronirono così di tutte le più desiderabili zone vinicole. Ma alla fine i Francesi si risollevarono e, guidati da Giovanna d'Arco, riuscirono ad espellere gl'intrusi. Con la conseguenza però che quella disgraziata della Giovanna, la quale non pare avesse nessun interesse per il vino— del resto, essendo analfabeta, non lasciò documenti in proposito— finì bruciata viva. E gl'Inglesi, se lo volevano, dovevano comprarselo dai Francesi e dai Greci. Ma pare ne comprassero poco, se arrivava solo a Londra ed era assai costoso. Abbondava invece la birra.

Era ancora così nel 1511, quando Erasmo lasciò l'Italia per rifugiarsi in Inghilterra. Andò a fare il professore a Cambridge; ma ci trovò freddo e pioggia, e soprattutto mancanza di vino. Erano momenti difficili, di gravi dissidi fra l'Inghilterra e la Francia; a Londra ci arrivava poca roba. Ma Erasmo voleva il vino, specialmente il vino greco, forse a causa della sua profonda ammirazione pei classici. Gli portavano la birra, ma lui la detestava, diceva che era la causa delle sue sofferenze, che gli faceva venire i calcoli. Per fortuna l'*opus magnum* degli *Adagia* e lo stupendo *Elogio della pazzia* li aveva già scritti, e in paesi dove il vino non mancava. Son sicuro che non avrebbe mai potuto farlo senz'il bicchiere a portata di mano.

Gl'Inglesi ricominciarono a importare il vino in maggior copia. Cosa che fanno ancora oggi, ma con esiti assai migliori, perché la

he have done during all those years of his limitless devotion to the melodious octaves he sang even while dreaming?

But it was Joan of Arc who got the worst of it. The Hundred Years' War was fought mainly because the British had taken over most of France's vineyards, something the French people did not appreciate. True, the Romans had planted vines even in England, in the southwestern corner of *Britannia romana*, which was quite different from *Britannia barbara*; in fact, Adrian had ordered the construction of his famous *Vallum* (wall) in order to keep the Caledonians, that is to say the Scots, quite separate from the Britons. A distinction that persisted even until more recent times: when the illustrious Dr. Johnson, in his *Dictionary of the English Language*, got to "oats," he unflinchingly defined it as "a grain that in England is given to horses and in Scotland is consumed by people." In short, as a result of the climate, particularly miserable during summer months, British wine was of very poor quality. A much better product was needed! During the initial major battles of the Hundred Years' War, the British got the upper hand, thus expropriating all the most desirable wine producing regions of France. In the end, however, the French rose up, and, under the leadership of Joan of Arc, succeeded in driving out the intruders. But the unfortunate Joan, who apparently had no interest in wine—and, being illiterate, left no documentation on the subject—was burned at the stake. And the British, if they wished to drink wine, had to buy it either from the French or from the Greeks. But apparently they imported very small quantities, since it was available only in London and at exorbitant prices. Beer, on the other hand, was plentiful.

And that's the way it was even in 1511, when Erasmus left Italy and ended up teaching at Cambridge. There he found cold weather and rain, and above all, the absence of wine. Those were difficult times, with much quarreling between England and France; and nothing much ever reached the port of London. But Erasmus wanted wine, especially Greek wine, perhaps because of his deep

qualità migliorò verso la fine del Seicento, quando i produttori adottarono la bottiglia e il sughero, e impararono a invecchiarlo più oculatamente.

L'invecchiamento è uno dei grandi problemi dell'industria vinicola. Ho sempre creduto che migliorasse il prodotto. Ma dovetti ricredermi quando scoprii che il vino, almeno quello antico, non migliorava per niente col tempo. Anni fa, nel dissotterrare una villa alle falde del Vesuvio, vennero alla luce delle anfore sigillate, grandi forse come quelle delle Nozze di Cana, ancora piene di vino, seppellito e preservato dall'eruzione del 79. Dai Romani gavazzanti a Pompei il vesuviano veniva considerato di qualità superiore. Ed anche dai non Romani del Trecento; infatti il Boccaccio, nella *Commedia delle Ninfe fiesolane* sostiene che Bacco riempì dei suoi doni "il monte Falerno e Veseo", eppoi, nei tardi esametri per l'*Affrica* petrarchesca, lo ripete: *Bacho gratusque Vesevus*. Appena seppi di quel ritrovamento sognai d'assaggiare un antico Lagrima Cristi. Che non m'avesse fatto sentire anche lo spirito lepido e giulivo dei Pompeiani? Ma presto lessi ch'era completamente svanito. Che il gustatore archeologico non avesse il minimo senso del sapore bacchico della divinizzazione?

Il Boccaccio ch'era di Certaldo, di vino se n'intendeva; basta una rapida visita alla sua casa sul poggio per renderci conto che sarebbe impossibile sopravviverci senza. Nel *Decameron* appare spesso. Limitiamoci a due casi della Seconda Giornata. Una donna, riscaldata dal vino, rapidamente si spoglia davanti all'uomo che la desidera ed entra nuda nel letto; che ricorda un po' la cella vinaria del *Cantico dei cantici*. Un giudice vecchio e risecchito, dopo la prima notte di nozze con una certa Bartolomea, troppo più giovane di lui, ha bisogno di vernaccia e altri rimedi per "ritornarsene al mondo"; una vernaccia non diversa da quella che scorre a ruscelli nel paese di Bengodi, di cui Maso parla a Calandrino. C'è poi la conclusione del gran libro. Il Boccaccio vi riassume tutto quel che ha raccontato per centinaia e centinaia di

love of classical writers. And they brought him beer!—which he detested, claiming that it was the root of all his physical ailments, especially the stones he carried in his kidneys. Fortunately for him, his *opus magnum, Adagia,* and the marvelous *In Praise of Folly,* had already been completed, in Italy and France, where the wine was never lacking.

In time, the British began to import wine in more substantial quantities (a tradition that continues to this day); and ever since the end of the seventeenth century, with the advent of bottles and corks together with improved aging techniques, the results have been reasonably satisfactory.

The aging process, however, is a thorny problem which continues to haunt the wine industry. I had always assumed that time improved the product, but I had to change my mind when I discovered that wine, at least ancient wine, did not improve at all with time. Some years ago, when archeologists were unearthing a villa at the foot of Mount Vesuvius, they found sealed amphoras, perhaps as large as those of the Wedding at Cana, still full of wine, buried and preserved in the solidified ashes of the 79 A.D. eruption. For the thirsty Romans reveling in Pompeii, Vesuvian wine was excellent indeed. And so it was even for fourteenth-century "Romans"; in fact, Boccaccio, in his *Fiesolan Nymphs,* maintains that Bacchus "covered Mount Falernum and Mount Vesuvius with his gifts"; and again, in the Latin hexameters he wrote toward the end of his life for Petrarch's *Africa*: "Vesuvius, favored by Bacchus." As soon as I heard about that archeological finding, I yearned for a taste of the ancient *Lacryma Christi.* Would it really make me savor the playful and carefree spirit of the Pompeians? Then I read in the paper that it had turned so flat as to be even worse than insipid. Was it possible that the archeological taster couldn't recognize the Bacchic flavor of what had been a divine potion?

Boccaccio, who was from Certaldo, a town in the Florentine countryside, knew something about wine; a brief visit to his house

pagine: "Chi non sa che il vino è ottima cosa a' viventi, secondo Cinciglione e Scolaio e altri assai?" Rimedio eccelso quindi per ridar vita al povero giudice prosciugato. Ce lo canta anche Goethe che il vino ha la meravigliosa virtù di far ringiovanire i vecchi. E lo Scolaio? Indubbiamente era uno che scolava bicchieri e fiaschi, che non invecchiava mai; un modello d'esuberanza vitale. Il Petrarca, d'altro lato, può scrivere e riscrivere tutto il *Canzoniere* senza nominare mai il vino; forse perché Laura, nonostante fosse nata e cresciuta fra i vigneti, rimane sempre una donna sognata.

Ma anche il Petrarca era cresciuto ad Avignone, dov'era andato col padre a otto anni. Si sarà mai chiesto perché Clemente V nel 1309 scelse proprio quella città come Sede del Papato? e perché poi ci accorrevano prelati e diplomatici e scrittori di tutta la cristianità, quasi fosse il nuovo paradiso terrestre? Si spera di sì, perché anche lui doveva apprezzare il vino, reperibilissimo ad Arezzo, come più tardi ad Arquà. Dante se l'era domandato certamente, ed aveva trovato una risposta; non per Clemente V, per cui c'era il posto pronto tra i simoniaci, nel cilindro già appartenuto a Bonifacio VIII, dove si stava come chi "'l di su tien di sotto", ma certo per gli altri papi, per i pochi salvi, come Martino IV, che ad Avignone non ci poteva essere stato da papa, eppure era ghiottissimo d'anguille fatte arroste dopo che l'aveva imbottite di vernaccia. Che idea però! Perché di questi piatti non se ne preparano più? Varrebbe la pena di purgarsi col digiuno, dopo morti.

*

Ora non posso continuare sullo stesso metro. Non mi son messo a far la storia del vino, che richiederebbe parecchi volumi; e nemmeno quella del ditirambo, che ci è noto da Simonide, Pindaro e Bacchilide in poi, ma che esisteva anche prima, se Aristotele

on the hill tells us it's impossible to live there without it. Wine appears frequently in the *Decameron*. Suffice it to mention two examples from the Second Day. A woman, excited by sipping wine, rapidly undresses before the man who wants her and gets into bed naked—a scene which may bring to mind the "wine cellar" in the *Song of Solomon*. A wizened old judge has just married Bartolomea, much too young for him, and after only one night with her, already needs *vernaccia* wine and other remedies to "return to the living"—*vernaccia*, like the wine Maso describes to Calandrino, flowing like a river in the land of plenty. Then, of course, one should not ignore the conclusion of this memorable book, where Boccaccio summarizes what he has been saying for hundreds of pages: "Doesn't everyone know that wine is a great gift to the living, as Cinciglione and Scolaio and many others have said?" The perfect remedy for the complete recovery of any dried up old judge! Goethe, too, extols the marvelous power of wine to recharge even decrepit old men. And what about Scolaio? Undoubtedly a great drainer of glasses and bottles, one who never grew old—a true model of exuberant vitality. Petrarch, instead, could write and rewrite his entire *Canzoniere* without ever mentioning wine; perhaps because Laura, though born and raised among the vineyards, was nothing more than the woman of his dreams.

But Petrarch, like his lady, grew up in Avignon, where he had gone with his father at the age of eight. I wonder if he ever asked himself why Pope Clement V, in 1309, had chosen that particular city as the Papal See, and why prelates and diplomats and writers from all over the Christian world had flocked there in droves, as if to a new Garden of Eden? Let's hope he did, for he too must have appreciated wine—always available in Arezzo, the city of his birth, as well as in Arquà, where he chose to live out his days. Dante, for sure, had asked himself that question, and had gotten an answer: not from Clement V, whom he placed among the simonists (in the same cylinder that had held Boniface VIII, where the souls were like those "with their heads downward thrust"), but certainly from one

crede che sia all'origine della tragedia (strano: a me parrebbe più vicino alla commedia), e durato sino al D'Annunzio. Né intendo studiare i nomi viniferi, come la "non meno ardita che lieta" Pampinea del *Decameron*. Bisogna che arrivi al centro di questo discorso. Vero: mi c'è voluto troppo per decidermi; ma non sappiamo tutti che chi scrive può fare il punto solo se ha annoiato ben bene chi legge? Ecco perché il centro di solito lo chiamano conclusione. Qui, per ciò che rimane, basti invocare il Bacco oraziano, il quale, con le tempie adorne di verdi pampini, *vota bonos ducit ad exitus*.

La cultura è nata e cresciuta all'ombra delle viti e nei simposi. Il culto di Bacco non era che la celebrazione della civiltà nascente. Non è possibile immaginare la grande poesia greca, il pensiero di Platone e d'Aristotele, l'arte di Fidia o d'Apelle, senza dire dell'architettura volante di Dedalo, in una nazione in cui non esistesse il tripudio ispiratore del vino. E nemmeno tutta l'arte etrusca e romana, da Plauto umbro a Lucrezio campano, a Cicerone, e Orazio, e Virgilio. Quando si creava il futuro, secondo il racconto di Livio gli artisti etruschi empivano Roma di statue, e, devo aggiungere, Pompei di affreschi. Sull'origine degli Etruschi, esportatori di vino e fondatori della Città Eterna, si dovrà concordare con Erodoto, che li fa venire dalla Lidia, cioè da una zona di quel Vicino Oriente, che con l'ulivo aveva appunto mandata la vite.

E ci fu poi il Medioevo, che salvò e trasmise la civiltà coi monaci assidui alla penna e al leggio, coloro che si facevano accompagnare giornalmente dai lieti calici. Passarono la cultura alle generazioni future come fosse un tirso. E la storia fece il cammino prestabilito. Si potrebbe mai pensare che i nostri grandi dell'Umanesimo e del Rinascimento, coloro che innestarono la nuova civiltà sul tronco ancor vegeto della vecchia, fossero estranei al vino? Forse solo a Dante mancava ogni tanto; il che ne potrebbe spiegare il carattere intollerante e il fremere sdegnoso, e magari anche le furie retroattive. Michelangelo era del Mugello e

of the rare popes he spared, Martin IV, who could not serve as pope at Avignon, but who was extremely fond of eels—drowned in *vernaccia* wine, and then roasted. What a fantastic idea! But why, nowadays, are such delicacies all but extinct? They would be worth the punishment of purgation by fasting, after death.

*

I cannot keep twanging always on the same string. I have no intention of writing a history of wine, which would require volumes; and not even a history of the dithyramb, that hearty drinking poem so dear to the hearts of Simonides, Pindar and Bacchilides, but already in existence before them, if Aristotle, for one, deems it the precursor of tragedy (frankly, I would consider it closer to comedy)—the kind of chant resurrected in our own century by D'Annunzio. Nor do I intend to study vinous names, such as the "no less daring than gleeful" Decameronian Pampinea. I must get to the point. True: it has taken me too long; but don't we all know that any writer will come to the *re* only after he has bored his poor readers half to death? Again, for whatever remains to be said, suffice it to call upon Horace's Bacchus: his temples crowned with green vine leaves, he knows how to gratify all desires.

Major cultural accomplishments have emerged from the shade of vineyards and from symposia. The cult of Bacchus was no more than a celebration of the birth of civilization. The great Greek poems and tragedies, the works of Plato and Aristotle, the sculptures of Phidias, the paintings of Apelles, or Dedalus' flying architecture: all these are not even imaginable in a country that's not been blessed with wine's inspiring jubilation. The same must also be said of Etruscan artists, and of Roman writers—from the Umbrian Plautus to the Campanian Lucretius, from Cicero to Horace and to Virgil. According to Livy, the future was created by Etruscan artists who filled Rome with statues, and, I must say, Pompeii with frescoes. As to the origin of the Etruscans—

Leonardo nacque e crebbe a Vinci, dove il vino è ancor migliore che a Certaldo. Machiavelli era di Firenze, dove il vino abbondava; ma aveva anche una vigna nel Chianti. Coluccio Salutati era nato e cresciuto a Stignano, fra i generosi vigneti dei colli di Pescia e d'Uzzano, e il Ficino a Figline, e Angelo Ambrogini a Montepulciano. E tutti gli altri? Come si possono immaginare un Ghiberti o un Donatello o un Brunelleschi, o addirittura le stupefacenti figure eteree del Botticelli, senza il brulichio profondo di chi non ha mai respinto il bicchiere?

Ho detto di Erasmo. E Montaigne? Mentre riassumeva la saggezza antica, non esitava ad additare gl'imprevisti, la mobilità e le contraddizioni non soltanto sue, ma di tutti, specialmente di coloro che non si peritano a imbarcarsi in un viaggio di maturazione. Suo padre, un commerciante di vini bordolesi, aveva voluto che i figli crescessero parlando il latino come prima lingua. E tra il vino e i classici l'ingegno di Michel crebbe e divenne genio. Scriveva rintanato in una torre e, stando a quel che racconta, dopo anni e anni d'eremitaggio credeva di star perdendo la memoria. Se aveva bisogno d'un libro l'andava a prendere in una delle sale vicine, ma arrivato non ne ricordava più né il titolo né l'autore; per cui s'era dovuto abituare ad annotarli su una strisciolina di carta prima d'incamminarsi. Ma continuava a scrivere. Tutte le sue pagine traboccano di citazioni dai classici, spesso anche dai meno noti; moltissime indubbiamente fatte a memoria.

Aveva ragione il Bacco di Francesco Redi: "Chi l'acqua beve / mai non riceve / grazie da me". I medici americani hanno "scoperto" che il vino (rosso) protegge dall'infarto e allunga la vita. Come se non si fosse sempre saputo! Non sono ancora arrivati a concludere che allunga la vita perché, stimolando e sviluppando l'ingegno, rende saggi. Il Carducci chiude il *Canto dell'amore* con un appello a Pio IX: "Cittadino Mastai, bevi un bicchier", che sa di ghigno beffardo, e forse lo era per quel "povero vecchio", ma, se si guarda bene, sotto la scorza che

exporters of wine, founders of the Eternal City and splendid artists—we'll have to agree with Herodotus, who had them come from Lydia, that is to say from the Near East; for only from there could we have expected the great gifts of the vine and of the olive tree.

But then came the Middle Ages with its assiduous monks, always at their desks saving civilization, ever grateful for the daily companionship of their cheerful chalices. They transmitted the patrimony of the past to future generations as if it were a thyrsus, so that history might proceed on its predestined path. And who could ever think that the great minds of the Renaissance—those who grafted new visions onto the still vigorous trunk of the old civilization—shunned wine? Perhaps only Dante missed it occasionally, which might explain his unyielding behavior and his ruthless condemnations, and even his retroactive rage. Michelangelo was from Mugello and Leonardo was born and raised at Vinci, where the wine is even better than at Certaldo; Machiavelli was from Florence, where wine abounded, and he owned a vineyard in the Chianti region. The great humanist Salutati was born and raised at Stignano, among the generous vineyards of the Pescia and Uzzano hills, and Ficino at Figline, and Agnolo Ambrogini, called Politian, at Montepulciano. And what about the others? How could we imagine Ghiberti, Donatello, Brunelleschi, or even Botticelli and his astonishingly ethereal figures, without associating all of them with the eager, sparkling eyes of those who never brushed their glass aside?

I have mentioned Erasmus. And Montaigne? While revitalizing ancient wisdom, he did not hesitate to point out the unexpected, indeed the mutability and the contradictions not only in himself but in all those who are not afraid to embark on the journey to maturity. His father, a Bordeaux wine merchant, had wanted his children to grow up speaking Latin as their first language. And between wine and classical texts Michel's mind grew to the level of genius. He wrote in the hideout of a tower and, if we believe what he tells us,

nemmeno il Carducci riusciva a penetrare c'era un buon consiglio.

Meglio la visione d'un poeta giovane di tant'anni fa:

E il vino splende
come un gran mazzo di rubini
nella mano che trema.

after years in that hermitage he feared he was losing his memory. If he needed a book, he went to look for it in one of the adjacent rooms, but once there, he had already forgotten both the title and the author; and so he had to develop the habit of jotting them down on slips of paper. Yet he kept on writing. All of his pages overflow with quotations from classical writers, often lesser known ones, and most of them undoubtedly from memory.

Francesco Redi's Bacchus was right. "The water drinker / will never finger / any of my gifts." American doctors have "discovered" that wine (especially red wine) helps prevent heart attacks and prolongs life. As if we hadn't always known it! They haven't yet gone so far as to conclude that, by stimulating and developing the mind, it leads to wisdom. In his "Song of Love," Carducci exhorts Pope Pius IX—the "poor old man," as he calls him—to drink a good glass of wine. And despite the apparently sneering tone, those words contain some sound advice.

Still better, the vision of a young poet of many years ago:

And the wine is resplendent
like a cluster of rubies
in the hand that trembles.

L'OLIO D'OLIVA E IL FRANTOIO

Nel 1989 parecchi esperti di dietetica si riunirono a Los Angeles, con lo scopo principale d'informare su quale fosse il prodotto alimentare più utile alla salute. Prima parlarono di quanto siano dannosi i grassi animali; e citarono i Finlandesi, che muoiono tutti fra i 40 e i 55 anni perché fanno largo uso di grasso di renna. Conclusero che il prodotto più sano e più salutare è l'olio d'oliva; una cosa che noi mediterranei abbiamo sempre saputa; infatti l'olio d'oliva serviva non solo per l'alimentazione, ma anche per far lume, era cioè un prodotto sinestetico. Ma il sentirlo lodare in California deve avere un significato del tutto particolare.

Quei signori fecero anche delle distinzioni. E conclusero che l'olio migliore è quello "extra vergine". Io avevo notato la dicitura sui barattoli e sulle bottiglie delle salumerie italiane, e m'ero sempre domandato: come può una cosa o una persona essere "extra vergine"? Qual'è la differenza tra "vergine" ed "extra vergine"? Sarà quella fra una ragazza comune e un'Amazzone? Misteri delle definizioni alimentari. Si sa: i prodotti devono portare indicazioni precise. Che poi incidono sul prezzo. Era successo infatti che un produttore-esportatore d'olio purissimo aveva messo sulle lattine solo "olio d'oliva vergine"; s'era dimenticato quell'"extra"— essenziale per la vendita a un certo prezzo. Allora gli era toccato di vendere per "vergine" un olio che in realtà era "extra vergine", con una notevole perdita. Ne comprai parecchio anch'io. Una banalissima parola, davanti a un'altra ugualmente banale, può significare denaro.

Poi scoprii che "extra vergine" era l'olio di prima spremitura, non di sansa, e tanto meno mescolato con altri tipi di olio. Il suo colore verdastro, quasi di mela acerba, serviva a riconoscerlo. Però

THE OLD OIL MILL

In 1989 a group of diet experts met in Los Angeles, with the specific goal of determining which food product was the most beneficial for one's health. First they discussed the harmful effects of animal fats, and as a case in point they cited the Finns, who on average tend to die between 40 and 55 years of age due to excessive amounts of reindeer fat in their diet. They concluded that the healthiest and most beneficial product was olive oil—something we Mediterraneans have always known; in fact, olive oil was used not only for nutritional purposes but for making light as well; in other words, a synesthetic product. But hearing its praises sung in California must indeed have some sort of special meaning.

The experts also indulged in some subtle distinctions, and in the end they decided that the finest oil was "extra virgin." I had noted the wording on cans and bottles in Italian delicatessen shops, and often wondered: how can a thing or person be "extra virgin"? What is the difference between "virgin" and "extra virgin"? Is it the same as the one between an ordinary young girl and an Amazon? So much for the mysteries of nutritional definitions! One thing is certain: the labeling on food products must be accurate. Which in turn has a decided effect on the price. As it happens, a producer-exporter of the purest oil had once put on his cans only the words "virgin olive oil"; he had neglected the "extra"—essential for peddling it at premium price. In which case he was forced to sell as merely "virgin" a product which in effect was "extra virgin"; and of course he took a considerable loss. I remember buying quite a bit of it myself. A single banal word, placed in front of another equally banal, can really amount to a big difference in dollars and cents.

Later on I realized that "extra virgin" meant oil from the first

devo dire che questo non mi chiarì la differenza tra "vergine" ed "extra vergine".

Invece mi abbandonai al passato. Quand'ero bambino mio nonno andava a Stignano (paese, seppi dopo, in cui era nato Coluccio Salutati, poi divenuto notaio a Pescia e Segretario a Firenze, cioè di forti radici umanistiche), e tornava con bottiglioni d'olio fresco, di color verdastro, saporitissimo coi fagioli bianchi di Sorana, e nell'insalata.

Una volta mio padre mi portò al frantoio. Era una stanza buia con una grande vasca di pietra, dove il frantoiano vuotava sacchi d'olive appena raccolte, con sopra un'enorme ruota anch'essa di pietra, che girava lentamente. Schiacciava le olive e le riduceva a bucce tritate. A destra, sotto la vasca, da una specie di buco-rubinetto usciva l'olio verdastro. Guardavo affascinato; non avevo mai visto una ruota di pietra così grande, più grande della macina del mulino, con davanti il mugnaio tutto infarinato. Anche il frantoiano mostrava i segni del suo mestiere: non infarinato, ma unto e bisunto.

Mio padre prese una damigianina d'olio, la legò sul portabagagli della bicicletta, e s'incamminò verso casa, con me dietro. Quello doveva essere olio extra vergine; indubbiamente di prima spremitura. Avevo visto le olive da cui era uscito, eppoi la sansa messa da parte e tagliata a blocchi; il frantoiano l'avrebbe venduta per il fuoco invernale.

Ma quel che continuava a farmi pensare era la ruota di pietra. Quanto scalpellinio ci sarà voluto per farla, e quanti scalpellini grondanti di sudore sotto il sole d'agosto! Eppoi per trasportarla fin lì, al frantoio, e per issarla sopra la gran vasca delle olive? Vedevo paia di buoi, che la trascinavano, eppoi tronchi di castagno che facevano da leve per spingerla sulla vasca, e rizzarla, al grido quasi corale degli operai, che finalmente si fermavano e respiravano profondi e soddisfatti. Già vedevano scorrere dalla foratura l'olio verdastro e puro, quello che gli esperti di dietetica venuti in California chiamavano "extra vergine".

pressing, free of olive husks, and certainly not mixed with other types of oil. Its distinctive greenish color, almost like bitter apples, easily identifies it. I must admit though that this particular awareness was not sufficient to clarify for me the real difference between "virgin" and "extra virgin."

And so I appealed to the past. When I was a child, my grandfather often went to Stignano (birthplace, I discovered, of Coluccio Salutati, who became notary of Pescia and, later, Secretary of the Florentine Republic—a man steeped in the humanistic tradition). Grandpa would come home with large bottles of fresh oil, greenish in color, very tasty with white Sorana beans and excellent in salads.

Once my father took me to the oil mill. It was a dark room containing a large vat made of stone, into which the miller would empty sack upon sack of freshly harvested olives. Perpendicular to the vat was an enormous wheel, also made of stone, which slowly turned. It crushed the olives, grinding them to a pulp. And to the right, from the underbelly of the vat, greenish liquid issued through a kind of spigot-hole. I was fascinated, for I had never seen such a large stone wheel, even larger than the one at the flour mill, where the flour miller worked, covered with white powder. The oil miller, too, showed the signs of his work: not covered with flour, but spattered with oil from head to toe.

My father bought a small demijohn[4] of oil, secured it to the carrier on his bicycle, and headed for home with me behind. Now *that* had to be extra virgin, undoubtedly from the first pressing. I myself had seen the olives from which it came; and the husks, carefully put aside and cut up into blocks, to be sold later as winter fuel.

But what really impressed me was that wheel made of stone. How much hand cutting, how many chisels dripping with human sweat under the August sun had it taken to give it the proper shape? Not to mention transporting it up there to the mill, and then hoisting it above the huge olive vat! I could see pairs of oxen dragging it,

Per me bambino, la visita al frantoio con mio padre aprì orizzonti nuovi e fascinosi. Non solo una ruota di pietra, ma una ruota qualsiasi, mi riportava davanti alla grande ruota magica che produceva olio purissimo. Ne ero rimasto così impressionato che mi ci vollero anni prima di potermi chiedere: "ma quella ruota come girava? Chi la faceva girare?" E finalmente riuscii a ricordare. Un grosso e robustissimo cavallo, che tirava una fune, legata non so come, zamponava intorno alla vasca, e la ruota macinava le olive e faceva l'olio.

Macina ritta e cavallo, dunque: ecco cos'era l'olio extra vergine, quello di prima spremitura. Ancora oggi, davanti a una bottiglia o un'ampolla col liquido denso e verdastro, vedo prima la macina ritta, eppoi, ma come cosa secondaria, il cavallo che la fa girare.

*

Nel dicembre del 1989, quand'ero a Pescia poco più che di passaggio, decisi di andare a vedere un frantoio. Lo trovai tutto diverso. Non c'era la grande pietra tonda, ben scalpellinata, ritta nella vasca. Ce n'era un'altra. Ma piatta. C'erano anche lastre accatastate, che credetti dei piccoli strizzatori, con tubi che finivano in un complicatissimo congegno cilindrico. Il tutto azionato elettricamente. E tanto meno c'era il cavallo. Il frantoiano poi era pulitissimo; un tecnico!

Mi sembrò d'esser piombato nel vuoto.

and then trunks of chestnut trees serving as levers, pushing it up, over the vat, until it was perpendicular; all accompanied by the choral shouting of the workers who finally paused, out of breath, but with a sense of accomplishment. Almost as if they could already see the pure greenish liquid flowing from the spigot-hole—the same stuff the California diet experts would call "extra virgin."

For me as a child, visiting the oil mill with my father opened up fascinating new horizons. Not only a wheel made of stone, but any wheel whatsoever would immediately make me see again the huge, magical wheel that produced the purest oil. Its impact was so great that it took years before I could ask, "but how did that wheel go around? Who made it go around?" At last I succeeded in remembering: a large powerful horse pulling a rope—tied I'm not sure how—trudging around the vat, and the wheel ground the olives and produced the oil.

A perpendicular millstone and a powerful horse: that was the meaning of extra virgin olive oil, the one from the first pressing. Even today, a bottle or cruet of the dense greenish liquid makes me see again first the perpendicular millstone, and then, as a secondary element, the horse that makes it go around.

*

In December of 1989, while passing through Pescia, I decided to visit an oil mill. What I saw was altogether different. Gone was the large, carefully chiseled round stone, perpendicular in its vat. In its place was another. Absolutely flat. There were also slabs piled high, probably crushing implements, with tubes that connected to a complicated cylindrical contraption. The whole thing was electronically driven, and certainly there was no need for a horse. This time the miller was immaculate—a modern technician!

I felt as though I had fallen into a deep, dark void.

POSTINI E LETTERE

Ogni tanto ripenso ai postini d'una volta. Specialmente a quelli che salivan verso le case dei colli. Avevano il berretto a visiera gallonata, e il passo lento, un po' tarpato; imboccavano la salita proprio là dove la strada si restringeva serpigna e anfrattuosa prima di buttarsi all'arrampico degli ulivi. Arrancavano e sbuffavano sotto il vecchio borsone di pelle, in cui sonnecchiavan lettere e lunari. Ogni tanto si fermavano a riprender fiato, col gomito appoggiato a un albero e cogli occhi pieni di sassi; non guardavano mai il cielo. Se qualcuno li incontrava, si mettevano a descrivere con rapidissimi gesti e gran concisione di parole il mestiere improbo, anzi barbaro ed efferato, del portalettere. Ma avevan gambe e braccia forti e smaltivano speditamente il vino della sera prima o della domenica. E potevan contar di vivere molti anni. Le lettere arrivavano puntuali; proprio per quel loro arrancare.

Da ragazzo io sognavo di veder sui colli toscani tanti postini, distribuiti a distanza di cinque chilometri l'uno dall'altro, che salivano per le mulattiere, nell'intera zona preappenninica, da Firenze sin quasi a Viareggio. Tutti con lo stesso berretto a visiera e tutti arrancanti sotto lo stesso borsone. E mi domandavo se pensassero mai al contenuto delle lettere, all'ansia di chi le aveva riempite di notizie da condividere con parenti o amici. Finalmente una sera m'arrivò la risposta: volevano liberarsi al più presto da quel peso e ritornare a casa tranquilli. D'altronde non è nemmeno facile aprire e leggere le lettere e subito rificcarle nelle buste, ciascuna nella sua, senza che nessuno dei destinatari se n'accorga. Eppoi—ed è quel che conta—i contenuti son di gran lunga più interessanti quando si fantasticano; a leggerli diventano poveri e banali, una delusione; né si può fantasticar più nulla. Le fantasie

POSTMEN AND LETTERS

Sometimes I think about the postmen of the past, especially those who delivered mail to houses up on hills. They had caps with braided visors, and walked slowly, as if clipping their steps; they would approach the slopes at the precise point where the road narrowed and meandered, before facing up to the climb among the olive trees. And they plodded along huffing and puffing under their bulgy leather bags, where almanacs and letters lay napping. Every once in a while they'd stop to catch their breath, with elbows against a tree and eyes fixed on the rocks; they never looked up at the sky. And if they encountered someone on their route, they would immediately describe with gestures and few words the postman's harsh, *oh yes* barbarous and brutal way of life. But they had strong legs and strong arms and could easily work off last night's, or even Sunday night's bottle of wine. They'd probably live a long time, just plodding along; and plodding along—*that's* how the mail got there on time!

When I was a little boy I would dream of postmen lined up along the Tuscan hills, on the lower Apennines, at a distance of about five kilometers from one another, all the way from Florence to Viareggio, each one wearing his cap and visor, lugging that bulgy old leather bag. And I asked myself if they ever wondered about the contents of the letters they carried, or about the expectations of those who had poured into them all the news they wished to share with friends and relatives. Much later, one evening, I got the answer: all they cared about was getting rid of that load and going back home. Besides, it's not so easy to open and read letters, thrusting them back, each into its envelope, without the future readers ever noticing. Then—and this too must

dei postini zampillano dagl'indirizzi, spesso di persone di cui conoscono la voce.

*

La lettera è sempre esistita, perché tutti hanno bisogno di comunicare; strano, quelli che da vicino non han nulla da dirsi, da lontano si scrivono. I vecchi manuali di retorica la definivano "una conversazione scritta"; dovevano aggiungerci "a distanza"; una specie di "a solo", che si spera prima o dopo trovi il destinatario. Non mancan coloro che vogliono solo un rapporto vocale con moltissimi nello stesso momento. Invece di scrivere in infinite copie, vanno con una cassetta a Hyde Park; la posano in un angolo, ci montano sopra, e cominciano a strepitare, quasi declamassero se stessi. Si dimenticano degli ascoltatori; che è meglio, perché nessuno si ferma a sentirli. Lo fanno anche ai Commons di Boston. E perfino all'UCLA: davanti a Kerckhoff Hall c'è una pedana sempre pronta; nessuno ha bisogno di portarsi dietro la cassetta. Quando si passa, uno, ritto lassù, sbraita, con dei fogli e magari una Bibbia in mano. Non un'anima che lo stia a sentire. Eppure par che dica cose importanti. Questa volta si tratta d'una scrittura volante, che si perde come "ne le foglie lievi" "la sentenza di Sibilla".

Assuero scrisse lettere, prima sotto dettatura di Amàn ordinando alle sue popolazioni di uccidere tutti gli Ebrei dell'impero, poi sotto dettatura di Mardocheo, intimando agli Ebrei di uccidere tutti gli altri, inclusi i figli di Amàn, già impiccato. E se fosse venuto a dettare un altro Amàn? Ci sarebbe voluto un altro Mardocheo. Giovenale segnala una *verbosa et grandis epistula* venuta *a Capreis*, che aveva fatto uncinare e bruciar vivo Seiano, già prediletto di Tiberio e ammirato dal popolo. Non si dice nulla del postino. Se ne parla invece in un antico aneddoto, secondo il quale un tiranno scrisse a un altro di uccidere subito il latore del messaggio. Non doveva essere un postino qualunque. Ma in casi

have had some bearing—the contents were much more appealing if left intact; once read, they would seem trite and banal, a real disappointment, leaving nothing to the imagination. Addresses: that's what catches the postman's eye, especially if they belong to those whose voices he knows.

*

There have always been letters, because everyone needs to communicate with someone. It's odd, though, how people with nothing to say when face to face, start writing letters when they are far apart. The old school manuals defined letters as "written conversation"; they should have added, "from afar." In any case, a letter is a sort of soliloquy written with the hope that somewhere there is a respondent. In this world, there's no shortage of people seeking verbal contact with many others all at the same time. Rather than write an infinite number of letters, they carry a wooden box to a corner of Hyde Park and set it on the grass; then they step up, and begin to rave as if spilling their blood and guts. They forget about the audience, which is good, since nobody is there to listen. This happens also in the Boston Commons, and even at UCLA: in front of Kerckhoff Hall there's a stepboard always ready, so nobody has to carry a wooden box. There you often find someone ranting and raving, brandishing sheets of paper or even a Bible. And nobody is listening. Too bad! He might be saying something important. This, too, is a kind of letter, except the words fly away and dissolve in the air, like in Dante when the Sybil's oracles are consigned to weightless leaves.[5]

King Ahasuerus wrote letters, first under the influence of Haman, ordering that all Jews in the empire be killed; then, under the influence of Mordecai, ordering that non-Jews, including the sons of Haman, also be killed (Haman himself had already been hanged). And what if another Haman were to inspire another letter? Would we need another Mordecai? Juvenal mentions a

simili c'è proprio bisogno d'un'"epistula" "verbosa"?

La verbosità serviva, e serve, a giustificare le azioni malvagie; le parole legittimano sempre tutto, specialmente se son tante. Come si dimostra anche ai nostri tempi. Non solo nei discorsi di Hitler, che duravano regolarmente più di due ore, ma nella critica letteraria, che impone un volume per dire quel che si direbbe meglio in poche pagine. Un canto della *Commedia* occupa sì e no tre pagine; bisogna scrivercene sopra trecento, sennò la serie non le pubblica, e le commissioni di concorso, che non leggono mai nulla e se va bene giudicano a peso, le riterrebbero insignificanti: il nuovo libro trabocca di volgarissimi strafalcioni, che vengon subito citati come verità oracolari. È un altro modo di scriver lettere. Gli autori montano sulla cassetta e sbraitano. Per fortuna, si dirà, non sono né degli Assuero né dei Tiberio né degli Hitler. In verità sono ugualmente iniqui e perversi: uccidono i testi e uccidono le menti. Forse è per questo che abbondano in albagia: l'imporsi in qualsiasi modo dà un senso di soddisfatto potere personale.

Indirizzate a qualcuno, e quindi lettere, sono anche le opere letterarie. E non parlo di quelle di Seneca, destinate, come il *De tranquillitate animi*, a un certo Sereno, o dei saggi-*epistula* che scrisse per un certo Lucilio, pretore in Sicilia, ma anche poeta e filosofo, né dell'autobiografia di Benjamin Franklin, diretta al figlio. Ma di tutto ciò che si stampa in forma di libro o su giornali e riviste. I postini sono allora gli editori e i librai e giornalai. Qual'è in fondo la differenza tra il formidabile scheletro polemico della *Commedia* e l'epistola agli *scelestissimis Florentinis*? Dante dice sempre "io", e si rivolge costantemente a specifici destinatari. Il Petrarca scrisse addirittura alla posterità: si vedeva davanti milioni di persone che l'ascoltavano intente attraverso i secoli. Come quelli di Hyde Park che, mentre declamano se stessi, si figurano a occhi chiusi milioni che li seguono a bocca aperta. Chi avrebbe mai potuto recapitare la lettera del Petrarca? In questo caso il postino è deliberatamente proiettato nel futuro, trasformandosi non in uno, ma in nessuno, o almeno in centomila.

long, wordy epistle sent from Capri, ordering that Sejanus be hooked to a cross and then burned—the same Sejanus who had been favored by Tiberius and admired by the Roman people. The courier or postman who delivered that epistle is never mentioned. There is, however, a reference in an ancient tale that I found: one Tyrant wrote to another Tyrant requesting that the carrier of the message be put to death immediately. Now *that* was no ordinary postman. But in such circumstances, is a letter full of verbiage really necessary?

Verbosity was, and is, the most common way to cover up evil deeds; words always justify everything, as has been demonstrated even in modern times. Not only by Hitler, whose speeches normally lasted at least two hours, but by those active in literary circles, according to whose agendas an entire volume is necessary in order to say what could be expressed in just a few pages. In Dante's *Commedia* a single canto takes up approximately three printed pages; but if for that canto one wishes to supply even a limited commentary, he must write at least three hundred pages, or the Editor will not accept it; and the promotion committees, which don't really read but judge other people's writings by weight, will deem it meaningless. And if such commentary happens to be amply supplied with extremely crude blunders? Soon it will be quoted as oracular truth. This is yet another form of letter writing; and in some ways the sender is not unlike that lonely man ranting and raving on his wooden box. Fortunately he is neither Ahasuerus, nor Tiberius, nor Hitler. Yet he may be no less wicked or iniquitous, for he kills texts and murders minds. This is perhaps why he is so arrogant: by dominating others he acquires a heightened sense of personal power.

Literary works are addressed to someone, and in that sense may be considered letters: not just those of Seneca, like *On the Tranquillity of the Soul*, written to a certain Serenus, or the letter-essays he sent to Lucilius, proctor of Sicily and philosopher-poet; and not even the autobiography Benjamin Franklin wrote as a letter

*

Alessandro Magno scriveva lunghissime lettere a personaggi illustri d'Atene, e specialmente ad Aristotele, narrando esperienze ed imprese. Finirono, non si sa come, in mano a Plutarco, che vi attinse copiosamente per una delle sue *Vite* più fascinose. Attraverso i secoli, nessuno ha mai accennato agl'immancabili postini. Eppure, senza di loro le lettere non sarebbero arrivate. E Plutarco avrebbe perduta una delle sue fonti più cospicue. Per il postino raggiungere Atene significava spesso viaggiare per qualche migliaio di chilometri; e chi doveva arrancare per giorni e giorni era il cavallo; che però non cancella l'impegno e il sacrificio del cavalcante.

In America, nel 1860, per portare la posta il più rapidamente possibile dalla zona di Saint Louis, dove terminava la ferrovia, alla lontanissima California, inventarono il *Pony Express*, che non era davvero una "linea ferroviaria", come ci vorrebbe far intendere Michel Mourre nel *Dizionario Mondadori di storia universale* alla voce "San Francisco", probabilmente fuorviato da *Express* di "Orient Express" (a quale altro "Express" si poteva pensare da Parigi?). I *pony* erano dei velocissimi cavalli, con ai lati grandi bisacce di posta e con sopra il postino. Li cambiavano ogni venticinque chilometri a un cascinale più o meno improvvisato, e ogni centoventicinque cambiavano anche il postino; fino alla conclusione d'un viaggio di circa tremila. Nelle ricostruzioni cinematografiche il postino, gli occhi tesi in avanti, stringe le briglie nella sinistra e colla destra sferza la povera bestia fumante. Forse anche ai tempi d'Alessandro Magno era così, con la differenza che il cavalcante, sempre lo stesso e magari sempre esausto, si tendeva verso Atene.

Oggi i postini non solo non vanno più a cavallo, ma nemmeno a piedi. Hanno la camionetta. Di solito le scatole in fila dietro al sedile contengono settimanali e fogli di pubblicità. Le lettere son poche, perché la gente non scrive; telefona; balbetta e spettegola in

to his son; these were clearly conceived as letters. I am referring here to everything that appears in book form, or in periodicals and newspapers. In these instances, the booksellers and distributors serve as postmen for their intended readers. And what, deep down, is the difference between Dante's formidable polemical voice in the *Commedia* and the vitriolic one of his letter "To the Most Wicked Florentines"? In each, he employs the auctorial "I," and constantly addresses his intended listeners. Petrarch went so far as to address a letter to posterity, thus fancying millions of people listening to him throughout the centuries—just like those speakers at Hyde Park, with their eyes half closed, fathoming millions listening to them with mouths wide open. But who, who could deliver Petrarch's letter! In this case the postman is some mythical being projected into the future and transformed not into one, but into a hundred thousand, or perhaps into no one.

*

Alexander the Great wrote very long letters to the distinguished citizens of Athens, especially to Aristotle, recounting his experiences and his deeds. They ended up—nobody knows how—in the hands of Plutarch, who drew abundantly from them when writing one of his most fascinating *Lives*. But no one has ever mentioned the inevitable postman, who must have existed, for without him those letters would never have arrived, and Plutarch would have missed one of his most remarkable sources. In order for that postman to reach Athens, he would sometimes have traveled more than a thousand miles, but the one who plodded for days on end was his horse. Which in no way diminishes the effort and commitment of its rider.

In the United States, when in 1860 the government deemed it necessary to improve the mail service all the way from Saint Louis, where the railroad ended, to California, they devised the Pony Express—a relay system (in no way similar to the "railway line"

un ordigno di plastica, senza mai curarsi delle parole giuste, e senza mai mettere in ordine quelle che cascano dalle labbra. Si contenta di *verba* squinternate, che per fortuna *volant*, invece che di *scripta*, che *manent*. E non soltanto aumentano le ambiguità, ma nell'ascoltatore rimangono poco più che larve di suoni senza sensi riconoscibili, a cui immediatamente se ne sovrappongono altre.

È giusto che i postini abbiano smesso d'arrancare e che portino sempre una divisa nitidissima, senza il minimo segno dell'antico anfanare sudaticcio. Ed è giusto che non si preoccupino più della puntualità della consegna. Le poche povere lettere sperdute nel coacervo di carta stampata ci possono mettere anche mesi prima di raggiungere le mani e gli occhi del destinatario. Il quale ci troverà pure delle notizie per lui nuove; ma per chi le ha scritte sono ormai parole sbiadite, addirittura stantie, da settimane deposte insieme a tante altre in qualche stambugio della memoria. Così le lettere, sebbene manchino del balbettio che *volat*, vengono dal tempo sommerse nello stesso destino delle telefonate.

*

Ma può andar peggio. Non mancano le circostanze in cui lettere e postini si fanno involontari collaboratori d'irrimarginabili lacerazioni. Molti anni fa a Los Angeles, Kathy, una ragazza appena diciottenne, andò a una festa di quasi debuttanti, dove incontrò un certo Ken, il quale era di passaggio per la Corea. Dopo aver ballato tutta la sera, si salutarono con la fervida promessa di scriversi e di aspettarsi. Ma c'era anche Bill, un compagno d'infanzia che aspirava a sposarla. Lei aveva per lui solo dei sentimenti tiepidi, specialmente ora che l'orizzonte s'era riempito di Ken. Il padre, che preferiva Bill, continuava a incoraggiarla ad innamorarsi di lui. Ma Kathy, dopo quell'incontro carico di sogni, attendeva ansiosamente le lettere di Ken dal lontano Oriente. Non ne arrivò mai nessuna. E senza indirizzo non poteva scriver lei. Dopo mesi e mesi, convinta che Ken fosse caduto in guerra, accettò

erroneously described by Michel Mourre; cf. his entry "San Francisco" in the *Dizionario Mondadori di storia universale*. Writing in Paris, Mourre had apparently been led astray by the *express* of the all too familiar "Orient Express").... In Hollywood movie versions, the courier—his eyes straight ahead, fixed on the western horizon—is always depicted hanging on to the reins with his left while he whips the poor foaming beast with his right hand. Perhaps that's how it was even at the time of Alexander the Great, except that the horseman, always the same and undoubtedly always exhausted, strained his eyes and all of himself toward the city of Athens.

Nowadays postmen don't come on horseback; they don't even come on foot. They drive vans. And behind the driver's seat sit neat rows of boxes stuffed with advertising brochures and magazines. Letters are few, because people don't write much anymore. They phone. They babble and gossip into a plastic instrument, without really caring if they're using the proper words or putting in good order whatever falls from their lips. They are satisfied with jumbled up *verba* that fly away, instead of *scripta*, which stay. Not only do they produce manifold ambiguities, but they offer their listeners no more than sonic larvae devoid of recognizable meaning: larvae soon to be replaced by other larvae.

Postmen don't plod along much anymore and their uniforms are neat and clean, with no visible signs of sweat. This is as it should be. Their apparent lack of concern about promptness of delivery— this is also as it should be. And the few, thin letters lost among the stacks of printed matter may well take months before reaching the hands and eyes of their addressees. The news they carry may be fresh to the reader, but for the writer, nothing more than stale, faded words, stored somewhere in a dark corner of his mind. Such letters, although seemingly immune to the babble that flies away, are nevertheless susceptible to the same sad fate as those rambling telephone calls.

la proposta di Bill, rassegnandosi a un matrimonio spento. Ebbe due figli, che furono un parziale compenso emotivo. Intanto il padre era sicuro che della vecchia passione non rimanesse nemmeno la cenere e che il matrimonio fosse perfettamente felice. Passarono gli anni. I figli se n'andarono per conto loro. E Bill la divorziò per un'altra.

Un giorno il padre morì. Dopo il funerale Kathy andò a mettere un po' d'ordine nella casa della sua infanzia e della sua giovinezza: rovistare fra le vecchie carte, buttar via roba inutile, rinfrescar mura e mobilia; insomma ripulire, prima di mettere in vendita. In soffitta, mentre frugava in un baule pieno di corrispondenza un po' stinta, le venne fra le mani un pacchetto di lettere mai aperte, legate insieme collo spago. Vide subito che erano di Ken. Rimase stordita. Eran passati trentott'anni. Aveva sempre pensato che Ken fosse caduto appena giunto in Corea. Ora sapeva la verità. Il postino aveva recapitate le lettere puntualmente, senza bisogno di suonare due volte: il padre aspettava al varco, pronto alla confisca. Era passata una vita. Ritta col pacchetto in mano, gli occhi e la mente annebbiati, Kathy decise di distruggere tutto, senz'aprire nemmeno una busta.

*

But things can get worse. There are instances when both letters and postmen become the involuntary instruments of deep wounds that even time cannot heal. It happened many years ago in Los Angeles. Kathy, barely eighteen, met Ken at a dance. He was just passing through on his way to Korea. After dancing well into the night, they parted with the ardent promise of writing to each other until they could be together again. But there was also a certain Bill, a childhood friend of Kathy's, who wanted to marry her. She had only lukewarm feelings for him, especially now that her future had been taken up by Ken. Her father, who preferred Bill, kept urging her to fall in love with him. But Kathy, after that indelible first encounter, could do nothing but anxiously await letters from Ken. Not one ever arrived. And with no address, she had no way of writing to him. After months and months, finally convinced that Ken had been killed in the Korean War, she accepted Bill's proposal, thus resigning herself to a loveless marriage. She had two children, a partial emotional compensation. Years went by. The children grew up and left. And Bill divorced her for another woman.

One day her father died. After the funeral, Kathy went back to the house of her youth: to put old papers in order, get rid of everything useless, freshen up walls and furniture, in a word, clean up a bit before putting the house up for sale. In the attic, while rummaging in an old trunk, she found a bundle of unopened letters, tied together with a string. They were Ken's. She was stunned. Thirty-eight years had passed. She had always believed that he had been killed soon after his arrival in Korea. Now she knew the truth. The postman had punctually delivered the letters without having to ring twice: her father was there, waiting, ready to confiscate. An entire lifetime had passed. Standing there with the bundle in her hands, her eyes and her mind in a daze, Kathy decided to destroy everything, without opening a single envelope.

IL RIMPASTO

La verticalità della luna trafigge gelida come un proiettile.

Forse qualcosa risorgerà dalle stanche solitudini in cui si assopirono le voci delle generazioni sepolte. Intanto l'aria ci parla solo di vita macerata dagli artigli della morte. Le cose, vinte dallo stento d'una striatura d'attesa, soffrono a respirarla. Nulla sa e nulla vuol sapere. Eppure una volta, nell'empito dell'entusiasmo, qualcuno mi disse che sapere è vivere. Forse oggi non c'è più chi continui a vivere. Oggi che tutto è muto.

Noi siamo ritti, soli, nella moltitudine delle distruzioni, sul cuore trafitto del mondo. Mi sento come un miraggio nel deserto, né riesco a capire il decrepito disfacimento della terra. Pare che il sole bruci dentro un lago di sangue, ora che è notte, e pare che assorba la luna. Aspira a divenire un carbone spento nel grumo dell'universo.

Salite, salite, e vedrete quel che io vidi e da cui fui ferito anni fa in uno strano sepolcreto indaffarato verso la luce. Non fu il canestro colmo di bacche silvestri, né la sporta piena di vento a portarmi sul monte, a farmi vedere e sapere. Non la statua di carne muta nell'immobilità obbligata, né i mesti scoppi del villaggio, ma il grave spettacolo di un impasto astrale, dove i mondi erano granelli posati nelle ceste delle nebulose. Il tronco spento che veniva disfatto con un colpo di mazza e subito rimpastato in un oceano di globuli rossi.

*

Le nuvole rovesciavano sulla terra la loro rabbia liquida, mentre io ero disteso nel sonno dentro una tenda stracciata. Altri

REKNEADING THE REMNANTS[6]

As cold as a bullet, the perpendicular moon pierces us through.

Something, a sign perhaps, may yet rise from the weary solitudes where voices of buried generations have found their final respite. But this air tells only of life defaced by the ragged claws of death, and of things on earth—overwhelmed by sudden streaks of light—barely capable now of breathing. For there is nothing to know and nothing one may wish to know; and yet, once, in an outburst of enthusiasm, someone had told me that knowledge was life itself. Maybe at a time like this no one wants to go on living; at a time like this, when everything is mute.

We stand alone on mounds of devastation upon the wounded heart of the world. I myself must be a mirage, for I cannot even conceive this distorted undoing of the earth. It is nighttime now, the sun is burning inside a lake of blood and is swallowing the moon; it is striving to become a snuffed out coal on the heap of the universe.

Come up, climb up and you shall see what I saw, how I was smitten years ago in a strange burial ground busily spread out against the light. But that mountain, where I saw and I learned, I wasn't led there by a basket overflowing with wild berries, or by a bag filled with wind, or a statue of living flesh silent in its forced immobility, and not even by the tormented blasts down in the village.[7] It was rather the grieving spectacle of an astral mixture, in which worlds were no more than grains in the baskets of nebulae: the burnt out tree splintered by a hammer blow quickly receded into an ocean of red corpuscles.

*

dormivano anche loro nelle piccole tende adagiate per terra come tartarughe esiliate. Ma la mia era più alta di tutte; ci si poteva entrare e quasi starvi ritti in piedi. Di solito ci fumavo il sigaro. Queste tende erano infisse in un campo al limite delle rovine di una città: mota ed erba sotterrata fra le zolle sfatte. La mota spesso straripava dentro le tende rotte, con i giacigli che nuotavano assonnati.

Così mi cullavano i sogni in quella notte lampata di pioggia.

Quando una mano mi toccò umidiccia e mi disse: "Guarda!" M'affacciai a uno spiraglio della tenda strappata. Le lenti m'inquadravano gli occhi quasi freschi. Improvvisamente mi si schiuse un panorama, un miracolo di cose vinte—il fatto più naturale per chi ha vissuto gli spasimi estremi d'un universo spezzato.

Non c'eran più terre né mondi; neanche la mia tenda; ma uno spiazzo immenso e senza sostegni, che s'apriva in basso, occupato in gran parte da una tavola sospesa nel vuoto, davanti a cui si affaccendava un gigante nero. Gli spiccavano tra le grosse labbra due fila di denti, che erano tutto il suo biancore. Mulinava sopra la tavola con un enorme mattarello. Impastava e spianava: indefessamente, prodigiosamente. Ad un filo invisibile teso nel vuoto e retto da non si sa che, stendeva le grandi sfoglie rossastre.

Poi subito metteva insieme un altro mucchio di roba grigia, grumosa di rottami incollati, e la spremeva sino a ridurla a farina.

"Questi sono gli avanzi dell'universo", disse. "Guarda come si disfanno. Scommetto che non li avresti creduti così duttili. Così è il mondo. Guarda. Io lo sfaccio e lo rifaccio come voglio. Ormai sei certamente convinto che a disfarlo non ci vuol nulla. Ma anche rifarlo è facile. Su questa tavola io rimpasto l'universo". E ammonticchiava la massa farinosa. Alzava la mano sul crinale e vi scavava un buco profondo. Prendeva poi un ampio recipiente di tenebre e lo rovesciava dentro il buco. "Guarda com'è strana e incolore la sostanza di questo vaso. È il miscuglio delle varie irrequietudini confitte dentro le età degli uomini e delle donne.

The clouds were unloading their liquid anger upon the earth, as I lay asleep inside my shredded tent. Others, my companions, were sleeping too, in tiny tents huddled on the ground like exiled turtles. Mine was the tallest; I could crawl inside and almost stand on my feet. Usually I smoked a cigar. Tents planted on the outskirts of a city in ruins: mud and grass under crushed sods; sometimes the mud would overflow into the ragged tents, and then trail pads began swimming in their sleep.

And so I was floating in dreams, that night laden with flashes and with rain.

When a damp hand touched me and said: "Look!" I put my eyes, eager and already framed by my glasses, up to a hole in the torn tent. A landscape was there, rising like a miracle from the general devastation—a natural apparition for someone who had lived through the extreme convulsions of an obliterated universe.

No more fields, no worlds, not even my tent: only an immense open space hanging in the air with no supports. Its lower central section was occupied mostly by a large kneading table, it too suspended in the air. In front of it a big black giant was busily moving his arms. Between his thick lips two perfect lines of teeth stood out—the only white on him. Back and forth on the table he spun an enormous rolling pin, kneading and smoothing; tirelessly, prodigiously. On an invisible wire in the empty space, held there I don't know how, he hung the resultant huge reddish sheets.

Then quickly he assembled another pile of gray stuff consisting of lumps of glued scraps, and he squeezed and squeezed until it all turned to flour.

"These are the remnants of the universe," he said. "See how they unravel? I'll bet you never imagined they were so pliable. That's the way the world is! I can make and unmake it as I wish. By now you are surely convinced that it doesn't take much to undo it. But redoing it isn't difficult either. On this table I am remaking the universe." And he gathered up the doughy mass in a pile, while raising his fist high and punching a big hole in it; then he grabbed a

Tutto sangue, sangue triturato, macinato dalle ruote del tempo; sangue inutile, ormai, disperso lungo tutti i ciglioni; io l'ho raccolto per rimpastare le inutilità dell'universo. L'ho mescolato con le anime delle diverse età, perché prendesse questo colore vano".

E sotto i muscoli giganti il rimpasto dapprima cigolava, sfrigolava, come foglia stralita cui s'appicchi il fuoco, poi scricchiolava come ruote di barroccio sui sassi. Da principio la materia pareva ribelle a modellarsi, ma poi si allargava, disponendosi nella forma imposta. E il grande uomo nero m'indicò di ascoltare. Allora mi tesi tutto come un filo. Venivano dalla massa in trasformazione voci impercettibili che chiedevano una risurrezione, una nuova vita, sia pure inutile, sia pure destinata a ritornar subito allo stato di materia informe.

Il grande uomo nero mi disse ancora qualcosa. La sfoglia rossastra stesa al filo nel vuoto era destinata a nutrire i giganti distruttori e costruttori di forze senza nome. Ma non mi riuscì di intendere tutta quest'altra storia di orrori e di rinascite. Ero vinto dalla stanchezza. Si rovesciavano sulla terra torrenti lampeggiati d'acqua limacciosa, che cercavano la tenda strappata.

Mi diedi a brancolare da una pozzanghera all'altra, ma non trovai nulla di stabile.

*

Stasera m'è rinata dentro vivida l'apparizione di allora, mentre la pioggia vorrebbe affogarsi nello stanco buio d'ottobre.

Anche oggi è come allora. Il rimpasto degli universi disfatti si ripete. Non è teso su fili invisibili, ma giace nelle pozzanghere quotidiane.

Val meglio chiudere gli occhi. Cogliere ogni tanto una bacca, mangiare una glasina, portarsi in tasca un cuore di lucciola. Se si sale a contemplare lo spettacolo dei granelli di sabbia spremuti e disfatti, tutto è perduto.

Ora vorrei che il sole ci bruciasse ancora. Ma c'è l'algore

big container full of darkness and emptied it into the hole. "Look at the strange and colorless contents of this container. A mixture of the anguished restlessness of men and women throughout the ages. All blood, ground up and scattered by the wheels of time; useless blood, left on the edges of innumerable ditches. I have collected it to reknead the remnants of the universe. I've even mixed it with souls from all different eras, so that its color would be totally empty."

And beneath his huge muscles the rekneading creaked like dry leaves set on fire, then it screeched like cartwheels on gravel. At first the material seemed to rebel, but gradually it leveled out and took the proper shape. And the big black man commanded me to listen. At that point I tensed up like a wire, as almost imperceptible voices, begging for resurrection, began to rise from the material being transformed; they were pleading for new life, even a useless one, even one that would quickly be returned to shapeless matter.

The big black man had more to say: the huge reddish sheets still hanging on the wire in the empty space were destined to nourish giants, both those who would destroy nameless forces and those who would rebuild them. But I could not listen to this new tale of agony and rebirth. I was tired. Flashes and torrents of muddy water came pouring down on the earth; and so I headed for my shredded tent.

But I stumbled around from puddle to puddle—going nowhere.

*

Tonight, as the rain would drown itself in the exhausted darkness of October, that vision has come back to me in all its force.

It is now as it was then. The remaking of a fragmented universe goes on and on. No longer is it hung on an invisible wire, but it can still be seen in our daily mud puddles.

Better to close one's eyes, then pick a berry, wherever it is, or

d'una luna bianca che non conosce il fuoco. Continuo il mio vagare brancolante, mentre mi sento rimpastato sotto il mattarello e non odo il mio grido di risurrezione. Anch'io sarò parte di quella sfoglia al filo invisibile. Ma non so per quale fame.

Le Sieci, 30 settembre–2 ottobre

even carry a firefly's heart in one's pocket.[8] If we climb a cliff to watch the grains of sand being squeezed and undone, everything is lost.

Now I wish the sun were still burning. Instead, the icy cold of the white moon knows no fire. I keep wandering and stumbling, and I feel as if I too were being rekneaded under a rolling pin, but I do not hear my own call for a rebirth. I too shall be part of the sheet hanging on the invisible wire. But I do not know for whose nourishment.

> Le Sieci (Tuscany), September 30–October 2

LA MACCHINA DELL'ARIA

Fin da bambino ho creduto di capire il linguaggio dei rumori. Forse perché anche le parole non sono in fondo che rumori. Ma quel che udivo mi si trasformava sempre in qualcosa di visivo o di tattile, quasi che l'udito fosse decifrabile soltanto se innestato sugli altri sensi. Quando avevo sei o sette anni, e la casa si gonfiava della voce grossa del torrente, vedevo nella notte grandi distese di ghiaia e di rena con l'acqua giallastra che ci galoppava sopra, proprio là dove ieri s'allungavano campi verdi di grano e prati freschi di trifoglio. Non resistevano nemmeno i salici del rio, che facevano i polloni pei tralci delle viti. Mi rimanevano davanti le distese lunari percorse dal ruggito feroce della piena, che prima aveva divorato gli argini, eppoi i campi, uno dietro l'altro, non si sa fin dove.

Ora che non son più un bambino, i rumori mi continuano a parlare con spettacoli grandi e piccoli, spesso disperati, vivi nell'istantanea trasformazione dell'udito in vista. Come quando uno grida nella stanza accanto, e tu lo vedi rosso a bocca spalancata, col collo di tacchino. O quando un vulcano esplode a vasti boati, e t'abbaglia la grande fontana rovente nella notte.

E c'erano i fulmini, di cui ho conosciuto il terrore dell'attesa nel lampo conflagrato. Un'altra voce e un'altra vista. Ma gli alberi e le cose, e la terra stessa, mi rabbrividivano nella pelle. Allora m'accorsi che il mondo viveva nella paura dei rumori; che, pur consegnandosi in un intreccio di figure, portavano vibrazioni di minaccia. Chi non ricorda l'ululato dei cani, il tremito dei pulcini e dei conigli, l'inquietudine del muschio e dei mattoni?

Queste riflessioni me l'aveva svegliate il leggero stormire dei pini dentro le brezze del Pacifico. Le stavo assaporando, quando mi

THE MACHINE

Ever since I was a child I thought I understood the language of sounds. Probably because even words are actually just sounds. But whatever I heard always turned into something visual or tactile, as if things heard were fully decipherable only in terms of my other senses. When I was six or seven, and our house began to swell as it filled with the raucous voice of the torrent, I saw in the night huge expanses of gravel and sand with yellowish waters hurtling over them, in the very places where just yesterday green wheat fields and meadows of young clover had flourished. Not even the willows along the brook—their long shoots to be used as ties for the grapevines—not even they were spared. My eyes could see only those moonlike expanses overrun by the ferocious roaring of the flood waters, which devoured first the levees, then the fields, one after the other—no one could tell how many.

Now that I'm no longer a child, sounds still speak to me with large and small manifestations, often desperate, always alive in the instant metamorphosis of hearing into sight. Like when someone is shouting in the room next door and you see his mouth wide open, his neck as red and tense as a turkey's. Or when a volcano begins to roar and then explodes, and you are dazzled by the great red-hot fountain in the night.

And then there was lightning. I had been terrorized in the expectation of an explosion inside its flash. Another voice, another sight: the trees and all the things around them, the soil itself, shuddered under my skin. Only then did I realize that the entire world was overflowing with the fear of sounds; sounds—though refracted in interlacing figures—which carried all the vibrations of fear. Who can ever forget the howling of the dogs, the shivering of

giunse un vasto fragore raspante. Sconquassava l'aria di rimestamenti sotterranei, come il mondo fosse una belva che si dibatteva sotto una campana. Un'immensa grattugia che strofinasse i denti in terra, sbriciolandola in ogni poro.

Credetti di distinguere un violento scricchiolio: due mani spropositate che stessero stritolando l'impalcatura d'un calesse. Andai sopra, sull'altro terrazzo, quello che una volta chiamavo piattaforma aerea. Per vedere se gli alberi e le case e le colline erano ancora al loro posto, o se invece le aveva divorate questo dannato fragore.

Quasi subito, appena girai gli occhi verso mezzogiorno, m'apparve una gigantesca macchina sospesa. Procedeva lenta nell'aria, roteando la parte inferiore a destra e a sinistra, come un enorme aspirapolvere. Aveva forma di cavalletta, la testa e il becco piegati avanti, come le pompe dei pozzi di petrolio, le ali piene di buchi e stirate verso le nuvole. Ma il corpo era largo e schiacciato, come quello dei granchi rossi dell'Alaska. La prima immagine di grande cavalletta veniva a incrociarsi con quella di mostruoso coleottero.

Marciava verso casa mia. Ma non riuscivo a distinguere quel che facesse, né che si lasciasse dietro. Non vedevo più le punte degli alberi che prima gremivan la vallata. E ci avevo quel brivido insistente nella pelle. A un tratto, la balza ch'era fondamento alla casa, e i colli tutt'intorno, trasalirono come quando il falco prepara la picchiata.

Mi sembrò di cominciare a capire. L'immensa grattugia sbriciolava tutto quel che era in terra, e che era terra: alberi e macigni, case e automobili. Poi, esattamente come un aspirapolvere, assorbiva tutto, lasciandosi dietro il deserto, liscio e uguale come una piazza; nient'altro che pietra. Ma ciò che mi colpì di più fu che, pur incamerando tutto quel che c'era di sotto e d'intorno, la macchina restava uguale, sempre delle stesse dimensioni.

Quando s'avvicinò al terrazzo, vidi che sotto le ali stirate di cavalletta ce n'erano altre due, più piccole, di latta, con al centro

little chicks and of the rabbits, the quivering of the moss and even of the bricks?

These thoughts had been kindled by the rustling of pine trees inside the gentle breezes of the Pacific Ocean. I was savoring them when, suddenly, I was surrounded by a loud scraping noise. It filled the air with subterranean stirrings, as if the world were a wild animal twisting and turning inside a bell. An immense grater rubbing its teeth on the ground, turning it into crumbs.

I thought I heard a violent creaking: huge hands crushing the frame of a cart. I ran to the upstairs terrace (the one I used to call my aerial platform) to see if the trees and houses and hills were still in place, or if they had already succumbed to all this hellish clangor.

Almost immediately, as I turned my eyes to the south, I saw a gigantic machine suspended in the air. It was moving forward very slowly, turning its lower half right and left, like an enormous vacuum cleaner. Its shape was that of a locust, the head and beak angled forward, like oil-well pumps, and its wings were all perforated, stretching outward toward the clouds. But its actual body was wide and flat, something like an Alaskan king crab. My first impression of a large locust was thus mixed with that of a monstrous coleopteron.

It was moving directly toward my house; yet I couldn't tell what it was doing, or what it was leaving in its path. I could no longer see the treetops crowding my valley, as I shuddered under my skin. The cliff that was foundation to my house, together with the hills all around, seemed suddenly to recoil—like when a hawk prepares its headlong plunge.

I thought I was beginning to understand. The immense grater was turning everything on the ground and everything that was ground into crumbs: trees and rocks, houses and cars. Then, just like a vacuum cleaner, it absorbed everything, leaving in its path only the desert, level and smooth as a town square: nothing but stone. But what I couldn't fathom was how that blasted machine—

una specie di conca, dove si sarebbe potuto star ritti. Almeno tale fu la mia percezione immediata, dinanzi a un mondo che svaniva. Ricordo la mescolanza di fascino e di terrore che mi teneva lì ritto a guardare gli alberi del cortile, i miei pini e i miei eucaliptus, mentre si sradicavano come fili d'erba, per subito afflosciarsi in trucioli e svanire.

Ecco. Appena l'ala tremolante di latta s'appoggiò al terrazzo, e mentre tutto laggiù spariva in una trebbiatrice rovesciata, saltai nella piccola conca, e ci rimasi in piedi, quasi fosse l'unica mossa naturale. Non so perché lo feci.

Da un oblò esplorai l'interno della macchina. Non mura, non stanze, non mobili, non ordigni di comando alla via del saccheggio. Un baraccone senza spettacolo, abbandonato a se stesso. E tutto il succhiato, tutto il terrestre e l'umano strappato alla terra, non aveva lasciato traccia. Nemmeno un monticciolo in un angolo.

Andai coll'ala, in completa sospensione. A un tratto l'ordigno sussultò, trabalzò, e mi ritrovai sul suolo di pietra. Dalla macchina lontana vidi sprizzar manipoli di fulmini; come razzi da una girandola. Si buttavano sul sasso, rimbalzavano, ritornavan nella macchina, attraversandone le mura quasi non esistessero.

Vagai nella direzione opposta, inseguito dalla furia dello strepito. Ora so che brancolavo dentro la speranza di ritrovare alberi e acque. Ricordo d'aver camminato per giornate, senza che mai arrivasse la notte. M'imbattei in un pappagallo rosso e azzurro, che aveva perse tutte le parole; sapeva soltanto gracchiare, perché era stato troppo insieme ai corvi.

Poi nuotai in un oceano di silenzio. Andavo piano sull'infinita vallata di pietra, senza rumore di passi. Pareva che mi fossi ritirato e contratto, che fossi diventato minuscolo, con le gambe sottili e corte, il busto ridotto al minimo, la testa della grandezza d'una noce, come certi scarafaggi che si comprano ai bambini. E il mondo più vasto che mai, dilatato nel vuoto, senza confini. Mi vedevo camminare. Un'altra giornata; in cerca d'una collina, della cima bianca d'un monte.

despite swallowing everything below it or nearby—how did it manage to appear always the same, always equal unto itself?

As it neared my terrace, I noticed under its locust wings a second pair, smaller and made of tin, with a sort of round tub at the center, sufficient for a man to stand in. At least this was my immediate perception, before a world that was vanishing. I remember the mix of fascination and fear that held me there, spellbound, as I watched the trees in my yard, my pine and eucalyptus trees, uprooted like blades of grass only to be reduced to shavings, and then disappear.

Now, when one of those vibrating tin wings brushed against my terrace—and everything down there was disappearing as if into a harvester turned upside down—immediately I jumped into the little round tub and remained there standing, as though this were the only thing I could possibly do. I hardly even realized that I had jumped.

Through a porthole I explored the inside of the machine: no walls, no rooms, no furniture, no command module to direct it on its pillaging way. It was like a circus tent without the show. And everything that had been sucked in, everything human or terrestrial that had been stolen from the ground, left not a trace. Not even a little pile in a corner.

I kept going with the wing, in total suspension, when suddenly the entire mechanism dipped, lunged forward, and I found myself on the stony ground. Immediately I saw clusters of lightning being jettisoned by the already distant machine, like colored rockets from a pinwheel. They hurled themselves on the hard ground and bounced right back into the machine, piercing its walls as if they didn't even exist.

I went off in the opposite direction, with the deafening roar still pursuing me. Now I know that I was groping inside the hope of finding some trees again, some water. I remember having walked for days; and never in the darkness of night. I met a red and blue parrot that had lost all its words; all it could do was croak—maybe it had been with crows too long.

All'improvviso, il noto fragore. La macchina riapparve in tutta la sua franchezza—librata in aria, leggerissima. Era completamente cambiata. Il corpo s'era squadrato a forma di casa, le punte delle ali rivolte in basso, come quelle del grillotalpa scavato dal nido. Il becco era un naso liscio e proteso. Sotto, due gambe senza stinchi, come quelle che Geppetto fece a Pinocchio. Il tetto piantato di lance variopinte e fogliute come fusti di granturco.

Dietro, a distanza, era seguita da una macchina più piccola, e quella da un'altra più piccola ancora, eppoi da un'altra, eppoi da un'altra, e così via per decine di chilometri d'aria, sinché l'ultima era una formica schiacciata sull'orizzonte. Lo strepito di una era la somma dello strepito di tutte.

Cercavo di contarle, quando si fermarono di colpo. E aprirono tutte due portoni laterali, da cui scesero gomitoli di grandi nastri, che si sdipanarono verso il suolo, senza toccarlo. Come certi nodi d'autostrade si spiegano per centinaia di chilometri, cariche di piccoli automobili coleotteri.

Da ogni portone uscirono gruppi di foreste e di colline e scivolarono sui nastri verso punti lontani della vallata di pietra. Non riuscivo a capire come avessero fatto a entrare nel corpo quadrato delle macchine, e mantenervisi così verdi.

Ma quando arrivavano quaggiù, al limite dei nastri, appassivano e arruggivano. E i nastri si scrollavano, sobbalzavano; foreste e colline si mettevano a correre a ritroso, finché non rientravano a precipizio nell'alveo. La pietra rimaneva pietra; l'aria rimaneva vuota.

Ogni rumore si spense, quasi fosse stata abolita la lunga fila di macchine assottigliata sull'orizzonte. Anche la bella inpennacchiatura di fusti di granturco era svanita.

Ora successe che dentro la macchina più grande si tuffarono in un baleno le altre, compenetrandosi perfettamente, come in un gioco di scatole cinesi. Né le dimensioni dell'unica rimasta diedero segno d'essersi alterate.

Poi lentamente la macchina si girò e s'avviò nella direzione da

Then I was swimming in an ocean of silence. I walked slowly in the immense rocky valley, without hearing my own footsteps. I felt as if I had shrunk and withered, become minuscule, with my legs short and skinny, my chest scrawny, my head the size of a walnut—like those black plastic bugs we sometimes buy for children. And the world seemed larger than ever, expanded in the emptiness, without boundaries. I could see myself walking. Another day: looking for a hill, the white tip of a mountain.

Suddenly I heard the now familiar roar. The machine reappeared in all its power—hovering in the air, extremely light. But it was completely changed: its body somewhat squared in the shape of a house, with the tips of its wings pointing downward, like those of a mole cricket that has been dug out of its nest. Its beak was smooth and outstretched. Underneath, two spindly legs, like those Geppetto had made for Pinocchio. And on its roof were planted multicolored spears, leafy as corn stalks.

Behind, in the distance, it was followed by a smaller machine, and this by a still smaller one, then by another, and so on for tens of air miles, till the last one was a bug crushed against the horizon. The uproar of one was the sum of the roaring of them all.

I was trying to count them, when suddenly they stopped. They all opened their huge side doors, from which spools of wide ribbon unwound toward the ground without ever touching it. Like freeway knots spread out over hundreds of miles, each mile crammed with tiny coleopteroid cars.

From each of the side doors came groups of forests and hills, gliding down the ribbons toward faraway points in the rocky valley. I couldn't understand how they had squeezed into the square bodies of those machines, and yet stayed so green.

But as they neared the bottoms of the ribbons, they withered and became rusty. And the ribbons shook in jerks and jolts. Forests and hills began running backwards, until they managed to fall back into their respective machines. The rocks remained rocks, and the air remained empty.

cui era venuta, leggera e silenziosa come una vela. Quando fu un piccolo coleottero laggiù nella foschia, lanciò un formidabile lampo. E si consumò come una torcia.

Lì per lì credetti d'essermi smontato; con le gambe in un posto, le braccia in un altro, e la testa che rotolava intorno per tenerle d'occhio.

Mi ripresi. Cominciai a camminare nella direzione opposta; che era poi quella da cui ero venuto. Finalmente incontrai un vecchio che scriveva sulla pietra colla punta d'un temperino. Incideva righe e righe; graffi che andavano da cima a fondo e da un angolo all'altro, per incrociarsi nel mezzo. Fra le righe ci faceva degl'intagli che somigliavano a lettere d'un antico alfabeto. Gli domandai:

"Che significano questi segni?"

Ripose:

"Vorrei saperlo anch'io".

Non potei aggiunger nulla. Il vecchio continuò il suo lavoro, e io continuai a camminare.

Every noise died out, as if the long thin line of machines on the horizon had been annihilated. Even the beautiful growth of corn stalks had vanished.

Now it happened that in a flash all the machines plunged into the largest one, fitting perfectly into each other, like in a game of Chinese nesting boxes. Nor did the size of the only remaining one show any outward indication of change.

The single remaining machine slowly turned and headed in the direction from which it had come, light and silent as a sail. When it had become a tiny coleopteron way out there in the mist, it sent forth a formidable lightning flash. And burnt itself out like a torch.

At that moment I felt as if I had been disassembled: my legs in one place, my arms in another, and my head rolling around trying to look after them.

But I recovered, and began to walk in the opposite direction, which was the one I had come from. Finally, I met an old man who was writing on the stone with a penknife. He was cutting one line after another, like scratches from top to bottom and from one corner to the other, always intersecting at the center. Between the lines he carved incisions that looked like letters of an ancient alphabet. I asked him:

"What do they mean?"

He answered:

"I wish I knew."

I couldn't say anything more. The old man kept doing what he was doing, and I kept on walking.

IL MOLO

Fu allora che mi trovai sul mare, davanti a una fila di casette bianche ai piedi delle montagne nude. E cominciai a pensare al primo uomo che s'affacciò ai massi d'un crepaccio e scoprì l'immensa distesa azzurra.

Sapevo che nel secolo d'Omero guardavano già il mare con occhi piuttosto realistici. Infatti Ulisse, che lo cavalcò per tanti anni in cerca del ritorno, vi sentì un pericolosissimo e indomabile nemico—perfino quando gli dissero delle Sirene e le volle ascoltare legato all'albero maestro, con tutt'un'enfasi d'amarissime smanie. Perché la voce delle Sirene era soltanto l'eco profonda del desiderio solitario del marinaio. Ma questo Ulisse non lo sapeva.

Come son diverse le Sirene del mondo mediterraneo, che adescano l'uomo e lo divorano—rimangono mucchi d'ossa spolpate—da quelle dei mari del Nord, specialmente dei paesi scandinavi, dolci amiche dell'uomo, o degli Esquimesi di Capo Dorset, madri di ogni animale marino perché l'uomo, anziché di morte, si nutra di vita.

Omero chiamò il mare sterile e petroso; Eschilo ne ascoltò la voce polimorfa, "moltitudinosa". Ma il mare di Eschilo era piccolo, come quello di tutti gli antichi: l'Egeo o lo Ionio. Euripide ci vide una grande piscina in cui venivano lavati i mali dell'umanità. I mari piccoli eran popolati di creature mitologiche; i grandi mai; gli oceani mai. Non s'è mai sentito dire che nell'oceano Atlantico, o nel Pacifico, ci fossero le Sirene. La vastità delle acque le avrebbe impaurite, ché anche le Sirene han bisogno d'un posto raccolto e protetto, quasi una casa.

Dei mari grandi sappiamo poco. In latino, la parola oceano non appare mai da sola; è sempre una qualifica della parola mare.

THE PIER

Down by the shore, just past a row of little white houses at the base of the bare mountains—it was there that I began to think of the very first man, as he peered through a crack in that tangle of boulders and discovered the immense blue expanse of the sea.

I knew, of course, that in Homer's time people already looked upon the sea with realistic eyes. In fact, Ulysses, who rode the waves for many years seeking a way home, regarded it as an extremely dangerous and indomitable enemy—even when they told him about the Sirens; and with great emphatic gestures, he demanded to be tied to the mainmast in order to hearken them well. The Sirens' voices were only deep echoes of the lonely mariner's desire, but Ulysses did not know this.

How strange are the Mediterranean Sirens, who allure men and then devour them (nothing but piles of bare white bones remain); how different they are from the northern ones, especially of Scandinavia, who are gentle friends, or of Cape Dorset, who are mothers to all sea animals, so that man, rather than finding death, may feed on life!

Homer called the sea sterile and rocky; Aeschylus listened to its polymorphic, "multitudinous" voice. But Aeschylus' sea was small, like that of all the ancients—the Aegean or the Ionian. Euripides saw the sea as a large pool in which the evils of mankind could be washed away. The small seas were haunted by mythological creatures, but not the large ones, not the oceans. No one ever heard of Sirens in the Atlantic or in the Pacific. The vastness of these waters would have scared them away; for Sirens, too, need a safe and quite place—a kind of home.

We know very little about the large seas. In Latin, the word

Ovidio, che in esilio soffriva di solitudine, scrisse in una lettera d'aver solcato il "vasto oceano" in una fragile barchetta; e non era altro che il Mar Nero. A quei giorni, un mare qualsiasi era il massimo che si potesse vedere.

Cicerone arrivò a dire che ogni terra è un isolotto circondato dal mare Atlantico, o dal gran mare Oceano. E nella sua voce pare di sentire una vibrazione profonda; come se ognuno di noi fosse un'isola vagante nei grandi spazi, flagellata dall'incapacità di raggiungere le altre isole, contrariamente al famoso detto di John Donne.

Io nacqui in una zona terricola, fra un rio e un torrente quasi secchi, dove la gente sperava di chiappar le anguille. Nel rio ci facevan delle chiuse e ci prendevan lucci e tinche—ogni tanto, quando si dibattevano in una gabbia di fango. Il mare lo vidi tardi; ma prima di cominciare a leggere i classici, e anche prima di trovar nell'Omero del Monti quelle parole che non m'hanno abbandonato più: "il gran padre Oceàno".

Ricordo che guardavo le barche vicine e le sparute navi sull'orizzonte: appartenevano a un altro mondo, e andavano in un altro mondo. Il caso volle che la prima volta che mi trovai su una grande nave fu per un viaggio non solo nel Mediterraneo, ma nell'Atlantico. Fu proprio allora che notai come l'Oceano, con tutta la sua vastità, fosse sempre stato un deserto, senza creature di nessuna mitologia. Anche Nettuno, che guidava i cavalli spumanti con una mano e reggeva il tridente coll'altra, viaggiava solo nel Mediterraneo, perché quello era il suo regno, dove, ancora oggi, le onde si chiamano "cavalloni". Non s'avventurò mai nell'Atlantico. Perché di là non si tornava più, e gli Ulissi temerari eran stati percossi nel primo canto in sin che il mare non s'era richiuso su loro, senza lasciar le più minute tracce. È facile dire che il tale è scomparso a cento o mille miglia dalle Colonne d'Ercole, ma se si va a cercare nell'Atlantico non si riuscirà mai a scoprire il punto preciso delle cento o mille miglia.

"ocean" never appears by itself, but rather as a qualifier of the word "sea." Ovid, who in exile suffered from loneliness, once wrote that he had ploughed the "wide ocean" in a frail little boat; but that was only the Black Sea. In those days, the most one could hope for was a sea—any kind of sea.

Cicero went so far as to say that all landmasses are really small islands surrounded by the Atlantic sea, or the great sea, the Ocean. And in his words we hear a deeply meaningful vibration: as if each one of us were a moving island, wafting about through vast empty spaces, tormented by our inability to reach the other islands—the exact opposite of John Donne's famous dictum.[9]

I was born on a strip of land between a creek and a torrent, both almost always dry; in them people hoped to catch eels. Often the creek was dammed in order to snare pikes and tenches—but with only occasional success, when the fish were struggling in a cage of mud. I came to the sea relatively late, in any event, before reading the classics or finding in Vincenzo Monti's translation of the *Iliad* these extraordinary words that never leave me: "Oceàn, the great father."

And I remember watching the boats and the thin ships on the horizon: they belonged to, and were headed for, another world. As fate would have it, the first time I boarded a large ship I traveled not just the Mediterranean but the Atlantic as well. Only then did I realize that the Ocean, in all its vastness, had always been a desert, with no creatures from any mythology. Neptune himself, who held the reins of his foamy horses in the one hand and his trident in the other, traveled only the Mediterranean, because that was his realm, where, to this day, the waves are called "*cavalloni*" (big horses). Never did he venture into the wide Atlantic. For from there, no one ever returned; and the reckless Ulysseans had been struck in the bow until the sea closed over them, and not a trace remained. It's easy to say that someone has disappeared a hundred or a thousand miles from the Pillars of Hercules; but if we actually go and look for him out there in the Atlantic, we will never be able to pinpoint

*

Poi mi trovai sull'Oceano Pacifico, in una di quelle casette di Malibù; una specie di nido a dondolo, da cui si poteva osservar la marea che s'alzava e s'abbassava. Di notte c'era il vento torbido dell'Asia, e l'oceano batteva furioso ai trampoli. Per ore sonnecchiavo dentro un terremoto. Era davvero una voce moltitudinosa, in cui imparavo a distinguere i suoni più vari e a districare gli umori più confusi.

Un giorno, un amico seduto sulla rena mi raccontò d'un suo conoscente che veniva a passar quasi ogni fine settimana a Malibù. Si metteva i guantoni da pugile e aspettava i cavalloni, ritto nell'acqua. Appena li vedeva arrivare, sferrava i pugni più duri che aveva. Una volta perse l'equilibrio e cascò bocconi sulla spuma bianca. Dicono che continuasse anche sott'acqua. Lo tirarono fuori per i piedi la mattina dopo. Pare fosse un attore cinematografico che aveva deciso di fare sul serio.

Non era passato molto tempo quando m'accadde di notare che dietro la casa era diventata una piattaforma stirata a filo sull'oceano, a perdita d'occhio—un lunghissimo molo dentro l'occidente. Lì per lì ne rimasi sconvolto, come m'accade spesso davanti a fenomeni che non riesco a spiegare; alla fine trovai una certa tranquillità pensando che s'era sempre saputo che a Malibù le case eran fatte su disegni imprevisti e capricciosi; per cui cercai di non farci troppo caso. Senonché, dopo un paio di giorni, mentre osservavo le onde partir bassissime e quasi invisibili e rivelar la loro forza maestosa solo per abbattersi sulla spiaggia, fui assalito dall'impulso d'una lunga passeggiata su quel molo, se non altro per esplorarne le dimensioni e la struttura.

Ma quanto più camminavo e più il molo mi s'allungava davanti. Ogni tanto m'imbattevo in un pianerottolo con nel mezzo delle solitarie pompe di petrolio, che andavano su e giù con la testa di cavalletta, fra cielo e acqua. Non c'era altro: né cisterne, né oleodotti, né zattere: solo pompe.

the precise coordinates of that hundredth or thousandth mile.

*

And then I found myself in the Pacific, in one of those little Malibu houses—a sort of rocking nest from which I could see the tide rising and falling. All night long I could feel the turbulent winds of Asia, and the ocean beating furiously against the pilings. A multitudinous voice indeed. In it I learned to distinguish the most varied sounds and to unravel the most confused vibrations.

One day a friend, while sitting in the sand, told me about an acquaintance of his who came to Malibu every weekend: he would put on his boxing gloves and stand in the water, waiting for the waves. As soon as he saw them coming, he would unleash the hardest punches he could muster. One time he lost his balance and fell face down in the white froth. They say he kept on punching even under water. The next morning they pulled him out by his feet. Apparently a movie actor, he had decided to do it for real.

Not long afterwards I noticed that the rear of the house had become a platform reaching into the ocean as far as the eye could see—a long pier out to the West. At first I was upset, as is often the case when I have to confront phenomena that I can't explain; but after a while I took comfort in the commonly accepted notion that Malibu houses were designed to unexpected or even eccentric specifications; and so I tried not to pay too much attention. After a couple of days, however, when I saw that the incoming waves were very thin, almost invisible, and that they revealed their awesome power only as they struck the beach, I was seized by the desire to walk on that pier, if only to explore its dimensions and its structure.

But the more I walked, the longer the pier became. Every so often I encountered a landing, where solitary oil pumps were going up and down with their locust heads between the sky and the water. Nothing else: no oil tanks, no pipelines, no rafts. Only pumps.

Further out I encountered a larger landing, with long, dry palm

Più là incontrai un pianerottolo più grande degli altri, con palme lunghe e secche, e con in cima dei ciuffi sfilacciati. C'erano pompe-cavalletta anche lì, ma ai piedi delle palme, facevan nodo con le palme, tanto che non riuscivo a distinguerle dai fusti. "Strano", mi dissi. Mi voltai indietro; non si vedeva più niente: non la casa piattaforma, non le montagne nude di Malibù.

Un'altr'ora; e m'apparve lontana un'ampia isola, piena anch'essa di palme magrissime. Sporgeva sull'acqua, piatta e quasi verde dentro l'orizzonte. Mi rianimò il pensiero che questo incredibile molo avesse una fine.

Trovai strade e piazze con altre palme filiformi e altissime; ma ciò che ora mi colpì furono i folti gruppi di uomini e donne che andavano nella stessa direzione, ciascuno con un secchio in mano. Le case eran basse, col tetto cromato—per far sdrucciolare il vento, mi spiegarono dopo. M'accodai a un gruppo; presto fui in una gran piazza formicolante di gente col secchio. M'avvicinai a un signore in marsina:

"Scusi; ma perché ci hanno tutti un secchio?"

"Eh", rispose. "Eh, finalmente!"

"Come? Che cosa?"

"Danno il petrolio", disse con sussiego. Rimasi soprappensiero. 'Il petrolio?' mi chiedevo. Volli continuare.

"Il petrolio? perché? cosa ne fate qui del petrolio?" E guardavo le palme, le strade quasi mute; sentivo le onde che battevano ai piloni.

"Nulla", disse, "non se ne fa nulla. Ma non si sa mai. Può far sempre comodo".

"Ha ragione", commentai, "il petrolio può far sempre comodo. Come chi fa provvista di vino, sdraia le bottiglie in cantina, tutte in fila, e aspetta di stapparle con gli amici..." Ero soddisfatto dell'analogia. Curioso come in questo mondo tutto sembri normale se si riesce a metterlo in rapporto con qualcosa di quotidiano. Ma la soddisfazione m'evaporò appena m'accorsi che non calzava. Alla fin dei conti, non era possibile che il petrolio l'invecchiassero per

trees whose tops were only frayed tufts. Here too there were locust-pumps, but at the base of the palms, so that they seemed knotted to the very trees, so much so that I could hardly distinguish the former from the latter. "Very strange," I thought. I turned around, and saw nothing: not the platform-house, not even the bare mountains of Malibu.

Another hour, and I could see in the distance a large island, it too filled with tall and very thin palm trees. It sat in the water, flat and almost green against the horizon. I took heart in the thought that this incredible pier was finally coming to an end.

And there I found streets and squares with very tall and stringy palm trees. But what really struck me were the throngs of men and women all walking in the same direction, carrying buckets in their hands. The houses were low, with their roofs chrome plated—so the wind would slide off, they told me later. I joined one of the groups and soon found myself in a vast square swarming with people carrying buckets. I approached a gentleman dressed in tails:

"Excuse me, please, but why is everyone carrying a bucket?"

"Ah," he responded, "ah, finally!"

"What, what did you say?"

"They're giving away oil," he said unperturbed. I didn't get it, so I persisted:

"Oil? Why? What do you do with it here in this place?" I looked at the palm trees, the almost silent streets, and I could hear the waves beating against the pilings.

"Nothing, we don't do anything with it. But you never know. It might come in handy someday."

"You're right," I replied, "oil can come in handy. Like storing wine and laying the bottles down in the cellar, all in a row; until friends come, and then you enjoy it..." I was pleased with my analogy. Oddly enough, almost anything can seem normal if we relate it to something else in our lives. But my sense of satisfaction was short-lived, for I soon realized my analogy didn't fit: there was no way they could age the oil in order to enjoy it later. So I asked:

berlo come il vino. Cercai d'uscire dalla trappola che m'ero tesa da me:

"Ma il petrolio dove lo mettete? Lo lasciate nel secchio? Dovete avere in qualche posto una gran quantità di secchi pieni".

"No, no", rispose il mio compagno in marsina. "Vedete quelle case? Ci hanno tutte una buca di cemento, una specie di cassaforte orizzontale, sotto il letto. È per il petrolio. Quand'è piena, ne facciamo un'altra, sotto un altro letto, e così via. Di solito si può dire quanti anni uno è stato in una casa da quanto petrolio ha accumulato. Quando muore, i giornali non dicono mai quanti anni è vissuto in mezzo a noi, ma quanto petrolio aveva in casa".

Lo guardai in faccia per la prima volta. Era un uomo maturo, dall'apparenza dignitosa; pareva fosse stato sempre vestito così, che fosse nato in marsina. Reggeva il secchio con la massima naturalezza.

"Scusi", dissi; "mi levi una curiosità. Che cosa fa lei, e che cosa fa tutta questa gente in mezzo all'oceano? Non credo che s'occupi soltanto di secchi di petrolio".

"Già", rispose, "non lo credo neanch'io. Mi lasci dire che prima di tutto a star qui ci sono parecchi vantaggi. Non ci sono automobili che bruciano petrolio, per esempio, e non c'è smog. Poi ognuno ha una professione segreta. Personalmente, io faccio lo scrittore. Me lo dico ogni mattina davanti allo specchio, quando son già vestito come ora. Eppure, lo crederebbe? Non ho mai scritto un rigo. Lo sa perché? Perché penso. In tutti questi anni mi son convinto che in generale gli scrittori non pensano—in generale, dico: la maggioranza. Ecco perché scrivono tanto. Quelli che pensano, come Socrate, scrivono pochissimo, o addirittura niente; perché tutto sembra loro ovvio, e non capiscono perché si dovrebbe metter su carta per propinarlo agli altri. Non che io pretenda d'essere un Socrate; ma credo fermamente che gli scrittori scrivano in proporzione inversa a quanto pensano, o a quanto hanno da dire. Guardi i classici: han detto tutto in poche parole; e quelli che hanno scritto meno sono anche quelli che hanno detto di più".

"But the oil, where do you put it? Do you leave it in buckets? Somewhere there must be lots of buckets full."

"No, no," answered my friend dressed in tails. "Look at those houses... Each one contains a big cement tub, a sort of horizontal safe—under the bed. When that one is full we build another, under another bed, and so on. Usually we can tell how many years a person has lived in his house from the amount of oil accumulated. And when he dies, the newspapers never say how many years he lived in our midst, but how much oil he had in his house."

I looked him in the eye for the first time. Mature and quite dignified, he seemed to always have been dressed that way—born in his tails. He carried his bucket with the greatest of ease.

"Excuse me," I said, "but I'm really curious. Would you please tell me what you and all these people are doing here in the middle of the ocean? I can't believe you would devote your lives only to bucketsful of oil."

"In fact," he responded, "I don't believe so either. Let me tell you, first of all, that here we have many advantages: no cars burning oil, no smog. What's more, each of us has a secret profession. I, for instance, am a writer. That's what I tell myself every morning in the mirror, when I'm already dressed as I am now. And yet—would you believe?—I have never written a line. Do you know why? I spend my time thinking. After all these years, it is my firm conviction that, generally, writers don't think—generally, I repeat: the majority of them. That's why they write so much. Those who think, like Socrates, write very little, or nothing at all; because to them everything is clear and obvious, and they fail to understand why they should minister it to others. Not that I presume to be a Socrates; but I truly believe that writers write in inverse proportion to how much they think, or how much they really know. Just look at the classics: they said everything with a minimum of words; and those who wrote the least are also those who said the most."

"But if you don't write, what do you do with your time? As for

"Ma se non scrive, cosa fa? Come passa il tempo? Per pensare, poteva farlo anche altrove".

"Niente", rispose, "non faccio niente. Guardo le palme che si piegano al vento. Non ho nemmeno la distrazione delle montagne e delle pianure, dei boschi e dei paesi. E ogni tanto, quando danno il petrolio, lo vado a prendere col secchio".

Non avevo altre domande. Ricominciai a camminare nella stessa direzione di prima. Dopo un'ora, dall'altra parte dell'isola, vidi che il molo continuava sull'oceano, sempre più avanti, dentro l'orizzonte.

C'era una scala fra i piloni verso l'acqua, e laggiù ci galleggiavano delle barche. Prima che me n'accorgessi, mi ritrovai in un guscio a un posto, fatto di giunchi giallastri, come quelli dei pescatori peruviani—allungato a punta davanti e di dietro che pareva una vecchia automobile da corsa.

Non aveva vele, né remi, né motore. Mi cullava sulle onde. Improvvisamente notai che non stavo fermo, che la barchetta strisciava velocissima, senza toccare il pelo dell'acqua. Solo che, invece d'andare avanti, andava indietro. Ma forse non sapevo qual era l'avanti e qual era il dietro. Dev'esser per questo che ora ri-sono in terraferma.

*

Se ripenso a quel giorno, devo dire che il mare su cui camminavo, eppoi correvo in barca, era un mare che non capivo. Nessuno ci aveva scritto niente, da Omero a Eschilo, da Cicerone a Ovidio, da Dante, che si divertiva a varcar le onde cantando a squarciagola, a John Donne, che diceva che le isole son pezzi di continente. Nessuno era stato a Malibù; e nessuno aveva mai sentito parlar di petrolio.

thinking, you might just as easily have done it somewhere else."

"Nothing," he replied, "I do nothing. I look at the palm trees swaying in the wind. I'm not even distracted by mountains or plains, forests or towns. And every once in a while, when they give away oil, I go and get it with my bucket."

I had no more questions. I started walking again in the same direction as before. After about an hour, at the opposite end of the island, I saw the pier continuing out into the ocean, farther and farther, until it sank into the horizon.

Between pylons, at the water's edge not far from some boats, there was a rope ladder, but I had hardly noticed it when I found myself in the single seat of a shell of a boat made of yellow rushes, like those of the Peruvian fishermen—pointed in front and pointed in back, like an old race car.

It had no sails, no oars, and no motor. Like a cradle, it rocked me on the waves. When suddenly I realized I was no longer rocking, and the little boat was skimming water at such a pace it barely touched the tips of the waves. Only, instead of forward, it was racing backwards. But probably I didn't even know which way was forward and which way was backwards. And maybe that's why I'm back again on solid ground.

*

When I remember that day, I must say that the sea where first I walked, then raced in my shell of a boat, was a sea I had never known before. No one had written about it, from Homer to Aeschylus, from Cicero to Ovid, from Dante, who enjoyed crossing the waves while singing at the top of his lungs, to John Donne, who said that islands are but pieces of continents. None of them had been to Malibu, and none had ever heard about the oil.

VECCHIO E NUOVO. FALSIFICAZIONI E COPIE

Pare che non si possa mai smetter di credere che il vecchio è migliore del nuovo. Di qui il prezzo, a volte altissimo, di tutto ciò che si chiama antico, siano sedie più o meno scassate o canterani intarmoliti. E chi li acquista è sicuro che si portano dentro una grossa carica di prestigio, rappresentano una testimonianza di cultura e di nobiltà e pongono su un livello ben diverso da quello della gente comune. Non gli vien mai in mente che, quando nacquero, quegli oggetti rispecchiavano i costumi e le funzionalità della loro epoca; che erano nuovi. Anzi! E se il vecchio non si trova, s'inventa; e gli si dà un nome blasonato.

I capolavori artistici, che non si posson ricreare dal nulla, si copiano; che è poi lo stesso. Vecchio vuol dire il passato, la documentazione delle proprie origini. Può appartenere all'epoca greca o romana, al Rinascimento o a tempi recenti. In quest'ultimo caso, bisogna però che l'artista sia morto, e famoso. Si sa: chi è vivo vale assai poco. Il che implica che un artista può diventar grande solo dopo la morte, cioè quando non è assolutamente capace di far nulla; ed anche che in fondo in fondo non ci s'interessa davvero dei morti, siano grandi o minimi, ma di se stessi e della propria vanità.

E il rispetto e la deferenza che incutono certe strutture architettoniche? Se da un lato servono a convalidare credenze e valori diffusi, dall'altro aiutano a sentirsi parte d'un tutto e a muoversi dentro verità consacrate. I sacerdoti babilonesi, che avevan capito questo bisogno umano, fecero incidere una data falsa sul frontone del loro tempio, perché diventasse antico. Così potevano dimostrare che quel che predicavano o professavano non era frutto d'ubbie personali, bensì verità vecchie di secoli. Una

THE OLD AND THE NEW. FORGERIES AND COPIES

Some people, it seems to me, just can't let go of the notion that whatever is old is better than anything new. Hence, the inordinately high price of almost everything that is considered antique—rickety old chairs, worm-ravaged chests of drawers, etc. And the buyer is convinced that such items are charged with enormous prestige, that they are evidence of culture and nobility, so much so that he feels transported to a level far beyond that of ordinary mortals. It never crosses his mind that, when they came into the world, such objects mirrored the mores and needs of their own time; that once they too were new. No, never! And if the old cannot be found, it is created, and then emblazoned with an aristocratic name.

Artistic masterpieces, which of course cannot be re-created out of nothing, are copied—much the same as pulling them out of a vacuum. Old means the past, a reaffirmation of one's origins. It can come from Greek or Roman times, or from the Renaissance, or even modern times, in which latter case the artist must be dead, and famous. Now we all know that the living aren't worth much; which implies that an artist can become famous only after death, that is to say, when he cannot possibly give anything more; and it also means that we don't much care about the dead, whether great or small, but only about ourselves and our personal ambitions.

And what about the respect and deference commanded by certain architectural structures? If on the one hand they attest to widespread beliefs and values, on the other, they help us feel part of a totality, and to function within the framework of clearly established truths. Babylonian priests, who understood this human need, were in the habit of carving a false date on the pediment of their temples, thus aging them quickly. They wanted to show that

data, dunque, che equivaleva a una specie di doppio scudo: proteggeva loro come ministri del culto, e rassicurava il popolo.

Che dire degli edifici che vogliono esser riproduzioni e non lo sono? Nella zona costiera di Los Angeles, su un colle boscoso davanti al Pacifico, un ricchissimo petroliere fece costruire anni fa uno splendido museo; e siccome voleva legarsi all'antico, decise di riprodurre il modello architettonico, in parte vero e in parte sognato, della Villa dei Papiri di Ercolano. Ma quella villa fu seppellita dal Vesuvio nel 79 d.C., e i secoli ci han piantato sopra case e palazzi; per cui nessuno ne ha mai potuto vedere il disegno per intero. Allora oggi è lecito domandarsi: qual è la sua forma vera? L'antica, che nessuno può vedere, o quella del rifacimento, che tutti possono vedere?

Lo stesso succede con le copie di cui si son perduti gli originali. Il celebre Laocoonte dei musei vaticani lascia stupefatti per la sua potenza di suggestione. È una copia. Ma è anche l'unico originale che esista. Com'è avvenuto di moltissime altre opere del periodo ellenistico. Lo sapeva bene Auguste Rodin, che astutamente trovò la maniera d'evitare futuri equivoci del genere. Creava meravigliose statue di bronzo; ma, dato che il bronzo andava colato in un'apposita forma, era facile trarne parecchie "copie". Oggi ci sono, sparsi per il mondo, molti esemplari identici delle sue statue, e non si può assolutamente sapere quale sia, e quali non siano, l'originale. Sono tutti degli originali.

I falsi sono ben altri. E non soltanto quelli dei ragazzi livornesi, che con una sega si misero a fare sculture nello stile di Amedeo Modigliani; uno scherzo che finì in beffa. Infatti un notissimo "esperto" d'arte moderna ci riconobbe subito la mano del grande artista, e alla televisione ne esaminò ogni dettaglio con stupefatto entusiasmo. Né le tante sculture etrusche del Novecento, vendute ai musei. Ma le innumerevoli riproduzioni di capolavori pittorici, fossero di Rembrandt o di Renoir, finite nelle mani di chi voleva un nome illustre in casa.

Va da sé che la sfera più varia e variopinta appartiene alle

their preaching stemmed, not from personal whim, but from centuries old verities. The date served, therefore, as a kind of twofold shield: it protected them as ministers of the cult, and, at the same time, reassured the faithful.

Then there are new buildings that are intended as replicas of old ones, which they are not. Some years ago, a wealthy oilman[10] had a splendid museum built on a wooded hill facing the Pacific, in the coastal area of Los Angeles; and since he was seeking a link with antiquity, he decided to reproduce the architecture—partly real, partly imagined—of the Villa of the Papyri in Herculaneum. But that villa had been buried by Mount Vesuvius in 79 A.D., and the centuries had piled houses and palaces on top of it; consequently, no one has ever been able to see the totality of its design. Thus we may ask: what is its actual configuration? The ancient one that nobody can see, or its reproduction that everyone can see?

The same happens with copies of lost originals. The celebrated Laocoön in the Vatican Museum astonishes us with its suggestive power. It is a copy. But it is also the only original in existence, as is the case with many other statues of the Hellenistic Era. Auguste Rodin, who was well aware of this, found a way to eliminate all possible future equivocations. He created marvelous bronze statues; but, due to the fact that the liquid bronze had to be cast in a single mould, it was not difficult for him to make multiple "copies." Today we find exact specimens of his work all over the world, and we can in no way say which one, or which ones are the original. They are all originals.

Forgeries are quite different. And not only those cooked up by some adolescents from Livorno, who, with a saw, produced sculptures in the style of Amedeo Modigliani—a practical joke that turned into a mockery: in fact, a famous "expert" in modern art immediately recognized the mighty hand of the master and examined—on National Italian Television—each tiny detail with mind-numbing enthusiasm. Not to mention the many twentieth-century "Etruscan" statues that have been passed off on museums.

falsificazioni di monete d'oro. Ci son naturalmente quelle riprodotte alla perfezione, e con la stessa quantità di metallo. In tali casi, il valore reale è lo stesso; ci manca il valore affettivo, che la patina del tempo non ci può aver deposto. E quando il peso dell'oro è diverso? Maestro Adamo lo ridusse, e fu bruciato vivo per aver battuto fiorini "ch'avevan tre carati di mondiglia" (*Inf.* XXX, 90). Oggi l'oro delle gioiellerie è a diciotto e perfino a quattordici carati. Il povero Maestro Adamo ebbe la sventura di vivere sei o sette secoli troppo presto.

Se i falsi sono anzitutto il prodotto della caccia agli oggetti preziosi, in cui tanti credono di riconoscersi, allora il falsario andrebbe ammirato e premiato, perché oltre ad avere un notevole talento e ad operare "con impegno e con arte", è anche colui che intrepidamente s'impegna a venire incontro ai desideri e ai bisogni del prossimo. A suo modo, va paragonato agli artisti insigni d'altri tempi, i quali lavoravano su richiesta di signori o di prelati, che regolarmente li pagavano.

Ma i desideri e le richieste della clientela possono condurre a risultati piuttosto bizzarri. Un museo scozzese ha dovuto inventare ed esibire un pesce villoso, una sorta di pesce-pecora (mi domando chi l'abbia fatto!), proprio perché il pubblico, che alla fin dei conti pagava le spese di mantenimento e gli stipendi, lo voleva a tutti i costi. Qui siamo nell'ambito dei falsi d'alta sfera; dei miracoli. Ma quale sarà stata la ragione d'una simile richiesta collettiva? La ricerca delle proprie origini, spostata a un'area assai più remota di quella di chi vuole il vecchio? O andrà piuttosto riconosciuta nel fatto che in Scozia ci sono molti greggi e molt'acqua, per cui si può arrivare facilmente a convincersi che debba esistere un pesce-pecora, e viceversa?

In questi giorni del 1990 il British Museum ha aperto una mostra per documentare tremila anni di falsi, e quindi offrire non pochi esempi delle aberrazioni umane. S'intitola "L'arte dell'inganno", e presenta oggetti che risalgono fino a trenta secoli fa, raccolti in un periodo di ben duecentocinquant'anni. Non c'è

And finally, the innumerable reproductions of great paintings—Rembrandts, Renoirs—that have ended up in the hands of those who wanted a famous name on their walls.

It goes without saying that the most varied and colorful area of activity is the forging of gold coins. Some, of course, are perfectly reproduced, with the identical purity of metal. In such cases, the "real" worth is the same; what's missing is the numismatic value, the patina that only time can deliver. And when there are less than 24 karats? Master Adamo had reduced them, and was burned alive—his soul confined to Dante's *Inferno* because, we are told, his gold florins "contained three karats of dross" (*Inf.* XXX, 90). Nowadays jewelers' gold is only 18 karats, or even 14. Poor Master Adamo was unlucky enough to have lived six or seven centuries too soon!

If it is true that forgeries are indeed the result of a quest for those precious objects in which so many people see their own identity, then the forger should be admired, for, in addition to refining his own considerable talent through craftsmanship and commitment, he is also deeply dedicated to the wishes and needs of his fellow men and women. In his own way, he should be compared to the fine artists of the past, who labored for, and were regularly paid by, lords and prelates.

But the clients' needs and requests can sometimes lead to rather bizarre results. A museum in Scotland was once forced to invent and exhibit a furry fish, some sort of sheep-fish (I wonder who made it!), because the townspeople—who after all paid maintenance costs as well as salaries—had demanded it. In this instance we find ourselves in the realm of high-class forgeries, or rather fakes; more precisely, miracles. But what could have been the underlying motive for such a collective desire? Was it the usual quest for origins, shifted to a sphere far removed from that of mere documentation of the past? Or should it be ascribed to the fact that Scotland abounds in sheep and water, so that the people might easily have concluded that, somewhere, there just had to be a sheep-

soltanto un cocchio romano, monete, porcellane, sculture, quadri, fossili, ma addirittura fotografie di fate e ghirlande di streghe. Fra i manoscritti c'è perfino una lettera "autografa" di Gesù; la quale m'ha fatto venire in mente l'"autenticità" della cosiddetta "Sacra Sindone" di Torino.

Siccome, com'è risaputo, l'uomo cerca l'antico per verificare le proprie illusioni, il vero e il falso sono spesso intercambiabili. Però ci vuole un antico e un falso che siano tangibili e visibili; altrimenti non può esistere verifica.

In un'intervista televisiva, il direttore del British Museum, David M. Wilson, ha dichiarato:

"Non è che la documentazione delle nostre follie".

fish, and vice versa?

In 1990 the British Museum held an exhibit documenting three thousand years of forgeries, thus offering many examples of human aberrations. It was entitled, "The Art of Deception," and showed objects dating as far back as thirty centuries ago, collected over a period of about 250 years. One could see not only coins, articles of porcelain, sculptures, paintings, fossils, a Roman chariot, but even photographs of fairies and garlands of witches. Among the manuscripts there was an "autograph" letter by Jesus; which made me think about the authenticity of the so-called "Holy Shroud" of Turin.

Since, as we all know, man seeks what is old because he needs proof of his own dreams and illusions, truth and forgery are often interchangeable. But whatever is truly old, together with its forgery, must be tangible and visible, or else there is no proof.

David M. Wilson, director of the British Museum, stated in a television interview:

"This is nothing more than the documentation of our follies."

POESIA COME NECESSITÀ

Nel 1821 Byron scrisse a Thomas Moore da Ravenna che non sarebbe mai riuscito a convincer la gente che la poesia è l'espressione d'un forte stato passionale e che la passione non può durare ininterrotta, come non può durare ininterrotto un terremoto o perpetua una febbre (in J. Fenton, "Some Mistakes People Make About Poetry", *The New York Review of Books* [March 25, 1993], 19). Voleva dire che lo scriver poesia non si può considerare una professione a cui ci si debba dedicare con disciplina ad ore prestabilite; insomma, che non si può esser poeti di carriera, come avveniva nelle corti del Settecento europeo, né poeti laureati, come in alcune capitali avviene ancora oggi. Ma il fatto che a tarda sera, dopo tutte le attività della giornata, Byron scrivesse numerose musicalissime strofe dimostra che in lui il terremoto della passione poteva durare a lungo, o almeno risorgere vigoroso e corrusco ogni volta che l'universo si vestiva di tenebre.

La poesia nasce sempre da un mondo interiore che a un certo momento si mette in moto. Eppure ci sono scuole in cui s'insegna il mestiere della poesia; agli alunni non si dice mai che a scuola si potrà imparare a scrivere versi, ma non poesia. Non s'è mai sentito dire che i poeti del passato e del presente, da Omero a Dante, da Petrarca a Leopardi, da Shakespeare a T. S. Eliot a Montale abbiano scritto grande poesia perché l'avevano imparato a scuola. La scuola può anche produrre risultati negativi, come far contare le sillabe sulle dita, invece di far sentire i ritmi nella mente e negli occhi, come avviene ai compositori musicali. Beethoven poté comporre tutta la nona dopo che era diventato sordo e Milton poté scrivere un inno alla luce dopo che era

POETRY AS A PRODUCT OF NECESSITY[11]

In a letter written in 1821 from Ravenna, Byron told fellow poet Thomas Moore he could never get people to understand that poetry is the expression of an excited passion and that passion cannot last indefinitely, just as an earthquake or fever cannot last indefinitely (in J. Fenton, "Some Mistakes People Make About Poetry," *The New York Review of Books* [March 25, 1993], 19). He meant among other things that poetry is in no way a profession to which one should adhere with strict discipline so many hours a day; in other words, that there cannot be career poets, as was the common practice in European courts of the seventeenth century, nor can there be poets laureate, as is common practice in certain capitals even today. But the fact that, late at night, after his myriad daytime activities, Byron did indeed produce many incomparably melodious stanzas, proves that—in him—the earthquake of passion could last a long time, or at least light up again in all its splendor and vigor as soon as the universe was locked in darkness.

Poetry is always born of an inner impetus which at a certain moment must be set free. And yet there are schools where writing is taught primarily as a craft: the students are never told that they are learning to write verse, not poetry; and no one even mentions that the poets of the past and of the present—from Homer to Dante, from Petrarch to Leopardi, from Shakespeare to T. S. Eliot and to Montale—may have created great poetry but not because they had learned how in the hallowed halls. School can surely have negative effects, like having students count syllables on their fingers instead of making them *feel* the rhythm in their minds and with their eyes, as true musicians must. Beethoven could compose all of the *Ninth Symphony* when he was already deaf, just as Milton could sing a

diventato cieco.

Che si dirà dei poeti stipendiati purché scrivano regolarmente dei bei versi? Di solito chi li paga vuole poesie e poemi in proprio onore. E i risultati son quasi sempre piuttosto magri. Si dirà che Virgilio e Orazio erano stipendiati anche loro, come più tardi i poeti di corte dal Cinquecento in poi. Ma, a quanto sappiamo, non veniva loro imposto di scrivere a scadenze obbligate; eran lasciati liberi di fantasticare e di metter su carta quel che non potevano lasciarsi morir dentro; l'unica eccezione che mi viene in mente è il *Carmen saeculare*, che Orazio scrisse su richiesta d'Augusto.

*

Tempo fa, prima che m'imbattessi nella lettera di Byron a Thomas Moore, m'accadde di scrivere che la poesia non è mai volontaria, che è il prodotto d'una necessità inderogabile. Non solo quindi non si può scrivere per obbligo, ma nemeno per costrizione volontaria—per otto ore al giorno, mettiamo, come alcuni scrivono i romanzi o come altri compilano edizioni critiche e testi filologici. Il Tasso lo sapeva; infatti scriveva poesia solo quando non poteva evitarlo, anche se era incalzato quasi di continuo dal demone, specialmente prima di sant'Anna. E lo sapeva il Foscolo, che di poesie ne scrisse pochissime, ma tali che ne sarebbero bastate un paio per immortalarlo; e quando abbandonò totalmente il verso, durante gli anni prima fuggiaschi, eppoi pressoché immobili, si diede alla critica, che il poeta può far meglio di qualsiasi altro, perché sa che cos'è veramente la poesia, anche se non può più farne. L'opposto sembra sia accaduto al vecchio Montale, il quale negli ultimi anni si dev'esser dimenticati i grandi libri della maturità, per accumulare diari infarciti di quelli che non si possono definire altro che fondi di cassetto.

hymn to light after he had become totally blind.

What should we say about salaried poets, the routine writers of sweet sounding jingles? Normally, those who pay, wish to become the subjects of such laudatory works. And the results are generally pretty grim. One might point out here that Virgil and Horace were salaried too, as were courtly poets from the sixteenth century on. But as far as we know, they were never henpecked by deadlines: indeed, they were free to invent and put down on paper what they couldn't let die within themselves. The only notable exception I can think of is the *Carmen saeculare*, completed by Horace because Augustus had commissioned it.

*

Some time ago, long before I came across Byron's letter to Thomas Moore, I happened to write that poetry, never the result of mere volition, is above all the product of unavoidable necessity.[12] Not only does it become impossible if imposed from without, it is equally impossible if imposed from within, I mean, compulsively— eight hours a day, for instance, as some people do when writing novels or preparing critical editions and philological texts. Tasso knew this well, for he wrote poetry only when he couldn't help it— though, we must admit, under ever increasing pressure from a personal demon, especially prior to his confinement at the Sant'Anna Asylum. Foscolo knew it too; he wrote few poems, but such that only one or two would have sufficed to assure his immortality; and when he eventually abandoned poetry—forced as he was to flee across foreign lands until practically worn-out—he devoted himself to criticism, something a poet can do better than anyone else, for he knows what poetry is, even though he can no longer produce his own. The opposite seems to have happened to Montale during his final years: apparently immune by then to the great books of his own maturity, he assembled diaries stuffed with verses that can only be defined as remnants of old notes.

Quando quella forza inarrestabile l'ha finalmente obbligato a depositare sulla carta la poesia che *doveva* scrivere, il poeta ci ha messo tanto di se stesso che rimane come svuotato—e convinto che non solo non vorrà, ma non avrà più nemmeno bisogno di scrivere. Naturalmente se si tratta di vera poesia. Raggiungere questi momenti è sempre una grande fortuna. La maggior parte delle poesie o non si vedono complete o si tirano dietro uno strascico vano, intessuto di quell'assenza della parola definitiva che ha costretto il poeta a girovagare tra versi e strofe mentre sperava d'afferrare una sostanza sempre sfuggente.

È stato detto che una sola poesia perfetta basta a creare un grande poeta. Chi però ci riesce non se n'accorge. Infatti a volte i grandi poeti sono assaliti dalla convinzione di non aver mai scritto nulla di buono. John Keats, che pure lasciò parecchi capolavori, morì convinto d'essere un fallito. Più spesso avviene il contrario: si sa, i mediocri han sempre una gran fiducia in se stessi. Moltissimi, profondamente persuasi d'aver creato capolavori, non si son mai accorti d'essere invece naufragati in un mare di chiacchiere vacue ammantate di sillabe incomprensibili; come avviene spesso oggigiorno che il culto della vacuità ha trovato chierichetti e gerofanti nelle sale e nei caffè. Non sono mai stati assaliti da quella byroniana ora di passione, che costringe a scrivere solo in una certa maniera: ho detto un'ora, ma è tale che può risorgere e ripetersi a distanza di giorni o di anni, come i terremoti o le cosiddette scosse d'assestamento.

*

Gabriello Chiabrera ci dice nella *Vita sua* che "seguitava Colombo suo cittadino; ch'egli voleva trovar nuovo mondo, o affogare". Chiabrera era di Savona, dov'era vissuto il padre di Colombo prima d'andare a mercatar la lana a Genova. E da Savona

*

When that relentless power finally forces him to set down on paper what he *must* write, the poet has already put into it so much of himself that he is left totally drained; and as a result, he actually believes not only that he will never again want to, but not even feel the need to write. Only, of course, if he has written true poetry. Such moments must be regarded as rare privileges. Most poems, however, never even come to fruition; while others tow a trail of vacuousness prompted by the absence of that definitive, expressive firmness the poet somehow lost while wandering among his verses and stanzas.

It has been said that only one perfect poem is enough to make a poet great. But those who can reach that point are not even aware of it. Great poets, in fact, are sometimes seized by the conviction of not having produced anything first-rate. John Keats, who had penned not a few masterpieces, went to his grave thinking he was a failure. More often than not, though, the opposite is true: mediocre writers never lack confidence in their own work. And since they are convinced of having created masterpieces, they never realize they have already drowned in a sea of idle talk shrouded in meaningless syllables—a phenomenon especially prevalent nowadays, when the cult of emptiness has found altar boys and gurus in both the classrooms and in the cafés. No, they have never experienced an hour, not even a moment of pure Byronian passion! The kind that can return again and again, after days or even years, like an earthquake or its so-called aftershocks.

*

Gabriello Chiabrera tells us in his *Vita sua* that he is "following Columbus, his fellow citizen, who would either discover a new world or drown." Chiabrera was from Savona, where Columbus' father had lived before establishing his wool trade in Genoa. And

vedeva tutti i giorni qualche barca di pescatori, vecchia e consunta. Dev'esser per questo che nelle poesie parla di mare e perfino delle "galee toscane", che si lanciano contro le maomettane. Ne parla però con un tono un po' criptico, spinto dalla volontà di ricreare misure liriche antiche, quelle che rappresentavano il "nuovo mondo". A volte il criptico si chiarifica, diventando ancora più criptico, come in questi versi:

> E cadde fulminata empia Babelle
> allor che più vicin mirò le stelle.

Il tono, solennissimo, sembra quello d'un trombone illuso d'esser lo strumento più raffinato, magari un violino, o addirittura un'arpa. Il secondo verso vorrebbe giustificare il primo, e invece quella torre che spalanca gli occhi per veder meglio le stelle lascia totalmente indifferenti; se ha un pregio è quello d'un umorismo del quale il Chiabrera non era affatto conscio. Non so poi dove avesse letto che Colombo fosse pronto ad affogare.

Quest'esempio—e tutte le letterature ne son piene—dimostra che la poesia non ha proprio nulla a che fare con gli eventi storici o con gli obblighi, non importa di dove vengano. Nasce, ripeto, da una necessità inderogabile, ed è per questo che va considerata un dono rarissimo.

*

PRIMO TESTAMENTO

> Ho già bruciato quasi tutto. Ormai
> rimangono sparuti frammenti d'una vita
> senza bagliori e quasi senza sfoghi.
> Solo qualche angoscia ogni tanto, quando
> s'è protesa la nemica intransigente
> per scaraventarmi giù dentro un suo fondo

in Savona, Gabriello must have seen the rickety old boats of the local fishermen. This is probably why he often mentions the sea in his poems, even "Tuscan galleys" in hot pursuit of Mohammedan vessels. His tone, however, is somewhat cryptic, anxious as he is to revive those ancient lyrical forms which, supposedly, could reveal the "new world." Occasionally there are passages where the cryptic becomes less obscure, and consequently still more cryptic, as in the following lines:

> And struck by lightening, evil Babel fell
> just when more closely it could see the stars.

The solemn tone may remind us of a tuba thinking of itself as an exquisitely lovely instrument, a violin or perhaps even a harp. The second line is intended to justify the first, but that tower, with its eyes bulging wide to view the stars more closely, leaves us cold; its merit lies perhaps in its humor, of which Chiabrera clearly was unaware. And besides, I can't imagine where he might have read that Columbus was ready to drown.

This example—and all literatures are replete with similar ones—shows that poetry has absolutely nothing to do with historical events or allegiances, no matter what their origins. Poetry is born—it bears repeating—of unavoidable necessity; this is why it must be regarded an extremely rare gift.

*

MY FIRST LAST WILL

> I burned almost everything. By now
> only meager fragments remain of a life
> with no flares and almost no rejections.
> A few pains at times, when the intransigent
> enemy reared up ready to hurl me into

verminoso; ma son rimasto in piedi.
Ora i frammenti se ne vanno foglie
di sibilla al vento. Se qualcuno le afferra
si sfaldano in minimi detriti con ognuno
non più d'una lettera di quell'antico
alfabeto che non dice. Si bruciano
da sé contro una polvere senz'acqua.
Non c'è più nulla da ricuperare.

her own verminous pit; but I stood my ground.
Now my fragments are Sybil's leaves
flying in the wind. If you can grasp them
they crumble into pieces of debris, each
no more than one letter of that ancient alphabet
now mute. They burn alone
against the driest of all dusts. And today
there is nothing more to be recovered.

UN PIEDE DI TERRA

Il "dandelion" par sia un'erbaccia dalle foglie lunghe e dentate. In certe zone del Sud statunitense ne adoperano le radici per convertire in bene quel che altrimenti sarebbe male. E ne mangiano i fiori gialli e le foglie—anche i talli, come da noi si fa col ramolaccio, che, leggo, ha "radici grosse, e polpa croccante, saporosa e piccante" (nella mia lenta memoria il "croccante" è un dolce di mandorle e zucchero, che si compra sui banchetti alle fiere; e non gli si fa far rima con "piccante"). Ne mettono pezzi di barbe anche nello whiskey domestico, che chiamano *bourbon*, un nome che vuol dir "borbonico" solo indirettamente, perché è quello della Bourbon County del Kentucky, dove si crede nascesse, e dove certamente si produce in gran quantità. E così, fra le barbe del "dandelion", lo whiskey diventa davvero gustoso.

Sono andato a cercare quest'erbaccia nei dizionari. Il Sansoni per "dandelion" mi dà "dente di leone", che mi sembra giusto, anche se purtroppo questo dente d'un vecchio re della foresta non m'è mai capitato in mano. Per cui mi sono rivolto al solito Devoto-Oli, ed ho scoperto che è una "bugìa", un "lumino a olio portatile, con un solo beccuccio"; e dire che io mi ricordo solo delle bugìe a candela! Ma accanto c'è "dente di cane", definito: "altro nome per la cinoglossa"; sotto "cinoglossa" leggo: "pianta erbacea delle Borraginacee (*Cynoglossum officinale*), usata nella medicina popolare". Non posso fare a meno di domandarmi: ma è un dente di leone o un dente di cane, ossia un dente canino, di quelli che sono anche in bocca alla gente? Ricorro al dizionario inglese e m'imbatto nello scientifico *genus Taraxacum*. L'unica definizione che cercavo è nello Zingarelli—il vecchio medievalista e dantista, che si mise a fare un vocabolario forse per

A FOOT OF LAND

Dandelion is a sort of weed with long serrated leaves. People in certain areas of the southern United States use its roots to change evil into good. And they eat its yellow flowers and its leaves—the shoots as well, much as we in Italy enjoy wild radishes, which, I have read, are plants with "thick roots and crackling pulp, savory and pungent" (but in my tardy old memory, "crackling" is a sweet almond-brittle usually sold at stands in country fairs, and would never be linked with "pungent"). The Americans also utilize dandelion roots in the whiskey they call "bourbon," a name that refers only indirectly to the famous French family, but derives, in fact, from Bourbon County, Kentucky, where the drink is believed to have originated and where, today, it is abundantly produced. And so, with dandelion roots, the whiskey is tasty indeed.

I have researched this weed in various dictionaries. Sansoni, under "dandelion," gives "lion's tooth"; which to me seems correct, though unfortunately no tooth of an old king of beasts has ever fallen into my hands. Devoto-Oli, perhaps the most widely used of Italian dictionaries, defines it as a small oil lamp, with a single burner, normally carried about at night: sorry, but I can remember only those with a single candle. Next to this, however, Devoto-Oli has "dog's tooth, another name for *cinoglossa*"; and under *cinoglossa* we read: "A plant of the family *Boraginaceae* (*Cynoglossum officinale*), used in popular medicinal practices." After all this, I can't help asking: is it the tooth of a lion or the tooth of a dog, or perhaps a canine as found in the human mouth? An American dictionary offers the scientific name, *genus Taraxacum*. But the definition I really needed was available only in Nicola Zingarelli—the Medievalist and Dante scholar who had compiled

impadronirsi meglio dell'italiano, un po' come un Tommaseo a passo ridotto: "pianta delle composite, con le foglie uncinate e fiori gialli a capolino: si mangiano i getti primaverili in insalata (*taraxacum officinale*)". Ecco: taraxacum, superstizioni popolari, medicina, talli di ramolaccio. E la bugìa? E il dente canino? Metti quattro o cinque dizionari insieme e il marasma babilonico t'assedia subito la testa. Meglio lasciare che il "dandelion" gorgogli e fermenti nello whiskey "borbonico" del Kentucky e del Tennessee.

*

Quante volte s'è sentito discorrere d'"un palmo di terra", tanto per iperbolizzare le dimensioni lilliputziane d'un campo. Nessuno ha mai detto: "un piede di terra", almeno finora; forse perché si tende a buttar giù la mano aperta. Deve ripugnare far ricorso alle piante dei piedi, basse come sono. Si sa, nelle zone mediterranee non si può ricorrere al basso quando c'è l'alto.

Un signore di New York, invitato a diventar socio degli Squires del Tennessee, che non è piccolo onore, sette o ott'anni fa comprò un pezzo di terra in un paese dove fanno il celebre whiskey *Jack Daniel's*, senz'averlo mai visto. Un giorno, trovandosi a Nashville per affari, decise di noleggiare una macchina e andare a far visita a quella sua ormai vecchia proprietà. C'erano 100 km; per cui si poté goder tutto il verde della campagna, con qualche dandelion fiorito sulla terra rossa.

Giunto in paese, si recò, come doveva, alla sede della associazione degli Squires, che consiste di potenti tracannatori di *Jack Daniel's*; si presentò e si fece dare una piantina col numero ufficiale della sua terra. A forza di domandare, arrivò a una grande capanna, che poi gli si rivelò distilleria, dove conobbe il manager, un uomo anziano dal nome allettante e persuasivo di Brashears. Il quale gli raccontò subito la propria storia. Era venuto

his dictionary in an effort to completely master Italian (more or less like Tommaseo but on a smaller scale): "a plant of the family *Compositae* with sharply indented leaves and yellow flower heads; its spring shoots are eaten as salad (*Taraxacum officinale*)." That's it: *taraxacum*, popular superstitions, medicinal use, shoots of wild radishes. But what about the oil lamp? And the canine tooth? Try putting four or five dictionaries together and your brain will be assailed by a Babel of contradictory claims! Much better to let dandelion alone, gurgling and fermenting in the "bourbon" whiskey of Kentucky and Tennessee.

*

In Europe one often hears the expression, "a span of land," to hyperbolize, I suppose, the Lilliputian dimensions of a given area. No one has ever thought of saying, "a foot of land," probably because, in ordinary conversation, Europeans tend to extend the open hand. Besides, references to feet must seem repulsive—low to the ground as these usually are. In Mediterranean countries no one even considers what is low when something high is available.

Now it happened that a gentleman from New York was invited to join the Tennessee Squires Association—which is no small honor. As a result, some seven or eight years ago he bought, sight unseen, a piece of land in the area where they make the famous *Jack Daniel's* whiskey. One day, while in Nashville on business, he decided to rent a car to go see that old property of his. It was approximately a sixty mile trip—plenty of time to enjoy the verdant countryside and the occasional dandelions blooming in the red soil.

When he got to town, he headed, naturally, for the Tennessee Squires Association, which is made up of serious drinkers of *Jack Daniel's*; he introduced himself and asked for a map showing the location and exact number of his property. Then, after stopping along the way to ask for directions, he finally found an enormous shed, which turned out to be a distillery and where he met the

lì da esperto di pubblicità, e invece era stato subito incaricato del marketing, cosa che l'aveva lasciato interdetto: per lui "marketing" significava andare al piccolo supermercato di paese per latte, insalata, patate, e magari whiskey. Qui voleva dir vendere, organizzare la distribuzione e le vendite del *Jack Daniel's*. Dopo un po' capì, e accettò.

Sapeva tutta la storia del *Jack Daniel's*. La distilleria era stata fondata da un certo Jasper Newton Daniel vari anni dopo la guerra civile, quando Jasper, detto Jack, era sedicenne, e battezzata, misteriosamente, No. 7. Mancavano tutti gli altri numeri. Era basso, poco più d'un metro e cinquanta, e diceva: "Ho la testa vicinissima alla terra"; forse è per questo che era partito dal 7, anziché dall'uno; credeva gli tornasse meglio il conto. Poi aveva lasciato tutto, anche la terra, a un nipote, che aveva avuto la sua parte di sfortuna: prima la zona fu dichiarata *dry*, poi il Proibizionismo fu esteso a tutta la nazione; quando fu eliminato, venne la Depressione. Si sa cosa succede in simili frangenti a uno che distilla whiskey, non importa quanto sia buono e quante barbe di dandelion ci si mettan dentro. S'arricchì da vecchio, con la seconda guerra mondiale, quando il *Jack Daniel's* veniva spedito a vagoni alle mense degli ufficiali delle zone occupate; ma morì quasi subito dopo. Il che mi fa pensare a quel che un'indovina vaticinò a una signora di mia conoscenza: "Morirai ricca"; quasi che i morti avessero bisogno di denaro. Ma al nipote di Jasper-Jack andò proprio così.

Brashears aggiunse che fa anche il degustatore del *Jack* (ormai lì nessuno adopera più il cognome). Disse che i degustatori non giudicano il sapore, ma l'uniformità del prodotto. E non devono né mangiare né fumare almeno dalla sera prima. E allora il *Jack* gli pareva scipito, assolutamente inutile. Una volta confessò questo suo problema a un altro professionista del palato, il quale gli domandò:

"Ma a casa, prima di bere, mangi e fumi?"

"Eccome!" rispose Brashears.

manager, an elderly fellow by the intriguing name of Brashears, who wasted no time recounting his personal history. Originally hired as director of public relations, he had quickly been promoted to marketing manager, which caused him considerable uneasiness: to him, "marketing" meant no more than going to the general store to buy milk, lettuce, potatoes, and maybe whiskey. Here, instead, it meant to sell, to supervise the entire distribution and sales of *Jack Daniel's*. After giving it some thought, he understood and accepted.

Brashears knew the whole history of *Jack Daniel's*. The distillery had been founded by one Jasper Newton Daniel several years after the end of the Civil War, when Jasper, called Jack, was only sixteen; and it had been baptized, somewhat mysteriously, "No. 7." Just this number. Jasper was short, barely five feet, and he used to say: "My head is close to the ground." Maybe this is why he had started with 7, instead of with no. 1: he believed the count would turn out better! Then, he had willed everything, even his land, to a nephew, who would also inherit a share of misfortunes: first the area was declared dry; then came Prohibition; and when it was finally lifted, the Great Depression hit. Everybody knows what happens in such cases to someone whose business is whiskey—no matter how good or how many dandelion roots it may contain. He made a fortune in his old age, with W.W.II, when *Jack Daniel's* was shipped in huge quantities to Army and Air Force officers in occupied zones; but he died soon after. Which reminds me of a soothsayer's words to a lady of my acquaintance: "You'll die rich!"—as if the dead needed money. But that's what really happened to Jasper-Jack's nephew.

Brashears added that he was also a *Jack* taster (to him the surname was by now superfluous). He said that tasters didn't judge the taste, but the evenness of the product, and that, when tasting, they could neither eat nor smoke from at least the previous evening. In which case the *Jack* was awful, totally flat. One time he confessed this particular problem of his to another expert of the

"E allora mangia e fuma", disse precipite l'esperto.

Brashears accese subito una sigaretta, e il *Jack* fu tutt'altra cosa. Un sapore incomparabile.

A questo punto il newyorkese credette d'aver sentito parlare abbastanza di *Jack Daniel's*, anche se Brashears non gli aveva raccontato il processo di distillazione, dandelions compresi. Tirò fuori la piantina con l'indicazione del numero e disse che voleva vedere quel suo pezzo di terra. Salirono su un vecchio camion e andarono in un posto dove c'erano altre distillerie—dalle finestre piccolissime e munite di sbarre: "perché non scappino i barili", commentò Brashears. Il quale infine gli mostrò un campo.

Ci andarono a piedi. Sotto una quercia Brashears disse:

"Ecco: il suo pezzo di terra è qui", e additò verso le scarpe. Il newyorkese abbassò gli occhi. Era proprietario di esattamente un piede quadrato.

Ora poteva ritornarsene alla metropoli.

*

In America molte mattonelle, di linoleum o di terracotta, sono un piede quadrato. Come quelle che ci ho io in cucina e nel tinello. Mi son messo ritto su una di esse, per vedere se mi c'entravano i piedi. Sì, c'entravano. Solo che bisognava tenerli fermi, e rimaner lì come statue. Lo deve aver capito anche il newyorkese. Infatti ripartì subito. Ed era tranquillo. Ritornando a Nashville, s'accorse di costeggiare uno di quei fiumi che passan la vita a cambiar letto, non come l'inferma di Dante o quell'ometto del Leopardi, che si contentano di rigirarsi; ma come quello del Manzoni, che non fa altro che cambiare e si ritrova sempre nello stesso posto. A lui queste cose non venivano in mente. Pensò però che forse, se fosse ritornato fra un paio d'anni, la strada sarebbe stata dov'ora c'era l'acqua e viceversa. Ma vicino c'erano i dandelion, fiori gialli sulla terra rossa. Un piede quadrato era

palate, who asked:

"But at home, before drinking, do you eat and smoke?"

"And how!" answered Brashears.

"Then eat and smoke," promptly replied the expert.

Brashears lit a cigarette at once, and the *Jack* was something else: incomparably tasty.

At that point the gentleman from New York figured he had heard enough, even though Brashears hadn't yet described the *Jack Daniel's* distillation process, nor the role of dandelions. He pulled out his little map with the number on it and said he wanted to see that piece of land of his. They climbed into an old truck and drove to a place where there were other distilleries, all sporting small windows protected by gratings, "so the barrels don't fly out," explained Brashears, who finally pointed to a field.

They walked there. Under an oak tree Brashears said:

"Here: your piece of land is right here," as he turned his forefinger down toward his shoes. The gentleman from New York lowered his eyes. He was the owner of exactly a square foot of land. Now he could go back to his metropolis.

*

In America most floor tiles, whether linoleum or terra-cotta, are a square foot in size. Like the ones I have in my kitchen and in the breakfast nook. I went and stood on one, just to see if both my feet would fit: they did. The only problem was that I had to stand there motionless, like a statue. The gentleman from New York must have felt the same way. In fact, he left immediately. On his way back to Nashville, he noticed he was following one of those rivers that spend their lives changing beds, not like Dante's sick woman or Leopardi's fidgety little man, who merely toss and turn, but like Manzoni's man, who spends the entire night changing beds only to find himself always in the same uncomfortable predicament.[13] Although our man couldn't think of such fine examples, he figured

suo; poteva andare a visitarlo e starci ritto quando voleva. Si mise a cantare colle mani al volante, mentre il piede regolava l'acceleratore.

that if he came back in a couple of years the road might be where the water was now, and vice versa. Along the riverbank he saw dandelions, yellow flowers on red soil. A square foot belonged to him; he could go and stand on it any time he wished. And with his hands on the steering wheel and his foot on the gas, he began to sing.

IL TELEFONO

Il telefono m'ha sempre toccato una corda profonda. Già da bambino, non era tanto prendere in mano lo strumento nero e saggiarne il peso quanto staccare il ricevitore e ascoltar le parole che stavan lì da sempre, in un nido, aspettando d'uscirne. Se mi facevo un telefono di mio col filo di refe e la scatola di ceretta da scarpe, non era mai lo stesso. Le parole non c'erano; e se cercavo di mettercele, mi sgusciavan via per dissolversi nell'aria. Allora m'appoggiavo ai pali secchi e altissimi, con la faccia in su; fisso ai cavi. Per ore e ore con gli occhi dietro alle parole che ci scorrevan dentro per andarsi a raccogliere in qualche misterioso ordigno, in attesa che qualcuno sganciasse il ricevitore.

Quando cominciai a studiare il greco, scoprii che telefono era "voce lontana", e rimasi deluso. Perché non era davvero la voce che m'interessava. Di voci ce n'eran tante; alte e basse, chiare e cupe, dolci e aspre, bianche e nere. Ma le parole. Le parole raccolte nell'ordigno, una dietro l'altra, perle d'ogni dimensione. E non lontane, ma lì vicinissime. Bastava alzare il ricevitore nero. Forse, mi dissi, l'etimologia non ha un senso. O il telefono è stato inventato da un solitario che voleva solo la voce dolce e buona degli altri, e non le parole; perché nelle parole aveva scoperto anche l'intrigo e il tradimento, la cattiveria e la disperazione. Ma poi il suo strumento gli aveva giocato un brutto tiro: invece di suoni, invece di voci, gli aveva portato parole—di ogni genere—che dovevano averlo assediato e fatto impazzire. E dire che io volevo proprio le parole. E a una a una; non a filze, non a collane. Perché da sole, dopo esser state dentro il cavo nello spazio, eran più belle, più cariche. Alzavo il ricevitore: "Pronto!" Un grillo canterino s'era chiuso lì dentro, e mi salutava. Non rispondevo. Mi bastava

THE TELEPHONE

The telephone has always touched me deeply. As a child I was drawn to the black instrument, not just to hold it in my hands but to lift the receiver to my ear and listen for words long hidden in there—like in a nest—hoping they'd fly out. Sometimes I'd make a telephone of my own out of string and an empty tin can, but it was never the same thing. The words were missing; and if I tried to put them in, they would slip away and dissolve in the air. Later, I leaned against the tall dry telephone poles, my face turned upwards, staring at the cables: for hours I would follow the words in there, winding their way to a mysterious instrument, where they just waited for someone to lift the receiver.

When I began to study ancient Greek, I discovered that "telephone" meant "far away voice," and I was disappointed; for it wasn't the voice (high, low, clear, dark, sweet or harsh, soprano or baritone) that I was after, but the words. That's what really counted: words inside the instrument, one after the other, pearls of all different sizes; and not far away, but there—right there. All one needed was to lift the black receiver. Probably, I told myself, etymology was useless. Or maybe the telephone was invented by a lonely man who sought only the sweet gentle voices of others, not their words; because in words he had discovered intrigue and betrayal, malice and despair. But then his own invention had played a nasty trick on him: instead of sounds, instead of voices, it had brought him words—of all kinds—which must have besieged him and driven him mad. And yet words were all I wanted; one at a time—not in strings, not in series. One by one, after traveling inside a cable up in the air, they were more beautiful. I lifted the receiver: "Ciaody!" A cricket had found his way in there and

assaporare le più sottili vibrazioni di quel "Pronto!"

Quando non ero più un bambino e m'era accaduto di viaggiare da un palazzo all'altro, da una città all'altra, da una nazione all'altra, non vedevo che gente al telefono. Avevano anche inventato una specie di ricevitore doppio, mezzo incollato a un orecchio e l'altro mezzo davanti alle labbra; a volte attaccato a una striscia di metallo che si reggeva alla testa come una cuffia, a volte sporgente da un piccolo treppiede piantato in una spalla. Cosicché non c'era bisogno di reggerlo.

Se penso al mio passato, lo vedo pieno d'umanità al telefono. Uomini e donne fioriti di parole sospese fra lunghe pause di silenzio, contro un muro o contro la lamiera d'uno sgabuzzino; di là da una vetrata accanto a una scrivania, nella carlinga d'un aeroplano o al volante d'un'automobile. Parlavano e parlavano; da sé. Ogni tanto mi succedeva di sentir quel che dicevano: mezze frasi, domande senza risposta, risposte a chi sa quale domanda. C'era anche il caso che il parlante improvvisamente cominciasse a sghignazzar per conto suo, o uscisse in una serie di sussurri flautati conditi di sorrisi.

È il mondo in cui vivo ancora; un mondo di gente che ride e che piange di là dalle vetrate, che muove serissima le labbra, senza che non ci sia mai un interlocutore. So che tutti cercano parole, dimentichi del nido del grillo canterino, e si contentano della risata solitaria o del sussurro di colomba.

*

Un giorno capitai nella stanza, piccolissima, d'un vecchio compagno di scuola. Né sedie, né scrivanie, né letto; ma scaffali e scaffali dovunque, finanche sull'arcata della porta e sul lavandino. E dovunque telefoni; nelle scansie, sul davanzale, sui panchetti bassi del pavimento, e anche in terra: bianchi, rossi, gialli, grigi, turchini. Non sapevo dove mettere i piedi. Invece lui saltellava fra un telefono e l'altro come un capriolo. Finalmente mi scappò

chirped his greeting. I did not answer. It was enough to savor the crisp vibrations of his cheerful "Ciaody!"

When I was no longer a child and had traveled from one building to another, one city to another, one country to another, I kept seeing people on the telephone. By then, they had invented a sort of double receiver, one end glued to an ear and the other in front of the speaker's lips; sometimes it was made into a headset with a metal band across the top, or attached to a wedge that rested on the shoulder, so there was no need to hold it in one's hands.

If I think of my past, I see a trail of humanity on the telephone: men and women framed in words suspended between long pauses—faces often turned to a wall or against the steel of a booth, sometimes behind a glass partition near a desk, in the cockpit of an airplane, or even at the wheel of a car. They talked and talked, all by themselves. Every now and then I would catch snatches of what they said: half-sentences, questions without answers, answers to who knows what. Suddenly the speaker might burst out laughing all by himself, or emit a series of fluted murmurings punctuated with smiles.

This is the world in which I still find myself, a world of people who laugh and cry only on the other side of a glass partition, who move their lips ever so seriously, but never in the presence of an interlocutor. Apparently everyone needs words, but they can't remember that nest of chirping crickets; so they make do with their solitary outbursts of laughter and occasional dove-like murmurings.

*

One day I found myself in the tiny room of an old school friend. There were no chairs, no desks, and no bed. Only bookcases, everywhere, even in the transom above the door and on the sink. And they were full of telephones: on shelves, on the windowsill, on scattered footstools, all over the floor—white, red, yellow, gray, blue. I didn't even know where to put my feet, but

detto:

"Accidenti, quanti telefoni!"

"Eh, sì", rispose. "Solamente telefoni".

"Ma perché tanti?"

"C'è chi ha libri", disse, "chi ha dischi, chi va al bar, al cinema, alle corse dei cavalli... Io mi contento di telefoni".

"Ma a che servono?"

"A parlare, a parlare".

"Devi parlar tanto", osservai: "ci devi aver tanti affari".

"No", disse.

Insistei:

"Devi aver tanti amici e parenti".

"No; anzi. Non ho nessuno".

"Ma allora con chi parli?"

"Con nessuno... Con tutti".

"Come?" Ero sbalordito.

"Con chiunque. Parlano loro".

"Non capisco", dissi. "Se non hai nessuno, chi ti telefona?"

"Tutti. Son riuscito a collegarmi ai fili del centralino. Però solo per le interurbane".

Squillò un telefono. Poi un altro. Poi tre insieme. Poi tutt'un gruppo. Lui rimase imperturbato. In quella gazzarra, ebbi difficoltà a dire:

"Non rispondi?"

"Non ce n'è bisogno. Sono attaccati a un registratore. Stasera rigiro il nastro e me li sento tutta la notte".

"E te li godi, quei discorsi? Mezzi da una parte e mezzi dall'altra, e certamente insensati?"

Mi ricordai di quel postino che non riceveva mai lettere e passava la notte a leggere quelle degli altri prima di distribuirle. Quando il giudice le vide, non riuscì a capir come ci si potesse interessare a simili scempiaggini.

"Insensati?" disse l'amico. "No, no. Son bellissimi. L'altra sera, due facevano all'amore al telefono; solo parole e pause. Una

my friend moved freely among the telephones—just like a fawn. Finally, I blurted:

"Wow, how many telephones!"

"Oh, yes!" he answered. "Nothing but telephones."

"But why so many?"

"Some people have books," he said, "others have records; some go to bars, others to the movies, or to the racetrack... I'm happy with my telephones, nothing else."

"But what are they for?"

"To talk, just to talk."

"You must talk an awful lot," I observed; "business must be terrific!"

"No," he said.

I persisted:

"You must have lots of friends, many relatives."

"No, on the contrary. I have no one."

"But then, with whom do you talk?"

"With nobody... With everybody."

"What?" I was dumbfounded.

"With anybody. *They* do the talking."

"I don't understand," I said. "If you don't have anyone, who calls you?"

"Everybody. I've managed to hook myself up to the main switchboard. But only for long-distance calls."

A telephone rang. Then another. Then three together, followed by a whole bunch. With all that racket, I had to yell:

"But aren't you going to answer!"

"There's no need. All calls are being recorded. Tonight I'll rewind the tapes and listen for hours."

"How can you stand that kind of gibberish? Half from one side, half from the other, and totally senseless!"

I was reminded of a certain postman who never received any mail; and so he spent his nights reading other people's letters, which he delivered the next day. When a judge finally saw them,

cosa dolcissima. Eppure non s'eran mai visti di persona. Tu li avessi sentiti!"

"Han continuato?"

"No. Credo si siano lasciati. Ora andran cercando le parole di qualcun altro".

Nonostante tutte le spiegazioni, e a dispetto di quel poco di curiosità che m'aveva svegliata dentro, non lo capivo. Siccome cominciava a far buio, lo salutai. Avevo la testa piena di telefoni e di gente che l'amico ascoltava tutta la notte.

In quel tempo avevo cominciato a frequentare le città di uomini e di donne che parlavano da sé. Ricordo una vecchia zia, in un appartamento lussuoso d'un vasto palazzo. L'andavo a trovare ogni tanto per dovere di parente stretto. Un giorno, dopo aver suonato il campanello cinque o sei volte, spinsi la porta che, curiosamente, era accallata. La zia se ne stava seduta nel corridoio, il ricevitore incollato all'orecchio sinistro, e parlava contro il muro; la voce imbottita di sorrisi flautati. Dopo mezz'ora, me n'andai in punta di piedi.

Non rividi quel vecchio compagno di scuola telefonico per anni. Le tante occupazioni ed esperienze cui mi legava il tempo me l'avevan fatto dimenticare. Quando incontrai per caso in un caffè un comune conoscente che si mise a parlare all'improvviso, in un tono sdrucciolevole e monocorde, come ci avesse un disco nella gola.

"Saranno dieci anni che ha comprato 75 ettari d'erba e di bosco fra le montagne e il deserto, con uno stagno melmoso, dove andavano a bere animali di tutte le razze—cervi, procioni, marmotte, conigli selvatici e, non ci crederesti, puma e serpenti a sonagli, che si raggomitolavan tra i giunchi aspettando che passasse un topo o uno scoiattolo. Il bosco traboccava di civette e di gufi; di notte c'era un'orchestra di contrabbassi. Nel mezzo alla distesa erbosa, ci fece una capanna, una specie d'alloggio provvisorio, dove portò tutti i suoi vecchi telefoni. Cominciò a costruire uno steccato intorno ai 75 ettari, con pali di due o tre metri attaccati

he couldn't understand why anyone would want to read such rubbish.

"Senseless?" queried my friend. "No, no. It's great stuff. The other night, two people were making love over the telephone: only words and pauses. Incredibly sweet. And yet, they had never seen each other face to face. You should have heard them!"

"But did the relationship grow?"

"No. I think they split up. Now they must be looking for someone else's words."

For all his explanations, and despite any curiosity I might have felt, I just couldn't understand him. And since it was getting dark, I said good-bye—my head full of the telephones and voices that would fill my friend's night.

In those days, I had already begun spending time in cities where men and women talked all by themselves. I remember an old aunt of mine, who lived in a luxury apartment in a huge complex. Every now and then I'd pay her a visit, as any close relative should. One afternoon, after ringing the bell five or six times, I pushed the door open, which, oddly enough, was already ajar. My aunt was seated in the foyer, with the receiver glued to her left ear, talking to the wall; her voice was padded with velvet smiles. After half an hour, I tiptoed out.

Years had passed since I last saw my telephone friend. I was so busy with my own commitments and responsibilities that I had all but forgotten him. Until one day, in a coffee shop, I happened to meet a mutual acquaintance of ours, who immediately began talking in a slick monotone, as if he had a record in his throat. And this is what he said:

"Some ten years ago he bought 160 acres of grassland and forest between the mountains and the desert, with a muddy pond in the middle, where animals of all kinds went to drink: deer, raccoons, woodchucks, wild rabbits and—would you believe?—mountain lions and even rattlesnakes, all curled up among the bulrushes, waiting for a rat or a squirrel. The forest was full of

insieme, come quelli che usavan per le mura del Far West americano, con l'unica differenza che erano verticali anziché orizzontali. Circondò la proprietà, mettendo in crisi gli animali, che quando volevano ruzzare sull'erba andavan sempre a sbatter la testa contro i pali. In un paio d'anni era completo. Gli animali erano ormai scappati tutti, tranne i gufi, che invece di starsene la notte dentro il bosco, si sedevan sullo steccato, e invece di ritrovarsi nella loro orchestra, si lamentavano ferocemente sino all'alba; e tranne i serpenti a sonagli, che facevan quel loro speciale acciottolio da telefoni guasti. Poi issò i vecchi telefoni in cima allo steccato, uno ogni tre metri. Quando squillavano insieme, era uno spavento generale; anche per l'erba, anche per l'aria. Nemmeno i serpenti a sonagli poteron resistere. Nessuno li vide più, e nessuno vide più le altre razze d'animali per miglia e miglia—nemmeno i gufi, nemmeno i procioni e le marmotte, che avevan trovato un po' di pace fra lontanissimi cespugli.

"Intanto si fece costruire una casa al limite del bosco: semplice; una sola stanza, spaziosissima, circondata da bugigattoli. Ti ricordi quel camion di prima che si mettesse coi telefoni? L'aveva comprato per trasportar roba, non tanto sua, ma degli altri; andava di casa in casa a chieder se c'era bisogno di consegnar qualcosa, di ricever qualcos'altro, ché lui ci aveva il camion. Macché; nulla; nessuno aveva bisogno di nulla. E allora era finito coi telefoni. Il camion era ancora lì; un po' rugginoso e scricchiolante, ma funzionava. Andò in città, ritornò con una catasta di lastre di latta, e la scaricò davanti alla casa-capanna. Almeno dieci viaggi. Poi si chiuse dentro e non lo vide più nessuno.

"Dopo seppi perché. Ero stato mandato a ispezionare le linee telefoniche che, guarda caso, passavan proprio dalla casa-capanna per brancolare verso lo steccato. Lui stava lavorando la latta. A prima vista credetti che facesse armature medievali; ma subito le riconobbi per statue: stavan ritte da sé, e ci avevan le mani e la faccia—che nelle armature medievali non avevo mai vista. Gli domandai perché s'era messo a costruir gente di latta. Rispose che

owls of all kinds, and at night they turned into an orchestra of bull fiddles. In the middle of the grassy area he had built himself a shed, a sort of temporary shelter, where he brought all his old telephones. Then he began to build a fence around his 160 acres, with wooden posts almost ten feet tall—like the ones they used for log cabins in the Old West, except that these were vertical instead of horizontal. He encircled his property, creating a crisis for the animals, because when they wanted to romp on the grass, they ended up bumping their heads against the posts. In a couple of years, the whole fence was up. And by that time all the animals had fled: except the owls, who, rather than stay in the forest at night fraternizing in their orchestra, sat on the fence squawking fierce laments the whole night long; and except the snakes, who rattled their special rattle like broken-down telephones. Then he secured his old telephones to the top of his fence, one every ten feet. When they rang all together, everything was scared stiff, even the grass, even the air. Not even the rattlesnakes could stand it. No one ever saw them again, nor any of the other animals, for miles around—not the owls, not the raccoons, nor the woodchucks, who must have found a measure of peace among the faraway bushes.

"In the meantime he had a house built at the edge of the forest: a single mega-spacious room surrounded by cubbyholes. D'you remember that truck he owned before he got the telephones? He had bought it to haul things, not so much his own, but other people's stuff; and he would go from house to house asking if they needed anything moved, or delivered, because he, he had a truck! Nothing doing! Nobody ever needed a thing! And that's how he ended up with the telephones. The truck was still there—rusty and rickety—but it ran. So he drove to the city and returned with a load of tin sheets, and stacked them in front of his shed-house. Ten trips, at least. Then he locked himself in, and no one ever saw him again.

"Later on I found out why. I had been sent to inspect the telephone lines that, by coincidence, ran right through his shed-house and then out toward the fence. He was inside working with

non era gente, ma telefoni. Li preparava per tenerli lì, in quello stanzone, per compagnia. Ne voleva fare un centinaio. Statue parlanti; una specie di paese—non di quelli veri, di cui non si fidava più, ma di latta, che poi, a conti fatti, eran migliori dei veri. Le avrebbe riempite di fili invisibili, e le avrebbe fatte parlare in tutte le lingue, in tutte le maniere, con tutte le parti del corpo; magari insieme, in coro; e magari le avrebbe fatte conversare fra loro, a domande e risposte. Proprio in quel momento stava limando i diti dei piedi d'una statua. Disse: 'Vedi? questa è una donna giovane; la faccio più bella che posso; quand'ho finite le unghie, gliele tingo rosa. Devo farle ancora le braccia e i capelli. Le hai guardato il personale; e i seni? Vedrai quand'è completa! Non ho ancora deciso con che parte del corpo parlerà. Forse colle unghie dei piedi. Chi sa?' L'esaminai attentamente, e osservai le altre. Eran tutte stupende; ciascuna nel suo genere: un cavaliere, un re, una vecchia strega, una ballerina, un cacciatore, una fruttivendola, un poliziotto, una decina di telefoniste; e così via. M'avvicinai agli animali; un cervo, un leopardo, un serpente a sonagli, una marmotta, sei o sette civette, eccetera. Così scoprii anche quali dovevano esser stati gli animali della zona. Mi parve di trovarmi in un museo, con le statue in attesa della parola d'ordine per mettersi a camminare o per cominciare uno spettacolo. Dissi: 'Grazie! Bellissimo! Ritornerò quando son tutte in funzione!'— 'Sì', rispose, 't'aspetto. Allora parleranno tutte'. Non ci son più tornato. Ci penso sempre; a volte stento a vincer la curiosità. Ora saran tutte in funzione".

*

Io invece dovetti partir subito. Era il primo pomeriggio d'una giornata bellissima, col cielo e le montagne velate appena dalla foschia leggera del sole, e il mare che aveva perduto l'azzurro per farsi un grande specchio di luce. In poco più di ventiquattr'ore sarei arrivato.

the tin sheets. At first I thought he was making suits of medieval armor, but soon I saw statues: they stood on their own, and they had hands and faces—which in medieval armor I had never seen. When I asked him why he was making tin people, he said they weren't people at all, but telephones; and he was making them to keep them there, in that big room, just for company. He planned to make about a hundred—speaking statues. A kind of village, not a real one (he didn't trust that kind any more), but out of tin, which, all in all, was better than real. He was going to fill all his statues with invisible wires, and make them speak in different languages, in different ways, with different parts of their bodies; sometimes all together, like a chorus; or amongst themselves, with questions and answers. At that moment he was filing a statue's toes. 'See,' he said, 'this is a young woman; I am making her as beautiful as I can, and when I've finished with her toenails, I'll color them pink. I haven't yet made her arms or her hair. But did you see her figure? And those breasts? You'll see how beautiful when she's all finished! I have yet to decide with which part of her body she'll speak. Perhaps with her toenails. Who knows?' I examined the statue carefully, the others as well. All stupendous, each in its own way: a knight, a king, an old witch, a ballerina, a hunter, a fruit peddler, a policeman, about ten telephone operators, and so on. I approached the animals: a deer, a leopard, a rattlesnake, a woodchuck, six or seven owls, et cetera. And so I learned about the wildlife that had lived in the area. It was like being in a museum, with the statues awaiting their cues to start moving or to get on with the show. 'Thank you,' I said, 'it was wonderful! I'll be back when they're all in good working order!'—'Yes,' he replied, 'I'll be expecting you! By then they should all be talking.' I never went back; but I still think about it, and at times I can hardly keep my curiosity in check. By now they must all be in good working order."

*

Attraversai una vallata piena di case, finché cominciai a arrampicarmi sulle montagne nude del deserto. Fu all'inizio della salita che m'imbattei in un gran cartello: FINE DEL PAESAGGIO. Dapprima mi disorientò, perché anche le montagne nude eran paesaggio, almeno per me. Ma presto si rivelò esattissimo.

Mi trovai in una zona dove non si vedeva nulla, tranne la strada, quasi viaggiassi in un tubo teso al centro della terra. Non m'accorsi del passare del tempo, in preda a una serie di fantasticherie cariche di statue telefoniche e di suoni. Dovevo aver guidato parecchio, quand'apparve sulla destra un altro cartello: RITORNO DEL PAESAGGIO. Laggiù in fondo c'era un gran ciuffo di piante, forse i soliti pini senz'ombrello che si stirano in alto come frassini invecchiati. Dopo una mezz'ora vidi uno spiazzo secco e una gran capanna; corrispondeva più o meno alla descrizione del compagno di caffè.

Uscii dall'autostrada. Curioso; quella che da lontano m'era sembrata una pianura piuttosto facile era invece quanto mai disordinata e sassosa, inerpicata sotto le balestre scricchiolanti. Lasciai la vecchia macchina nera al cancello dello steccato. Notai delle sagome infisse sui pali; se eran telefoni, li avevano scoloriti le intemperie. Vicino alla capanna, il terreno s'abbassava in una vasta buca; doveva essere stato lo stagno. Ricordai la fuga dell'erba e degli animali.

Il vecchio compagno di scuola aprì e m'invitò dentro, senza una parola. Sospettai che gli fossero rimasti solo i gesti. E fui in un'enorme baracca popolata di gente di latta, che mandava bagliori intensissimi al solo contatto con la luce del giorno. Più distante, il reparto animali.

Se la gente era più o meno come l'aveva descritta il compagno di caffè, gli animali eran di gran lunga più imponenti; non soltanto il cervo, la marmotta, le civette, il leopardo, ma addirittura un rinoceronte e un elefante, con ai piedi un gran coccodrillo. Il mio ospite stava almanaccando colle pinzette nel petto d'una ragazza. Dopo un paio di minuti lo chiuse, esattamente come si chiude uno

I, instead, could wait no longer. It was early afternoon on a gorgeous day, the sky and mountains slightly veiled by the delicate haze of the sun, and the sea had tempered its blue into a vast mirror of light. In little more than twenty-four hours I could get there by car.

I crossed over a valley crowded with houses, and started up the naked mountains of the desert. No sooner had I begun climbing, when a large highway sign appeared: END OF LANDSCAPE. At first I was puzzled, because even the naked mountains were landscape, at least to me; but soon it proved to be entirely accurate.

I found myself in an area where I could see absolutely nothing, only the road, as if I were traveling through a corridor that stretched to the center of the earth. Time passed imperceptibly, as I fantasized telephone-statues and sounds. I must have driven quite a distance, when, on my right, another sign appeared: RETURN OF LANDSCAPE. Down below loomed a large stand of trees, perhaps the usual thin pines without umbrellas, reaching up like withered old ash trees. Another half hour and I saw a dry open space with a large shed, more or less like the one described by my coffee shop companion.

I exited the freeway. Strange: what from a distance had seemed rather an easy plain turned out to be rough and stony terrain, scraping clumsily under my squeaky springs. I parked my old black car at the gate. I noticed the outlines of some objects sitting on top of the fence posts; if those were telephones, they were discolored and badly weather-beaten. As I approached the shed, the terrain slumped into a big wide hole; it must have been the pond. And I remembered about the grass and the animals fleeing.

My old school friend opened the door and ushered me in, without a word. It occurred to me that all he had left by now were gestures. Soon I was in an enormous room filled with tin people that emitted intense flashes, caused by their contact with daylight. Behind them, in a separate section, was the animal department.

And if the people were more or less like those described by my

sportello, e venne verso di me.

"C'era un guasto", disse. "Ho dovuto fermarli tutti. Se uno non funziona, gli altri impazziscono. Ora l'ho riparata". Fui felice che non fosse diventato muto.

"Incredibile", dissi io. "Ma perché l'elefante, il rinoceronte e il coccodrillo?"

"Sono animali di questa zona. Quelli che m'interessano. Gli elefanti c'erano una decina di milioni d'anni fa. Ne ho rifatto uno... Anche i rinoceronti... I coccodrilli scapparon tutti verso il Sud... Funzionano benissimo da telefoni... Ma questo si rifiuta di parlare... Ho difficoltà anche colle civette; ma mi piacciono perché tengon sempre gli occhi spalancati; è per questo che le adopero".

Camminai un po' fra le statue. Eran tutte nude. Uomini e donne.

"Perché tutte nude?" domandai.

"Perché così le ho dovute far più belle; specialmente le donne. La gente vestita può anche esser brutta. Ma la gente nuda bisogna che sia bella, sennò fa spavento... Eppoi i nudi son più sinceri. Parlano meno; ma meglio; son se stessi".

Il vecchio compagno di scuola faceva osservazioni del genere anche quand'era poco più d'un ragazzo. Ora parlava col tono disincantato di chi ripete l'ovvio. Dissi:

"Ma perché non si sente nulla? Non parla nessuno?"

"Ho staccato per la riparazione... Riaccendo".

Andò a una statua, una donna altissima colla testa rivolta al soffitto, e girò un interruttore nascosto nella schiena.

Un vasto brusìo riempì la capanna.

"Non capisco niente", dissi. M'avvicinai a un uomo con gli orecchi tesi.

"Non codesto. È un ventriloquo. Ha il telefono in pancia; ripete solo quel che dicono i vicini". Cercò ancora l'interruttore.

Il brusìo si rinforzò. Ma neppure allora capivo. Il mio ospite mi diede una cuffia e una specie di ricevitore.

coffee shop companion, the animals were far more imposing: not only the deer, the woodchuck, the owls and a leopard, but a rhinoceros, even an elephant with a big crocodile at its feet. My host was fussing with his pliers inside the chest of a girl. After a couple of minutes he closed it, exactly as one closes a door or a window, and walked toward me.

"There was a breakdown," he said, "and I had to turn everything off. If one of them isn't working, all the others go berserk. But now I've repaired her." I was happy to see that he hadn't become mute.

"Incredible," I said. "But why the elephant, the rhinoceros and the crocodile?"

"Animals native to this area—the ones that interest me. Elephants roamed here some ten million years ago. I've made only one... Rhinoceroses too... All the crocodiles fled toward the South... They work very well as telephones... Except this one, who refuses to speak... I have some problems with the owls too. But I like them because they keep their eyes wide open; that's why I use them."

I began walking among the statues. They were all naked. Men and women.

"Why are they naked?" I asked.

"Because this way I had to make them more beautiful; especially the women. Dressed, its okay to be ugly. But when naked, people must be beautiful or else they are frightening... Besides, nudes are more sincere. They speak less, but better; they are themselves."

Even as a boy, my old school friend would come up with such ideas. Now he spoke with the disenchanted tone of someone who was merely stating the obvious. I asked:

"But why don't we hear anything? Isn't anyone speaking?"

"I had to disconnect for repairs... I'll turn them on again."

He approached a statue, a tall woman whose face was turned toward the ceiling, and flipped a switch hidden inside her back.

"Prova a parlare con qualcuno", disse; "forse risponde... Questo".

E indicò una statua più piccola delle altre.

M'avvicinai e dissi nel ricevitore: "Come sta?" Mi giunse una risposta monosillabica, un suono agglutinato, come in cinese.

"Non capisco", ripetei.

Provai le altre statue; le risposte non cambiarono. A volte i suoni scivolavan via; a volte si gonfiavano in modo da sembrar grida disarticolate da giungla. M'arresi.

"Senti", disse il vecchio compagno di scuola. "Credevo che con un estraneo diventassero normali. Invece... Da principio, cominciarono subito a farmi degli scherzi. Parlavan tutti in una lingua diversa. Se dicevo qualcosa in un ricevitore, rispondevan con lunghi discorsi in coreano, in persiano, in armeno... o almeno così credevo, perché spesso non riuscivo nemmeno a riconoscer la lingua. Se rispondevano in norvegese o in ungherese o in polacco, non capivo, ma bene o male la lingua la riconoscevo. Pensai che si fossero abituati a questi scherzi perché li avevo collegati alle linee internazionali. Allora li misi sulla rete nazionale. Peggio che peggio: colpi di tosse, abbai, grida, addirittura canzoncine a bocca chiusa. Insomma voci, non parole. E non solo quando rispondono alle mie domande, ma anche quando trasmettono direttamente dai fili. Continuo a far riparazioni. Ma niente! C'è da disperarsi".

'Voci e non parole'; una frase che mi rimase dentro. Che rappresentasse una regressione di cui il vecchio compagno di scuola non s'era reso conto? Domandai:

"E i telefoni che hai fuori?"

"Quelli si rifiutano anche di trasmettere un suono qualsiasi. Come morti. È da quando seccò lo stagno e sparì l'erba che non dicon più nulla".

A questo punto, vidi una ragazza bellissima che camminava fra le statue. Era nuda e coi capelli sciolti; lunghissimi, che quasi la fasciavano. La fissai incantato. Finalmente dissi:

A vast humming noise filled the room.

"I can't understand anything," I said. I went over to a man, his ears all tensed up.

"No, not that one. He's a ventriloquist. His telephone is in his belly; he only repeats what the others say." Again he fumbled around for the switch.

The humming noise was getting louder. Even so, I couldn't understand a thing. My host handed me a set of earphones and some sort of receiver.

"Try talking to one of them," he said; "maybe he'll answer... Perhaps this one."

And he pointed to a smaller statue.

I went up close and said into the receiver: "How are you?" All I got was a monosyllabic answer, an agglutinated sound like in Chinese.

"I can't understand," I repeated.

I tried other statues, but the results were the same. Sometimes the sounds would slither away, or swell up like incoherent jungle calls. I gave up.

"Listen," said my old school friend, "I thought maybe with a stranger like you they would become normal again. But instead... Even at the beginning they played tricks on me, all speaking in different languages. And if I said something into a receiver, they would answer with long speeches in Korean, Persian, Armenian... or at least that's what I thought, since half the time I couldn't even tell what language it was. If they had answered in Norwegian or Hungarian or Polish, I might not have understood, but at least I could identify the language. I thought maybe they indulged in such tricks because I had connected them to the international switchboard. So I put them all on the national network. Worse than ever: coughing fits, barking, screaming—they even hummed tunes with their lips shut tight. In other words, voices, not words. And not only in response to my own questions, but even when they transmit directly, to each other's lines. I keep making repairs.

"Accidenti che bella ragazza!"

"Capita spesso", rispose. "Non parla nemmeno lei. Cerca d'entrare in una statua… Vuol diventare telefono".

Nothing doing! It's enough to drive me mad."

'Voices, not words.' This is the phrase that stuck with me. Was it perhaps a regression of which my old school friend was unaware? I asked:

"And what about the telephones you keep outside?"

"They refuse to transmit any kind of sound. They're like... dead. Ever since the pond dried up and the grass disappeared, they haven't said a word."

Just at that moment, I saw a beautiful young woman walking among the statues. She was naked, her hair so loose and long that it seemed to envelop her. I stared at her in amazement. Finally I said:

"She's extraordinary!"

"She comes here often," he answered. "She doesn't talk either. She's trying to get inside one of the statues... She wants to become a telephone."

L'ASCENSORE

Il primo a pensare a un ascensore dev'esser stato uno che aveva da portar grossi carichi sulle gambe stanche e traballanti. Ma il primo a crearlo fu Vitruvio Pollione; il quale costruì anche il tempio di Fano. Pare facesse un ordigno solleva-carichi, non tanto perché gli s'indebolivano le gambe, quanto invece perché aveva visto schiavi instabili e cadenti sotto blocchi di pietra e paiole di calcina arrampicarsi verso il tetto. Ne parlò in un trattato d'architettura, che il Boccaccio fece ricopiare da cima a fondo e Leon Battista Alberti e il Bramante impararono a memoria. Vitruvio, che doveva essere abbastanza familiare col sollevamento pesi per aver costruito scorpioni e baliste, lo scrisse dopo il 27 a. C., con la speranza dell'immortalità. Infatti lo dedicò ad Augusto, il quale gli aveva dato una pensione.

Ma il nostro ascensore non ha cent'anni di vita. Eppure in così breve spazio, pur conservando come primo fine il trasporto dei pesi dal basso in alto, per non dire dall'alto in basso, è diventato un formidabile mostro, capace d'inghiottire centinaia di persone e poi vomitarle nei luoghi più impensati e bizzarri.

Io sono stato sempre affascinato dall'idea di trovarmi chiuso in uno sgabuzzino che viaggia rapidissimo in un tubo verticale—stirandosi e allungandosi da terra fin sul tetto d'un grattacielo—concluso in se stesso, senza finestre e senza possibilità d'uscita. Un viaggio dentro le mura, e insieme nel gran vuoto interiore d'una capsula ch'è abitacolo aereo e prigione.

"E se l'ascensore impazzisse?" mi son domandato spesso. Se decidesse di non fermarsi più? Se scardinasse il tetto e se n'andasse per sempre, come quegli astronauti preistorici che persero la via dello spazio, e continuarono verso i lumi della galassia in una

THE ELEVATOR

The first to ever dream of an elevator must have been someone who had to haul heavy loads with his tired and shaky legs. But the first to create one was the architect Vitruvius Pollio, who had also built the temple of the city of Fano. Apparently he invented a weight-lifting device, not so much because his own legs were growing feeble, but because he had seen slaves faltering under burdens of stone and cauldrons of lime as they scrambled up toward the rooftops. He described his invention in a treatise on architecture, which Boccaccio had a scribe copy from beginning to end, and which Leon Battista Alberti and Bramante later committed to memory. Vitruvius, who must have been quite familiar with the lifting of heavy objects since he himself had constructed large catapults and ballistas, wrote the treatise sometime after 27 B.C., with the hope of gaining immortality. He dedicated it, in fact, to Emperor Augustus, who had given him a pension.

But the elevator as we know it today is barely a hundred years old. And yet, in such a brief period, while retaining its original function of carrying heavy objects from low places to high, not to mention from high to low, it has evolved into a formidable monster, capable of swallowing hundreds of people and then spewing them out in the most bizarre and unexpected places.

I've always been fascinated by the idea of being trapped in a tiny box moving rapidly in a vertical shaft—stretching itself upwards from the ground, all the way up to the roof of a skyscraper—entirely self-contained, with no windows and with no possibility of escape. A voyage inside the walls and at the same time within the emptiness of a capsule which is both aerial dwelling and prison.

lucida bara? Il radio amatore terrestre ne registrò gli ultimi gemiti. O se invece non frenasse la discesa, sfondasse il pavimento, si scavasse un tubo nel centro della terra, riemergendo sulle onde del Pacifico, o su una punta dell'Himalaya?

Quando cominciai a frequentare i congressi nei grandi alberghi di New York e di Chicago, una decina di volte al giorno mi trovavo puntualmente nella sala degli ascensori. Ce n'era una per piano. Dieci o dodici porte chiuse nelle mura. Tutt'a un tratto si spalancavano; buttavan fuori centinaia di persone per afferrarne e inglobarne altre centinaia. Si richiudevano. Nella sala cambiavan leggermente le facce, ma in sostanza tutto rimaneva uguale, in attesa che il miracolo si ripetesse. Se mi facevo inglobare anch'io, finivo tra decine di corpi compressi così fieramente l'un contro l'altro che mi sentivo appiattire, allungare, quasi la pressione della zona centrale mi stirasse il collo e la testa verso il soffitto. Sbirciavo i vicini, sempre più alti anche loro; le facce e i crani sempre più lunghi e più affusolati.

Fossi al ventesimo o al quarantesimo piano, sapevo dov'ero soltanto perché accanto alle porte delle mura c'era scritto un numero. E mentre aspettavo che se n'aprisse una, un vento d'uragano passava nelle mura e le squassava. Mi sconcertava la visione di folle immobili, trascinate senza scampo, incapaci di salvezza.

E se si fosse spenta l'elettricità? Le mura di tutti i grattacieli piene di scatole ferme, bloccate fra un piano e l'altro; milioni di corpi senza un filo d'aria. Sarebbero rimasti così, eternamente, reggendosi a vicenda, finché tra mille anni non li avessero trovati intatti gli archeologi, che avrebbero teorizzato all'infinito, per concludere che questa doveva essere una ben strana civiltà—che seppelliva i morti nelle mura dei palazzi.

A New York una volta l'elettricità si spense davvero. I giornali parlarono di bar tenebrosi, di strade che cercavano la luna, della metropolitana inchiodata alle rotaie, di gente che brancolava negli appartamenti e che, mancando la televisione, per passare il tempo

"And what if the elevator were to go berserk?" I've often asked myself. What if it decided never again to stop? If it crashed right through the roof and went on forever, like those prehistoric astronauts who lost their way in space and continued toward the lights of a distant galaxy inside a shiny coffin? (A terrestrial ham-radio operator recorded their final lamentations.) Or what if it didn't slow down while descending, if it were to smash through the pavement, gouge a crater through the center of the earth, and then resurface on the waves of the Pacific, or on a peak of the Himalayas?

When I first began attending conferences in the large hotels of New York and Chicago, a dozen times a day I'd find myself in an elevator lobby. There was one on each floor—ten or twelve doors encased in walls. Suddenly they would spring open and release hundreds of people, only to seize and engulf hundreds more. Then they would close again. The faces in the lobby might change ever so slightly, but in essence everything remained the same, waiting for the miracle to happen again. When I too allowed myself to be engulfed, I ended up among dozens of bodies so fiercely compressed against one another that I felt flattened, elongated, almost as though the pressure in the center of my body would cause my neck and my head to stretch upwards to the ceiling. I stared at the people next to me and they too seemed taller, their faces and skulls elongated and distorted.

Whether on the twentieth or on the fortieth floor, I could tell where I was only because a number appeared on the wall near each door. And as I waited for one of them to open, hurricane-like winds whizzed through the walls and shook them violently. I was bewildered by the multitudes of people standing still, always being pulled, incapable of finding a way to safety.

And what if the electricity were to go out? The walls of all the skyscrapers full of motionless boxes, jammed between floors; millions of bodies without a breath of fresh air. They would remain that way forever, propped up against one another, until a thousand

s'era messa a fare all'amore. Nove mesi dopo, quegli stessi giornali scrissero che nascevano più bambini del solito. Nessuno pensò agli ascensori pieni, bloccati dentro le mura. Io vedevo facce che s'allungavano, verso uno spiraglio d'aria. L'elettricità si riaccese dopo sei o sett'ore. Avrebbe potuto rimanere spenta per settimane, per mesi, per anni...

*

Quel giorno finii davanti a un ascensore esterno. Si poteva salire e scendere con un po' di panorama: case, palazzi, palme tese alle nuvole; e finanche aeroplani. La cima del palazzo a cui era attaccato si perdeva tra le nuvole. Premetti il bottone e la porta si spalancò nell'offerta della solita scatola, che, strano, era vuota. Pigiai l'ultimo bottone interno, la porta si richiuse, e la scatola partì.

Vedevo sì palazzi e case e palme, ma anche le spume bianche del mare che battevano alla spiaggia, accanto a mucchi di gabbiani; e barche a vela; più là due petroliere che s'andavano svuotando verso una raffineria; e due cupole nude accanto ai grandi sfiatatoi d'una centrale nucleare. Come salivo, tutto si faceva più piccolo, finché le automobili delle strade eran coleotteri striscianti colla pancia in terra. Presto l'ascensore oltrepassò un banco di nebbia; affondò in uno specchio di sole con un tetto d'azzurro profondissimo. Avevo dimenticato tutto: perché m'ero messo in una scatola, che cosa avevo in mente di fare, e perfino il mare con le barche.

Dopo un'ora si fermò. Invece che in una sala, sboccai su una grande piattaforma di cemento, con gente che camminava piano, silenziosissima. Portava un cappuccio grigio, colla faccia appena visibile, ed era completamente ricoperta da un saio, anch'esso grigio; le mani riunite sull'addome, la destra appoggiata al polso della sinistra.

Sulla cabina dell'ascensore e sulle mura che riparavano dal

years from now archeologists would find them intact and endlessly theorize about what a strange civilization this must have been—one which buried its dead in the walls of buildings.

One time in New York City the electricity really did go out. The newspapers spoke of gloomy bars, of roads seeking the moon, of subway trains nailed to the tracks, of people groping around in their apartments and who, in the absence of television, made love in order to kill time. Nine months later those same newspapers reported that infant births were on the rise. No one bothered to remember the jam-packed elevators stuck inside the walls; but I could see faces stretching up, probing desperately for even a hint of fresh air. After six or seven hours the electricity came back. But it might have stayed out for weeks, for months, for years...

*

One day I ended up in front of an exterior elevator. You could go up and down while catching a glimpse of the surroundings: houses, buildings, palm trees reaching toward the clouds, even airplanes. The very top of the building that housed it was lost in the clouds. I pressed the button and the door sprang open offering the familiar box, which, oddly enough, happened to be empty. As I pressed the last button, the door closed and the box took off.

Yes, I could see buildings and houses and palm trees, but also seafoam slapping against the shore near clusters of seagulls, and sailboats; farther out, two oil tankers emptying their cargo at a refinery; then, two naked domes near the huge ventilation shafts of a nuclear power plant. As I climbed, everything grew smaller, until the automobiles in the streets were beetles dragging their bellies on the ground. Quickly the elevator rose beyond a patch of fog, bursting into a mirror of sunlight which was arched by a canopy of the deepest blue. By then I had forgotten everything: why I had put myself in that box, what I had planned to do, even the sea and its boats.

vento, c'eran stampati dei grossi *M T*, tra il verde e l'azzurro chiaro. Sotto, in posizione buddistica, altra gente: gli occhi tesi, senza batter ciglio.

Andai verso il centro, fra coloro che passeggiavano più lenti. M'affiancai a quella che sembrava una signora di mezz'età. Le dissi:

"Scusi, mi spiega, per favore: che vuol dire tutto questo? *M T*, per esempio. E voi che fate, quassù sopra le nuvole?"

"Veramente", rispose, "non si dovrebbe parlare. Si vede che Lei è nuovo. Guardi: andiamo all'ascensore; per non disturbare gli altri".

Ci mettemmo contro il muro, quasi temessimo che la brezza ci portasse via le parole—come quando s'accende un fiammifero, e non si vuol che ce lo spenga il vento.

"Vede", continuò: "*M T* significa *Meditazione Trascendentale*. Siamo venuti quassù a meditare; ci rimarremo tutta la vita. È per questo che non parliamo. Meditiamo. Si può parlare ogni tanto coi turisti, come Lei; per informarli. Ma fra noi…"

Non sapevo che cosa volesse dire *Meditazione Trascendentale*. Che trascendevano mai? E il fatto stesso che fossero lassù, sopra le nuvole, significava che avevan già trasceso parecchio. Specialmente se non volevan più scendere. Quel che s'eran lasciato dietro non doveva avere importanza; o forse ne aveva troppa. Dopo una lunga pausa, ripresi:

"Ma che cosa meditate? Che cos'è tanto trascendentale da dover esser meditato quassù?"

"Qualsiasi cosa", rispose. "Uno dei temi più comuni e più costanti è il nostro corpo. Anche perché è a portata di mano. Si medita su com'è fatto, sulla funzione dei vari muscoli, su come son legati; oppure su altre funzioni, come quella delle ghiandole… Delle volte si parte dai capelli e s'esaminano le varie parti del corpo, giù giù fino alle unghie dei piedi".

"Ma allora", osservai, "perché portate quel saio, che sembrerebbe indicare piuttosto rinuncia e abnegazione?"

After an hour it came to a halt. Instead of the usual lobby, I stepped out onto a large cement platform, with people walking slowly, in silence. They were wearing grey hoods, faces hardly visible, their bodies completely covered by gowns, also grey, and their hands folded on their bellies, with the right hand resting on the left wrist.

On the outside of the elevator, as well as on the surrounding walls which blocked the wind, appeared the initials *T M*, very large, in a shade between green and light blue. Beneath the letters, in a Buddha-like position, were other individuals: their eyes staring fixedly, motionless.

I moved into their midst, among those who were walking so slowly, and approached a woman who appeared to be middle-aged. I said to her:

"Excuse me, would you please explain the meaning of all this? *T M*, for example. And what are you all doing up here above the clouds?"

"In truth," she whispered, "we should not be speaking. It's obvious you are new here. Look, let's go over there by the elevator so as not to disturb the others."

We hovered near the wall, as if protecting our very words from the breeze—like when you strike a match and are afraid the wind will snuff it out.

"You see," she continued, "*T M* stands for *Transcendental Meditation*. We've come up here to meditate; and here we shall remain for the rest of our lives. That is why we observe the rule of silence. We meditate. Occasionally we are permitted to speak with newcomers, like you, for the purpose of giving information; but amongst ourselves..."

I didn't know what *Transcendental Meditation* meant. What were they transcending? The very fact that they were up there, above the clouds, meant that they had already done a good bit of transcending. Especially since they no longer wished to go back down. What they had left behind must not have been very

"Ci aiuta a meditare; sotto non ci abbiamo nessun indumento. Il contatto della pelle con la tela ruvida del saio ci rende più che mai consci del nostro corpo".

La signora aveva una voce dolcissima; ogni parola saliva da chi sa quali profondità. Girai gli occhi sugli altri; alcuni seduti alla Budda e alcuni che si muovevano lentissimi. Il numero mi parve moltiplicato. Dissi:

"Non riesco a capire. Non avreste potuto trascendere anche laggiù? Su un colle, per esempio, o alla spiaggia?"

"No, no; laggiù non si trascende. Ecco il problema. Laggiù non si trascende".

"Qui vi sentite meglio? Più tranquilli?"

"Sì", disse; "non c'è paragone. Non si sente meglio anche Lei? Ed è appena arrivato?"

"Non so", risposi. "Certo, l'aria è insolita, qui".

Riflettei un momento. Aggiunsi:

"Ma perché non scendete mai?"

"Se scendessimo, tutto sarebbe perduto".

Credevo d'essere su una piattaforma volante. Ogni tanto la cima del grattacielo si piegava a destra e a sinistra come i ciuffi delle palme. Un moto leggero, ma percettibile. Ci passò sopra, silenziosissimo, un elicottero. 'Ecco', mi dissi; 'questo dev'essere un posto speciale davvero'. Non ero mai riuscito a sopportare il rumore sfacciato degli elicotteri.

Intanto notai che l'ascensore era ancora lì, fermo. L'elicottero fece un ampio giro e sostò direttamente sopra la cabina. Lanciò una corda che s'attaccò a un gancio del tetto, e se n'andò portandosela dietro—grande scatola oscillante nell'azzurro, alta sulle nuvole. La seguii affascinato, sinché non divenne un punto sull'orizzonte. Bruscamente mi balenò la precarietà della mia situazione. Mi volsi alla signora:

"E ora come faccio? Non posso scendere. Laggiù ci ho tante cose da fare".

"Non si preoccupi. Scenderà un'altra volta. Fra qualche giorno

important; or perhaps it was terribly important. After a long pause, I began again:

"But what are you meditating about? What can be so transcendental that it must be meditated way up here?"

"Oh, anything," she answered. "One of the most common and constant themes is our own body. Primarily because it is within such easy reach. We meditate its physical makeup, the functions of its various muscles, the manner in which they are connected; or even other functions, such as the glandular ones... Sometimes we begin with our hair, and then examine all the parts of the body, right down to our toenails."

"But why then," I observed, "do you all wear gowns, which would seem to indicate renunciation and abnegation?"

"It helps us to meditate; underneath we wear nothing. Contact between our skin and the rough linen of the gown gives us a much greater awareness of our own bodies."

The woman possessed a very sweet voice; her words seemed to rise from a deep well of self-awareness. I turned my eyes toward the others; some were seated, Buddha-like, and some were moving about very slowly. Their number seemed to have multiplied. I said:

"I don't quite understand. Couldn't you have transcended down there? On a hill, for example, or at the beach?"

"No, no; down there you can't transcend. That's the problem. Down there you can't transcend."

"And up here you feel better? More serene?"

"Yes," she said, "there's no comparison. And you, don't you feel better up here? And yet you've just arrived?"

"I'm not sure," I answered. "Certainly the air, here, is unusual."

I reflected for a moment. Then I added:

"But why don't you ever go back down?"

"If we were to go back down, all would be lost."

I felt as though I were on a flying platform. Once in a while the

arriverà un altro ascensore. Questo saliva soltanto; per scendere ce ne vuole uno diverso. Per ora rimanga con noi... E non pensi alle cose che ci ha da fare. La *M T* vale assai di più. Vede? Vede tutta questa gente? Ci aveva tante cose da fare. E ora non ce ne ha più... Se ne sta qui. E non ci pensa".

Mi condusse a un armadio accanto al tubo dell'ascensore, mi diede un saio grigio e mi disse di mettermelo. Aggiunse:

"Se vuole, fra qualche giorno può scendere".

Mi misi a meditare anch'io, prima passeggiando, poi sedendo in quella posizione alla Budda. Fu allora che m'addormentai come un bambino.

top of the skyscraper would bend to the right and to the left like the tufts of the palm trees. A small movement, barely perceptible. A helicopter passed over us, without a sound. 'That's it,' I said to myself; 'this must really be a special place.' I had never been able to stand the brash noise of helicopters.

Meanwhile, I noticed that the elevator was still there, motionless. The helicopter made a wide turn, then hovered directly over the cabin while securing a line to a hook on its roof; and took off, pulling the thing behind—a large box swinging in the blue, high above the clouds. Fascinated, I followed it until it became a dot on the horizon. Suddenly the precariousness of my situation dawned on me. I turned anxiously to the woman:

"What shall I do now? I can't go down. I have so many things to do down there."

"Don't worry. You will go down some other time. In a few days another elevator will arrive. This one was only for going up; to go down, you need a different one. For now, stay with us... And don't give any thought to the things you have to do. *T M* is worth much, much more. Do you see? Do you see all these people? They used to have so many things to do. And now they don't... They just stay here. And they don't think about them anymore."

She led me to a wardrobe closet near the elevator shaft, gave me a grey gown and told me to put it on, adding:

"If you like, in a few days you can go down."

I too began to meditate, at first while walking, then seated in that Buddha-like position of theirs. It was then that I fell asleep, just like a baby.

L'UCCELLO AQUILONE

Sono uscito nella sera del giardino a piè d'un colle fecondo di pini. C'era una brezza calma, ma traboccante di voci giovani e quasi festevoli, e il riverbero ondulato di sparsi lampioni distanti e di finestre furtive.

Ed ho sentito il vento dentro un velo, un batter d'ali, e tutt'a un tratto un grande uccello bianco ondeggiava in uno sforzo d'immobilità, come un'alba nel buio della sera. Non ne avevo mai visto uno così grande. Le voci mi diventarono vibrazioni dense di saluto. Lo guardavo con gli occhi pieni di meraviglia, e forse di dolcezza.

Ma poi quelle stesse voci son salite più chiare che nell'aria ed hanno sceso il colle dei pini, e le ho capite. Erano ragazzi con un aquilone, e ne reggevano il filo. Ma per me è rimasto un uccello, anche quando l'ho visto cadere avvolto di vento. Ha sbattuto un po' le ali e s'è appollaiato dentro un pino. Speravo di vederlo rialzarsi; invece c'è rimasto, senza più titubare di ali, come in un nido.

Son rientrato in casa.

Si pensa sempre al pesce d'aprile, quando il calendario ci dà la data di oggi.

Per me c'è stato il grande uccello bianco primaverile, con le ali aperte nel vento, tra barlumi di lampioni lontani e di finestre furtive tra i pini. È venuto a visitare il vecchio etrusco della California, dopo che era passato alto sul tetto un elicottero.

THE KITE-BIRD

I walked out into the evening, in my garden at the foot of a hill covered with pine trees. There was a calm breeze but it was teeming with youthful, almost festive voices, and with the intermittent reverberations of scattered distant streetlamps, and furtive windows.

Then I heard the wind coming through a fine veil, the fluttering of wings, and suddenly—a huge white bird struggling under the strain of immobility, like dawn in the darkness of the night. I had never seen such a huge bird! The voices were becoming vibrations dense with familiarity. I looked at the bird with eyes full of wonder, and perhaps with compassion.

But then those same voices came up more clearly than in the air and went down the hill covered with pine trees, and I understood them: boys with a kite, holding on to its string. But for me it was still a bird, even when I saw it fall all wrapt up in the wind. It flopped its wings for a while, then settled in a pine tree. I was hoping to see it rise again; but it just lay there, motionless, like in a nest.

I went back inside my house.

We tend to think of April Fools' Day—after the calendar gives us the first of the month.

But for me it was the huge white bird of springtime, wings wide open in the wind, amidst glimpses of distant street lamps and furtive windows among the pine trees. It had come to visit this old Etruscan in California, just seconds after a helicopter soaring high above my rooftop.

NOTES

THE INVALID

[1] Fredi Chiappelli died on March 22, 1990, approximately two months after Giuseppe Velli and Giovanni Cecchetti went to see him.

ON WRITING POETRY IN A FOREIGN LAND

[2] It is perhaps worth noting that the Italian *parola*, the French *parole*, and the Spanish *palabra* all derive from the Latin *parabola*, meaning a brief metaphoric narrative.

MY DOUBLE ADVENTURE

[3] This piece, never before published, was written expressly for inclusion in *Contrappunti / Counterpoints*.

THE OLD OIL MILL

[4] A demijohn is a narrow-necked bottle of glass or stoneware holding from one to ten gallons that is enclosed in wickerwork and has one or two handles. A "small demijohn" would probably have contained one to two gallons.

POSTMEN AND LETTERS

[5] Cf. Dante's *Paradiso* XXXIII, 65–66.

REKNEADING THE REMNANTS

[6] This piece comes from *Il villaggio degli inutili* (The Village of Useless People), a collection of stories written in 1944, when Cecchetti was very young, still "*un ragazzo*," he says. At that time he was serving in the Italian Liberation Army. Not only Italy, but most of Europe was in ruins; millions of people had died. It seemed as if the entire universe were being recast by powers impossible to identify. There was no indication of what the future would bring.

The manuscript of *Il villaggio degli inutili* was recovered and published by Michele Ricciardelli (Padova: Rebellato) in 1981.

[7] These are references to other stories of *Il villaggio...*: cf. "Le glasine" (65–67), "La sporta del viandante" (15–18), and "La statua vivente" (47–51).

⁸ See n. 7; cf. again "Le glasine" (65–67), and also "Il cuore della lucciola" (59–61).

THE PIER

⁹ Donne's famous lines (from his *Devotions Upon Emergent Occasions*) are as follows: "No man is an Iland, intire of it selfe; ... any man's death diminishes me, because I am involved in Mankinde; and therefore never send to know for whom the bell tolls; it tolls for thee."

THE OLD AND THE NEW. FORGERIES AND COPIES.

¹⁰ Reference is made to the American oil executive and financier J. Paul Getty (1892–1976), considered one of the wealthiest men of his era.

POETRY AS A PRODUCT OF NECESSITY

¹¹ This essay, never before published and written expressly for inclusion in *Contrappunti / Counterpoints*, may be considered a sort of coda to "Sullo scriver poesia in terra straniera" (see above, 112–125), of which it is indeed the logical extension.

¹² See above, 114–115.

A FOOT OF LAND

¹³ The three references are as follows: Dante's *Purgatorio* VI, 149–151; Leopardi's "Detti memorabili di Filippo Ottonieri," in *Operette morali* (Milano: BMM, 1950), 146; and Manzoni's *I promessi sposi* (Milano: Feltrinelli, 1960), 655.

POSTFAZIONE

di RAYMOND PETRILLO

Gli italianisti di vari continenti conoscono ormai l'opera critica di Giovanni Cecchetti: studi monografici, saggi, traduzioni, per non dire dei numerosi articoli e recensioni apparsi in prestigiose riviste sia europee che nordamericane.[1] Ed è facile dire, almeno per coloro che da anni ci studiano sopra, che tali opere furono concepite e scritte con la medesima cura che generalmente si dedica al componimento poetico vero e proprio. Basti pensare alle implicazioni critiche di una nota messa a piè di pagina (appunto per non interrompere il fluire del discorso) in uno dei volumi cecchettiani sul Verga:

> Siccome non riguardano propriamente la prosa, non abbiamo toccato qui due aspetti assai notevoli delle novelle verghiane: la struttura e il trattamento del tempo. La struttura varia di continuo nelle novelle, perché non si tratta di cosa imposta dall'esterno, secondo il senso tradizionale, bensì di una struttura che accompagna i fatti espressivi e si fonde con essi; basti ricordare come sono costruiti "Rosso Malpelo", "La Lupa", "Jeli il pastore" e soprattutto "Fantasticheria", che in verità non è un racconto, ma piuttosto un pezzo di prosa d'arte che anticipa di molti anni quel saggio che si considera la scoperta del nostro secolo e che ebbe tanta voga durante e dopo il periodo rondistico. Il trattamento del tempo si ricollega direttamente—in quanto le provoca—a quelle che i critici han chiamate le transizioni brusche dei testi verghiani. Il Verga concepisce la vita come un fatto, nella sua totalità, e cioè liricamente; di conseguenza, i dati cronologici son degni di considerazione soltanto quando contribuiscono a mettere a fuoco uno stato d'animo; il passato per lui si identifica con l'esperienza umana, e questa, in quanto è parte della nostra vita interiore,

AFTERWORD

by RAYMOND PETRILLO

Most Italianists are familiar with the scholarly work of Giovanni Cecchetti: the steady outpouring of monographic studies, essays, translations, not to mention the numerous articles and reviews that have appeared in European as well as in North American periodicals.[1] And it is easy to say, at least for those who over the years have read his work closely, that Cecchetti's scholarly production was conceived and written with the same care that is usually reserved for works of literature. Suffice it to remember the critical implications of a mere footnote (placed outside the text in order not to interrupt the flow of the discourse) in one of his volumes on Verga:

> Since, strictly speaking, structure and treatment of time are not directly related to the [lyrical] substance of Verga's prose, we have not touched upon these two noteworthy aspects of his storytelling. The structure varies greatly from story to story, for it is never imposed from without in any traditional sense, rather it accompanies the expressive factors and at the same time tends to become one with them. This is evident in the sharply divergent structural patterns of "Rosso Malpelo," "The She-Wolf," "Jeli The Shepherd Boy" and, above all, "Fantasticheria"; the latter, in truth, is not a short story, but a piece of lyrical prose which anticipates by many years that unique Italian essay form considered the trove of our century, very much in vogue during and after the period of *La Ronda*. The author's handling of time is directly linked to—in fact, it provokes—what critics have termed the abrupt transitions of his texts. Verga conceives life as a fact, in its totality, that is to say, lyrically; as a result, chronological data are worthy of consideration only when they help

> è sempre contemporanea. Di qui i passaggi rapidi, come quello nel centro
> di "Jeli" in cui il protagonista ragazzo tutt'a un tratto è diventato adulto,
> senza che nemmeno si dica o si sottintenda che nel frattempo eran passati
> anni: l'autore racconta l'essenziale, segue l'animo del suo personaggio e
> non sente quindi il bisogno di accennare al fattore tempo; ciò che conta è
> quel che rimane impresso nell'animo, cioè il sentimento umano. Ma dove
> il tempo vien trattato nel modo più sorprendente è in "Rosso Malpelo", in
> cui l'autore ci presenta la psicologia del suo personaggio, e non la
> cronologia di questa psicologia, che è fatto esterno. E chi potrebbe dire
> che cosa nel racconto avviene prima e che cosa avviene dopo, all'infuori
> di un paio di eccezioni? "Rosso Malpelo" è un racconto panoramico, una
> specie di affresco psicologico, di cui si percepisce solo l'insieme. Per
> ritrovare in Italia un trattamento del tempo che possa, in qualche maniera,
> essere ugualmente nuovo, bisogna giungere sino a *La coscienza di Zeno*
> dello Svevo. Anche per questo aspetto, come per la costruzione, "Rosso
> Malpelo" va considerato una delle opere più originali di tutto il Verga.[2]

Un commento che apre nuovi orizzonti al lettore in quanto ogni parola sembra sbocciare dall'animo del critico come cosa ovvia (Verga concepisce la vita "come un fatto, nella sua totalità, cioè liricamente"; per cui il passato si identifica con l'esperienza umana, "e questa, in quanto è parte della nostra vita interiore, è sempre contemporanea"; "Rosso Malpelo" è dunque una specie di "affresco psicologico, di cui si percepisce solo l'insieme"; per ritrovare in Italia un tempo narrativo ugualmente nuovo "bisogna giungere sino a *La coscienza di Zeno*"), ma di una chiarezza e convinzione tali da diventar subito scambio intellettuale ed interazione. Chi medita bene la sopraccitata pagina capirà non solo l'essenziale paradigmaticità del lirismo verghiano, ma anche il carattere rivoluzionario del suo tempo narrativo (nient'affatto cronologico ma tutto imperniato sui momenti essenziali della vicenda narrata; momenti che vengono còlti e condivisi fra un bel numero di personaggi, assai diversi fra di loro, ma tutti immersi in una ben chiara rete di rapporti sociali). Di lì il lettore potrà avviarsi alla giusta comprensione del tempo narrativo sveviano, ancor più radicalmente moderno poiché spostato in una dimensione mista, cioè tutta interiorizzata (per cui il tempo non è mai un semplice

bring into focus a specific frame of mind; the past, for him, is identified with human experience, and this, in as much as it is part of our inner life, is always contemporary. Hence, the lightning-quick transitions, like the one at the core of "Jeli" in which the child-protagonist is suddenly perceived as an adult, and without the slightest hint to the reader that, in the meantime, years had passed: the author relates only bare essentials, for he is adhering to the soul of his character and feels no need whatsoever to mention the passage of time. What really counts is what remains inside that soul—the human sentiment. But where time is treated in the most astonishing way is in "Rosso Malpelo," a work in which the author reveals the psychology of his character—not the chronology of that psychology, which is merely an external factor. And who can actually say what happens first in the story and what comes later, with the exception of a few details? "Rosso Malpelo" is panoramic, a kind of psychological fresco painting perceived by the reader only in its totality. In order to find in Italy a treatment of time which is somehow equally daring, one must go all the way to Svevo's *Confessions of Zeno*. For this aspect, as well as for its structure, "Rosso Malpelo" is to be considered one of Verga's most original works.[2]

A footnote which broadens the reader's horizon in the sense that each word seems to issue from the mind of the critic as something self-evident (Verga views life itself as a fact, in its totality, that is, lyrically; for which reason the past is identified with human experience, and this, in so far as it is an integral part of our secret inner life, "is always contemporary"; "Rosso Malpelo" thus becomes a sort of psychological mural, which the reader perceives "only in its totality"; in order to find in Italian literature an equally innovative treatment of time, "one must go all the way to Svevo's *Confessions of Zeno*"), and with such clarity and conviction as to readily become intellectual exchange and interaction. The reader who carefully considers the above-quoted passage will grasp not only the paradigmatic thrust of Verga's powerful lyricism, but also the revolutionary quality of his narrative time (not at all chronological, but based on the essential moments of the story; moments that are studied and shared among a large cast of characters, each different from the other, and all linked through a clearly defined network of social relationships). At

susseguirsi cronologico di momenti cristallini bensì un groviglio di tempi diversi, suscettibile di ricchissimi sviluppi narrativi in quanto viene temprato e ritemprato dalle informazioni a volte parziali o anche contraddittorie della psiche). Il lettore insomma si mette sul binario giusto per poter arrivare ai nessi logici fra *l'erlebte Rede* tardi ottocentesco e il monologo interiore novecentesco. Ed è forse proprio per coscienza dell'abilità di suscitare salutari polemiche che Cecchetti ama definirsi un "missionario della cultura"; una definizione che se non fosse sorretta dai fatti potrebbe anche indurre qualche lettore a sollevar (come si dice in inglese) le sopracciglia. Cecchetti infatti si è dedicato—da quasi mezzo secolo—non solo all'insegnamento della lingua e della letteratura italiana in America, ma anche ad organizzare e sviluppare Dipartimenti d'Italiano in importanti università: Berkeley (1948–57), Tulane (1957–65), Stanford (1965–69), e UCLA (1969–92). Dati che di per sé dicono molto dell'uomo Cecchetti, un toscano, nato a Pescia, attualmente residente a Pacific Palisades, in California, da dove va e viene in questi giorni,[3] dedicando non poco del suo tempo ai *literary seminars*, sia nel *Midwest* americano (University of Michigan nel 1993 e nel 1994, University of Wisconsin nel 1994, ecc.) che nelle università italiane. Ma la sua storia quale "ape di lavoro" non finisce qui, poiché, oltre ai volumi di critica letteraria e le traduzioni in lingua inglese di Verga e Leopardi, ha scritto quattro volumi di poesia[4] e tre di prosa.[5]

Gli studiosi della letteratura italiana contemporanea ricorderanno le costanti della prosa artistica cecchettiana: la dialettica fra contrastanti ambienti psicoculturali e la conseguente invenzione di uno strumento linguistico appropriato, la compattezza e le qualità liriche di tale strumento, l'abilità di rivelare a poco a poco diversi strati di significato, e, soprattutto, il carattere fonosimbolico delle apparentemente semplici immagini ricorrenti. In una parola, una prosa che si avvicina al dettato poetico. Ma ciò che è davvero sorprendente è l'atteggiamento polemico nei confronti della storia, cioè in quanto disciplina formale svolta sia dagli storici di

this point the reader may recall Svevo's treatment of narrative time, which is even more radically modern in that its *durée* is transferred to a permanently mixed or blurred dimension, that is to say, internalized (and thus time is never felt as the chronological flow of crystalline moments but rather as a cluster of diverse tenses, susceptible to rich narratological developments in so far as said cluster is shaped, and always reshaped, by the sometimes partial or even contradictory information that issues from the psyche). In a word, we are alerted to the possible connections between late nineteenth-century *erlebte Rede* and twentieth-century interior monologue. And it is perhaps precisely the critic's awareness of his ability to stimulate this type of productive dialogue that has led Cecchetti to identify himself as a "missionary of culture"; a definition which, were it not backed up by deeds, might even cause some to raise their eyebrows. He has, in fact—for almost half a century—dedicated his life not only to teaching Italian language and literature in America, but also to organizing and developing Italian Departments in major universities: Berkeley (1948–57), Tulane (1957–65), Stanford (1965–69), and UCLA (1969–92). These accomplishments alone tell us much about Cecchetti, a Tuscan, born in the town of Pescia, presently residing in Pacific Palisades, California, from where he comes and goes these days,[3] devoting much time to literary seminars, both in the Midwest (the University of Michigan in 1993 and 1994, the University of Wisconsin in 1994, etc.) and in various Italian universities. But his story as an *ape di lavoro* does not end here, for, in addition to his volumes of literary criticism and English translations of Verga and Leopardi, he has written four volumes of poetry[4] and three volumes of prose.[5]

Scholars of contemporary Italian literature may well remember certain aspects of Cecchetti's creative prose: the ever-present dialectic between distinct psychocultural environments and the creation of an appropriate linguistic instrument, the concision and intensely lyrical qualities of that instrument, its capacity to

professione che dagli uomini politici (da "La storia e la poesia", inclusa in questo volume):

> [I]n genere la storia è invenzione dello storico, cioè delle cause e degli effetti che vuol credere abbiano prodotto certi eventi, ma che hanno ben poco rapporto coi fatti come si verificarono. A me è avvenuto di ripetere che la storia non esiste, e che lo storico è colui che mette in fila i documenti, quando ci sono, eppoi li legge nel modo che trova più conveniente, e quindi partendo da preconcetti personali. È convinto di stare ai fatti, e invece dà loro un valore che non ha molto a che vedere con la realtà effettuale delle cose. Né potrebbe essere diversamente. Noi non possiamo conoscere il passato, ma soltanto quel che crediamo, e vogliamo far credere che fosse il passato. Possiamo conoscere la nostra esperienza individuale, benché anche quella tenda a sfuggirci, soprattutto quando il tempo l'ha coperta d'uno strato di polvere così spesso che stentiamo a vederla, nonostante tutte le affannose ripuliture.
> [...]. Infatti chi sono mai gli autori dei documenti del passato? O i conquistatori, come Cesare e lo stesso Alessandro Magno, o i loro fidatissimi seguaci, come Polibio, che va a Cartagine con Scipione eppoi scrive quel che ha visto, senza una parola di biasimo per il Generale. Per questo la storia ci parla sempre di eroismi, di guerre vinte, di conquiste; mai dell'efferata ferocia dei conquistatori. Gli sconfitti, regolarmente trucidati o, se avevano fortuna, fatti schiavi, non potevano scriverla. Le loro sofferenze, i loro tormenti, noi non li conosceremo mai. Dei tempi moderni si sa un poco di più; ma anche questo è spesso piantato nelle interpretazioni e negl'interessi personali di chi racconta. Churchill scrive la storia della seconda guerra mondiale, ma da protagonista, con se stesso al centro; è una forma di autoesaltazione, come lo era stata per Cesare e per Napoleone. (98–100)

Cecchetti è in procinto di affermare la propria poetica ed effettivamente va cercando qui un senso, o meglio, sentimento della storia, vista in primo luogo come fenomeno protoletterario. E di conseguenza gli interessano non tanto i dati di fatto nudi e crudi, e nemmeno dei resoconti più o meno imprecisi della cronologia degli stessi, bensì una succinta ma insieme paradigmatica e immaginosa ricostruzione di certi avviamenti, eventi, frammenti, o anche prodotti naturali versatili (il vino, per esempio, o l'olio d'oliva) che in passato hanno influito—e continueranno ad influire—sulla nostra

gradually reveal diverse layers of meaning, and, above all, the phonosymbolic power of its seemingly simple recurrent images. In a word, a creative prose style that is very close to poetry. What is surprising, however, is Cecchetti's polemical attitude toward history, that is, as a discipline practiced by scholars and/or politicians (from "History and Poetry," included in this volume):

> For in the main history is an invention of the historian, that is, of the causes and effects he wants to believe have produced certain events, but which are only loosely connected to the facts as they actually occurred. A number of times I have argued that history doesn't exist, and that the historian is one who first lines up his documents—when these are available—and then interprets them in a manner which he finds most convenient, thereby utilizing preconceived notions as his point of departure. He is convinced he is adhering to the facts, when instead he is giving them a meaning which has very little to do with the effectual reality of things. Nor could it be otherwise. We cannot know the past, but only what we believe has occurred, and want others to believe. We can achieve close knowledge of our own individual experience, although even this tends to elude us, especially when time has covered it with layers of dust so thick we can scarcely discern it, despite all our laborious cleansing touches.
> .... Who, in fact, are the authors of the documents of the past? Either conquerors, like Caesar and Alexander the Great, or their faithful followers, such as Polybius, a man who first accompanies Scipio Africanus to Carthage and then narrates what he saw, without a single word of blame for his General. This is why history always speaks to us of heroic gestures, of great battles and conquests; never of the savage cruelty of conquerors. The losers, normally slaughtered, or, if they were fortunate, taken as slaves, were incapable of putting it down. We shall never know the full extent of their pain and suffering. Concerning modern times, we may know a little more; but even this is usually rooted in the interpretations and personal interests of whoever is narrating. When Churchill, for example, writes the history of World War II, he does so as protagonist, with himself at its center; and this is a form of self-exaltation, much as it had been for Caesar and for Napoleon. (99–101)

Cecchetti, in effect, is clarifying his own poetics, and what he really seeks here is a sense, or rather, an awareness of history, viewed primarily as a protoliterary phenomenon. And not so much the cold

vita. In breve, cose viste con tale immediatezza di percezione da diventar polline al gesto creativo, come per esempio i seguenti (da "Sullo scriver poesia in terra straniera"):

> Henry Rousseau era così timido che davanti a una porta di amici non osava suonare il campanello. Dopo che finalmente c'era riuscito, gli rimanevano dentro gli echi che aveva sentito agitarsi all'interno e gli si trasformavano nelle figure immaginose, leggere e quasi edeniche dei suoi quadri. Gertrude Stein non sopportava i collezionisti d'oggetti fragili e frantumabili; diceva di capire solo le cose solide e incorruttibili. Ma davanti alla porcellana e al cristallo, mentre ne saggiava i frantumi cogli occhi, li ricomponeva mentalmente in una totalità diversa e ipnotizzante. Quando Picasso la dipinse, tutti dicevano che il ritratto non corrispondeva alla persona; il pittore rispose: "Lo so; lei non è così, ma lo sarà". La fantasia del grande artista l'aveva prefigurata in una realtà futura, come lei ricostruiva i frantumi fantasticati e li vedeva cantare, o come Rousseau si perdeva negli echi del campanello e li rifaceva in figure. Questa è la poesia. Trasforma le cose viste in fatti immaginati, e perciò più veri. È la permanenza del temporaneo.
> Se noi riusciamo o meno a raggiungere quest'ideale non ha importanza. Quel che conta è aspirarci, e ogni tanto credere d'averlo raggiunto, non importa da quale continente. (122–124)

Cose viste, da vicino oppure dalla distanza psicoculturale di un lontano continente, che acquistano valore duraturo mediante l'arduo lavoro dell'arte: la trasformazione delle cose viste in fatti appunto "immaginati, e perciò più veri". Come questi, delle *Stanze nomadi* (di *Favole spente*):

> Solo il sogno è scoperta—
>   vista
> che traduce in suono
> pianeti e fiumi ed erbe
> d'un universo che rimescola i deliri.
>
> La cenere è l'albero che fu
>   e che sarà. Ma ora

facts, or systematic accounts of their chronology including possibly biased explanations as to cause and origin, but rather a succinct, paradigmatic, and at the same time imaginative reconstruction of certain basic trends, events, fragments, or even versatile natural products (wine, for example, or olive oil) that have influenced—and continue to influence—our lives in society. In short, things seen or experienced with such immediacy of perception as to become fodder for artistic creation, such as the following (from his "On Writing Poetry in a Foreign Land"):

> Henry Rousseau was so shy that at the front door of his friends' house he was reluctant even to ring the bell. But after he had finally pulled the cord, the echoes he heard within stayed with him and he would later turn them into the imaginative, buoyant, almost Edenic figures of his paintings. Gertrude Stein couldn't tolerate collectors of fragile and breakable objects; she would say she understood only things that were solid and indestructible. But when actually confronted with porcelain and crystal, while savoring their fragments with her eyes, she would mentally reconstruct them in a totally different and hypnotizing way. When Picasso painted her, everyone said that the portrait did not correspond to the person; the painter responded: "I know; she is not like that, but she will be." The vision of the great artist had fixed her in a future reality, just as she reconstructed the imagined fragile bits and made them sing, or like Rousseau, who lost himself in the echoes of the door bell only to recast them into figures. This is the essence of poetry. It turns things seen into imagined facts, and thus they become more true. It makes permanent that which is temporary.
>
> Whether or not we can attain this ideal is not important. What really counts is trying to achieve it, and every once in a while believing we have succeeded—no matter on what continent we happen to be. (125)

Things seen, then—either up close or from the psychocultural perspective of a faraway continent—that take on permanent value through the imaginative processes of art and literature: the transformation of things seen into "imagined facts," which thus become "more true." Like these, of *Stanze nomadi* (of *Favole spente*):

292

>s'arrampica sola sulle ali
> mute del vento. Rimbalza
> e s'avvolge, trabocca e risorge,
> attesa cieca della sua foresta,
> finché si sentirà ancora radice,
> perpetuo polline di nuovi rami.[6]

I quali fatti, davvero definitivi in questo limpido contesto poetico, sono anche definitori in quanto chiariscono, ma dall'interno, la ragion per cui l'erudito Cecchetti—"missionario" dalla molteplice attività—si fida così poco della storia raccontata in modo tradizionale: "Solo il sogno è scoperta— / vista / che traduce in suono" ciò che è veramente importante. Come si suol dire, *a picture is worth a thousand words*. Ma di che cosa si nutre questa *picture*, questo condensatissimo sogno-scoperta? Il lettore della presente antologia che s'imbatte (cioè a lettura finita) nei versi or ora citati potrà concludere che si nutre soprattutto del lavoro della psiche. (Non per nulla Giose Rimanelli ha sottolineato proprio tale aspetto nel suo bel saggio introduttivo; si vedano in particolare le pagine finali, dettate, in verità, più da scrittore che da critico e perciò intente a cogliere il valore del "sodalizio con Giovanni" in termini di sogno e perfino di comunicazione telepatica.) Vale a dire che il silenzioso contenuto della psiche umana, quando finalmente si scaglia, parla poco e chiaro, e in questo caso, solo per immagini tra di loro associative. E nient'affatto in termini storici o meramente temporali ma con voce primordiale còlta il più vicino possibile ai valori perenni. Di modo che tutto risulti definitivo non solo per senso (quel pensar sognando—vera "vista"—che traduce in termini sonori le ceneri del passato) e non solo per visione (il residuo dell'albero ossia l'energia vitale che fu e che ora s'arrampica a stento sulle ali "mute" del vento; ma che ad un tratto "Rimbalza / e s'avvolge, trabocca e risorge", per sostare ancora— ed è qui il nucleo primordiale—"attesa cieca della sua foresta": che altro può essere questo *cieco* attendere se non il giacer latente del

The dream alone is discovery—
                    true vision
which translates into sounds
the planets and rivers and grasses
of a universe that churns up its frenzies.

Mere dust is the tree that was
                    and that will be. But now
it hovers all alone over the mute wings
of the wind. Then rebounds
and encircles itself, overflowing and rising up,
only to linger stone-blind in its forest,
until it senses itself once again the root,
perpetual pollen of new boughs.[6]

These imagined facts, definitive even in translation, are at the same time definitory in that they pinpoint the reason why Cecchetti—erudite "missionary" of culture—has such little faith in history traditionally conceived: "The dream alone is discovery— / true vision / which translates into sounds" that which is really important. As the saying goes, a picture is worth a thousand words. But what is it that nourishes this picture, this concise discovery-through-dream? The reader of the present anthology who finally encounters the above-quoted verses might well conclude that the substance of the dreamscape emanates from the psyche itself. (It is no accident that Giose Rimanelli's introductory essay focuses precisely on that aspect; see in particular his concluding remarks, penned more by the artist than by the critic and therefore intent on portraying his "solidarity with Giovanni" in terms of dreams, and even telepathic communication.) That is, the silent content of the human psyche, when it finally does pour forth, speaks little and clearly, and, in this instance, only through a tightly knit group of associative images. And not at all in historical or merely temporal terms, but with a primordial voice that echoes closely those values that are perennial.

parlato della psiche prima di scagliarsi e prender coscienza di sé?) ma soprattutto per ritmo: "finché si sentirà ancora radice, / perpetuo polline di nuovi rami"—quel ritmo pacato che è sostanza di senso e di visione, e che dà al breve componimento un'illimitatezza direi alata. Un risultato forse insolito, ma còlto e pienamente raggiunto mediante i rapidi trapassi, e le pause, del denso linguaggio associativo.

Qualcosa di simile, ma ad altro livello, si può dire delle prose cecchettiane, che assumono la forma ora di bozzetto fantastico, o talvolta quella di racconto-saggio, oppure di meditazione filosofica contenente un racconto, od anche di variazione nel senso musicale della parola; ma per lo più sono semplicemente delle poesie in prosa, a volte apparentemente umoristiche, ma in verità assai serie poiché recano tutte in sé quella tendenza al sogno-scoperta così essenziale alla scrittura cecchettiana. Ciò detto, bisogna subito aggiungere che tale tendenza può apportare a dei risultati tanto inaspettati o eccentrici quanto modernamente genuini ed avvincenti. Il lettore li avrà già trovati da sé, ma vale proprio la pena vederne alcuni da vicino.

*

A giudicare dall'esperienza così fondamentale d'un libro come *La coscienza di Zeno*, una vita di necessari rapporti sociali (per esempio alla Giovanni Verga) sembra davvero impossibile in quanto l'uomo moderno—non trovando nel mondo intorno a sé né vicinanza né solidarietà umana—si vede costretto ad una continua, anzi interminabile, autoanalisi angosciosa. Condizione questa in parte affine al perenne viaggio cecchettiano; un viaggio gnoseologico, doloroso sì, e tanto audace da coinvolgere tutte le nostre facoltà conoscitive, in cui non vi è però neppure la traccia d'un intento psicoanalitico. Ha detto infatti Cecchetti:

> Quello che scrivo in prosa è molto simile a quel che scrivo in versi. Procedo per associazioni, per immagini che vanno al di là della logica e

So that every element of the poem is perceived as definitive; not only with regard to meaning (the ability to think while dreaming—"true vision"—which transforms the ashes of time into palpable images); and not only for its central vision (the pulverized energy of the tree that was, hovering at first, then encircling itself, overflowing and rising up, only to linger—and this is the primordial aspect—"stone-blind in its forest": what else can this *blind* lingering be if not the lying in wait of the language of the psyche before pouring forth and acquiring an awareness of itself?); but above all for its rhythm: "until it senses itself once again the root, perpetual pollen of new boughs"—that firm, serene rhythm which is the substance of both meaning and vision, and which gives to this brief poem a limitlessness that seems almost winged. A result which is perhaps unusual, but sustained and fully realized in the rapid transitions, and sudden pauses, of the terse, associative images.

Something similar, but at a different level, may be said of Cecchetti's prose pieces, which can assume the form of a fantasy sketch, or philosophical tale, or meditation containing a story, or even a theme with variations; but for the most part they are simply poems in prose, sometimes apparently humorous, always profoundly serious because they carry within that tendency toward discovery-through-dream so basic to Cecchetti's writing. But having said as much, one must immediately add that such a tendency can lead to narrative results that are as unexpected or eccentric as they are genuine and appealing. It is certainly worth the effort to examine a few of them up close.

*

Judging by so fundamental an experience as Italo Svevo's *Confessions of Zeno*, a life based on necessary social relationships (*à la* Giovanni Verga, for example) seems impossible in that modern man—no longer capable of finding in his environment

della razionalità, eppure tutte insieme hanno un loro senso e ci dicono che cos'è la nostra vita.
[...]. Per me la psicologia è viva dentro l'immagine, ma non è una ricerca per se stessa, perché considero la psicologia un fatto abbastanza scontato.[7]

Cecchetti, un po' come Svevo, ma senza la stessa disposizione analitica, procede pure per forme associative. Nel pezzo intitolato "Il pozzo dell'infanzia", tali forme vengono còlte nel mondo arcano della psiche ma in modo tale da far pensare a un gesto sereno, quanto mai naturale, anche se in fondo assai triste. Il raccontino respira, contraendosi e dilatandosi, in funzione di una dialettica psicoambientale incentrata non sul "pozzo" (che è elemento esterno), bensì sulla casa dell'infanzia, in cui lo scrittore è nato, e dove ritorna ora col fratello ("l'unico sopravvissuto alle tempeste degli anni") ad esplorare "i segni" del passato: "Ne son rimasti pochi; ma i presenti si riallacciano agli assenti" (68). Il piccolo componimento esprime il modo in cui tali segni si annodano tra di loro, e cioè mediante un nucleo di associazioni linguistiche di natura esplicitamente psicospaziale.

Vi si nota prima il prammatico conato della figura paterna, appunto in termini di spazio, seguito dalla percezione immediata, ma triste, del figlio:

> Chiesi a mio fratello di portarmi a vedere la casa dei campi, quella in cui eravamo nati, che mio padre aveva abbandonata, prima per la volontà di comprarsi una grande villa in cui poter metter comodamente tutta la sempre crescente famiglia, eppoi, siccome la villa sarebbe costata troppo a rinnovarla, per farsi due villette nuove, più piccole, ma più comode.
>
> Apparve fra i campi nudi. Nell'infanzia tutto era pieno di alberi e di filari di viti; ora non c'era che erba secca scoraggiata e depressa, ridotta a fili di paglia dal vento ghiacciato. Le mura erano come una volta, screpolate e scarnite; la facciata, bianca di calce, aveva acquistato un colore tarlato qua e là di chiazze. (68)

Agli occhi del capofamiglia la casa a un certo punto era parsa insufficiente, e dunque presto abbandonata.

some semblance of reciprocity, let alone human solidarity—feels compelled to indulge in a continual, indeed endless and painful self-analysis. An evolving condition which in some measure is analogous to Cecchetti's perennial voyage: a gnoseological quest, also painful, and so audacious as to involve all our cognitive faculties, in which we do not find, however, the slightest trace of a psychoanalytical intent. Cecchetti, in fact, has stated:

> What I write in prose is quite similar to what I write in verse. I proceed by process of association, through images which go beyond logic and rationality, and yet—viewed in their totality—they do achieve meaning and tell us what our life is about.
> .... For me psychology is implicit within the poetic image, but it is never a quest unto itself, and in that sense I consider psychology something to be taken for granted.[7]

Cecchetti, somewhat like Svevo but without the same analytical penchant, moves forward by means of associative forms. In "The Well of My Childhood" such forms are gleaned from the arcane world of the psyche in such a way as to make one think of a serene, natural gesture, even if deep down quite sad. The little story contracts and expands in terms of a spatial dynamic focused not on the "well" (which is an external element), but on the house of his childhood, in which the writer was born and where he returns with his brother ("sole survivor of the storms of the years") to explore the "signs" of the past: "Few have remained; but the ones I find are linked to those which have vanished" (69). The piece expresses the manner in which such signs are interrelated, that is, through a nucleus of linguistic associations, explicitly psychospatial in nature.

We note, in spatial terms, the concerns of a pragmatic father figure, closely followed by the somber perceptions of his son:

> I asked my brother to take me to see the house in the fields, the one where we were born, that my father had abandoned, initially with the idea of buying a villa in which to settle his ever growing family more comfortably, and later—since renovating the villa proved too expensive—in favor of

Si ferma ora nel vecchio cortile la macchina del fratello, e il narratore, dal cortile (forse seduto ancora in macchina) osserva: "al davanzale d'una finestra s'affacciò una signora ancora bella, nonostante gli anni che le erano scorsi sulle braccia e sul viso" (68). Il racconto procede rapidamente, col minimo indispensabile di parole:

> "Questo è l'altro mio fratello, quello che sta in California. Voleva rivedere la casa dov'è nato".
> Ci presentammo. Poi tutt'a un tratto, quasi senz'accorgermene, mi venne detto:
> "Son nato in codesta stanza; proprio dov'è lei ora".
> Immediatamente scomparve. Dopo un minuto era sull'uscio dell'ingresso. (68)

L'energia vitale dell'anziana signora, anziché essere semplicemente descritta, traspare dalla prontezza dei suoi movimenti; i quali movimenti permettono al narratore di puntare su altri aspetti spaziali, questa volta all'interno della vecchia casa, che letteralmente sembra crescere:

> "Entrate", disse.
> In cucina ci offrì da bere; della birra. Mi scusai.
> "Volete vedere la casa?" aggiunse.
> La seguimmo. Il salotto, le stanze accanto, le scale, le camere, tutto era pieno di spazio, bello, come rimbiancato di fresco—il colore che ricordavo—e in perfetto ordine. In ogni camera c'erano grandi scaffali pieni di libri, quasi tutti in italiano; gli altri, con un'enciclopedia, in tedesco. (70)

Si passa poi a quel che sembra il semplice ricordo, incentrato nei libri, centrali alla vita del nostro:

> "Quando c'ero io", dissi, "avevo riempito tutta la casa di libri. Erano i miei libri. Leggevo continuamente. Ora ho riempito la mia casa della California".
> Mi misi a guardarli.
> "Sono di mio marito", disse. "Siamo stati tanti anni in Germania.

building two brand new cottages, more modest, but more comfortable.

It appeared amidst the naked fields. During my childhood everything was covered with trees and rows of vines; now there was nothing but dry grass, wilted and dejected, reduced to strands of straw by the icy wind. The walls, as always, looked thin and cracked; the whitewashed facade was marred here and there by the mottled colors of faded stains. (69)

In the eyes of the paterfamilias the house had become inadequate, and was thus promptly abandoned.

A car pulls up to the old courtyard, and the narrator (probably still seated in the vehicle) observes: "there appeared at one of the windows a woman, still attractive despite the years that had descended upon her arms and face" (69). The story unfolds rapidly, with a minimum of words:

"This is my other brother, the one who lives in California. He wanted to have a look at the house where he was born."
We exchanged greetings. Then abruptly, almost without realizing it, I blurted:
"I was born in that room; where you are standing right now."
Instantly she disappeared. In a moment she was at the front door. (69)

The vitality of the elderly woman, rather than described, is evident in the swiftness of her movements; movements which in turn allow the narrator to pinpoint other spatial elements, inside the house, as the house itself seems literally to grow:

"Come in, please," she said.
In the kitchen she offered us something to drink—beer; I declined.
"Would you like to see the house?" she asked.
We followed her. The sitting-room, the adjacent rooms, the stairways, the bedrooms, everything was so spacious and beautiful, as if freshly painted—the color I remembered—and in perfect order. In every room there were large bookcases full of books, mostly Italian; the rest, including an encyclopedia, were in German. (71)

An observation that triggers what seems to be a simple act of memory, focused on books, which are central to the life of the

> Ecco perché ci sono i libri tedeschi".
> Ci vidi tante cose che avevo lette. Dovevano essere migliaia. Siccome so quanto sia difficile leggere migliaia di libri, le domandai:
> "Ma suo marito questi libri li ha letti tutti per intero?"
> "Sì", rispose.
> Rimasi muto. Io avevo letto tanti libri perché non facevo altro; mi avevano aiutato a pensare. Ma suo marito aveva un mestiere. Come aveva fatto a leggere migliaia di libri? Avrei voluto incontrarlo. (70)

Come succede spesso in queste prose, il narratore allibisce (sia in senso positivo come nell'"Arco di Saint Louis" e nello splendido "Uccello Aquilone", ma anche in negativo, per esempio nell'affascinante "Voltapagine" dove i letterati di professione non leggono abbastanza, oppure nella "Casa della saggezza" in cui nessuno legge più); questa volta lo scrivente ammutolisce perché un modesto impiegato/emigrato avesse trovato il tempo, e l'energia, di leggere tantissimi libri. E ciò lo fa gioire, lo commuove, e l'emozione (starei per dire del "missionario") si riflette nello spazio sempre interno della casa (stimato, si ricordi, insufficiente dalla figura paterna) il quale va allargandosi finché le camere sembrino delle sale:

> Mi guardai attorno. Le stanze erano quasi sale. Il letto di quella in cui ero nato, e dove eran nati i miei fratelli, s'era fatto più bello, più morbido, forse soltanto sensuale. (70)

Il che viene seguito da un rapido ma intenso sguardo questa volta dal cortile, cioè dallo spazio esterno:

> Scesi le scale di marmo, poi uscii. Dalla parte est della casa c'era ancora il vecchio pozzo. Ma era secco, diventato inutile; non era neppure un ornamento. Mi sorprese che fosse ancora lì, che non l'avessero distrutto. La signora, formosa e attraente, mi disse che aveva due figli.
> Pensai a mia madre. E guardai la finestra da cui era apparsa; quella della camera dov'ero nato. (70)

Si tratta solo in parte di un ricordo ("Pensai a mia madre"), il quale

narrator:

> "When I lived here," I said, "I filled this whole house with books. They were my books. I used to read constantly. Now I've filled my house in California."
> I began looking them over.
> "They're my husband's," she said. "We spent many years in Germany. That's why some of the books are in German."
> I saw many things that I had read. There must have been thousands of books. And since I know how difficult it is to read thousands of books, I asked:
> "But your husband, did he read all these books from cover to cover?"
> "Yes," she replied.
> I was speechless. I had read an enormous number of books because I did nothing but read; they had helped me to think. But her husband had a trade. How had he managed to read thousands of books? I would have liked to meet him. (71)

As often happens in these stories, the narrator is left speechless (either in a positive sense, as in "The Arch of Saint Louis" and in the marvelous "Kite-Bird," or in a negative way, for example, in "The Pageturner," where professional literati hardly find time to read, and in "The House of Wisdom," in which no one reads anything any more); but in this case the writer falls silent because a modest emigrant/worker had found the time, and energy, to read a huge number of books. Something which not only gives him pleasure but moves him, and the emotion (I'm tempted to say, of the "missionary") is reflected in the internal space of the house (which, we recall, was deemed insufficient by the paterfamilias), a space which looms ever larger until it undergoes a unique transformation:

> I looked around. The rooms were more like halls. The bed in the one where I was born, and where my brothers were born, had become more beautiful, softer, even sensual. (71).

Which is followed by a rapid but intense stare, this time from the courtyard, that is to say, from external space:

viene subito trasferito in un'eco dello stesso—"E guardai la finestra da cui [lei?] era apparsa"—per cui il ricordo si blocca, non è lasciato passare cioè attraverso il filtro razionale della memoria; e di conseguenza la figura della madre viene non solo immedesimata a quella della presente abitante della casa (ancora bella, formosa, ecc.), ma si direbbe ritrovata viva nell'energia del presente, che è però anche un passato. Il lettore attento s'accorge d'aver assistito a ciò che si deve chiamare un magico gesto associativo: il narratore, avendo bloccato il ricordo con la punteggiatura ("Pensai a mia madre". [punto]), e poi trasformatolo per mezzo d'una naturale e serena osservazione in un fatto attivo—"E guardai la finestra da cui [lei: certo la figura materna, ma anche l'altra] era apparsa; quella della camera dov'ero nato"—il narratore ci costringe a percepire quest'ultima affermazione come il trasferimento psichico di quella pronunciata spontaneamente dal cortile, "Son nato in codesta stanza; proprio dov'è lei ora". Per cui noi percepiamo la vicenda in termini delle riverberazioni sbocciate dalla psiche dell'uomo californiano Cecchetti, il quale, tornato a riveder la casa della sua infanzia italiana, si vede capace di comunicare infatti solo con se stesso. E non è che parli *con* la defunta—ciò sarebbe una forma di pazzia per l'uomo razionale Cecchetti—ma che frugando a poco a poco tra gli spazi associativi della "Casa Vecchia, come si continuava a chiamarla" (72), s'accorge di veder la propria madre alla finestra: magicamente apparsa come un'eco del parlare del figlio, allo stesso tempo che egli rimane più che mai presente alla propria solitudine. Stupefacente da una parte e molto sconsolante dall'altra, è questa la duplice scoperta del raccontino. Dopo di che il vecchio pozzo si rivela superfluo:

> Poi, mentre guardavo fuori, verso i campi nudi, mi trovai a fissare gli occhi sul pozzo, quello che era stato parte della mia infanzia ed ora se ne stava lì abbandonato, secco [...]. [D]issi a mio fratello:
> "Ma perché c'è ancora quel pozzo secco?"
> "Non lo so. Si vede che non hanno trovato il tempo di disfarlo".
> (70–72)

> I went down the marble staircase, and then outside. On the east side of the house, the old well was still there. But it was dry, it had become useless; no longer even ornamental. It surprised me to find it still there, still in one piece. The woman, shapely and attractive, told me she had two children.
> I thought of my mother. And I looked at the window where she had appeared; the window of the room where I was born. (71–73)

This is a memory, but only in part. The recollection ("I thought of my mother") is immediately turned into a sort of echo of itself—"And I looked at the window where she [?] had appeared"—thereby interrupting the rational process of remembering; and, as a consequence, the mother figure appears not only as one with the present inhabitant of the house (still attractive, shapely, etc.), but comes alive in the energy of the present, which, however, is also a past. The careful reader realizes he has experienced what can only be called a magical association: the narrator, having blocked the forward motion of memory by means of punctuation ("I thought of my mother." [period]), and then transformed that remembrance through a natural and serene observation into an active experience—"And I looked at the window where she [certainly the mother figure, but also the second female] had appeared; the window of the room where I was born"—the narrator forces us to perceive this latter affirmation as the psychic transferal of the one articulated previously from the courtyard, "I was born in that room; where you are standing right now." So that we perceive the above sequence of events as a series of reverberations that have issued from the very psyche of the Californian Cecchetti, an adult who, having returned to visit the house of his Italian childhood, discovers that he is able to communicate, in fact, only with himself. And it is not that he is somehow speaking *with* his dead mother—for the rational Cecchetti that would indeed be a form of madness—but that by searching through the associative spaces of the "Old House, as they continued to call it" (73), he suddenly realizes he has seen his mother at the window: magically evoked as an echo of her son's own words, at the same time that he himself acquires a heightened awareness of his

Se nel pezzo appena analizzato le forme associative vengono tradotte in termini psicospaziali (come avviene anche in altri componimenti cecchettiani quali "Il procione di Montreal", "Un piede di terra", "Il rimpasto"), nelle prose più ampie della *Danza nel deserto* (1985), ma in particolare nella "Macchina dell'aria", tali forme tendono a configurarsi in un codice coscientemente extralinguistico, atto ad esprimere la violenza catastrofica della supertecnologia:

> Fin da bambino ho creduto di capire il linguaggio dei rumori [...]. [Q]uel che udivo mi si trasformava sempre in qualcosa di visivo o di tattile, quasi che l'udito fosse decifrabile soltanto se innestato sugli altri sensi [...].
> Ora che non son più un bambino, i rumori mi continuano a parlare con spettacoli grandi e piccoli, spesso disperati, vivi nell'istantanea trasformazione dell'udito in vista. Come quando uno grida nella stanza accanto, e tu lo vedi rosso a bocca spalancata, col collo di tacchino [...].
> Queste riflessioni me l'aveva svegliate il leggero stormire dei pini dentro le brezze del Pacifico. Le stavo assaporando, quando mi giunse un vasto fragore raspante. Sconquassava l'aria di rimestamenti sotterranei, come il mondo fosse una belva che si dibatteva sotto una campana. Un'immensa grattugia che strofinasse i denti in terra, sbriciolandola in ogni poro.
> [...].
> Quasi subito, appena girai gli occhi verso mezzogiorno, m'apparve una gigantesca macchina sospesa. Procedeva lenta nell'aria, roteando la parte inferiore a destra e a sinistra, come un enorme aspirapolvere [...].
> Marciava verso casa mia [...].
> Mi sembrò di cominciare a capire. L'immensa grattugia sbriciolava tutto quel che era in terra, e che era terra: alberi e macigni, case e automobili. Poi, esattamente come un aspirapolvere, assorbiva tutto, lasciandosi dietro il deserto, liscio e uguale come una piazza; nient'altro che pietra. Ma ciò che mi colpì di più fu che, pur incamerando tutto quel che c'era di sotto e d'intorno, la macchina restava uguale, sempre delle stesse dimensioni [...].
> Almeno tale fu la mia percezione immediata, dinanzi a un mondo che svaniva [...].
> All'improvviso, il noto fragore. La macchina riapparve in tutta la sua franchezza—librata in aria, leggerissima. Era completamente cambiata [...].

unavoidable solitude. Astonishing on the one hand, and disheartening on the other, this is the twofold discovery of the little story. After which the old well is rendered superfluous:

> Then, as I looked out, toward the naked fields, I caught myself staring at the well, the one which had been part of my childhood and now was abandoned there, all dried up.... I said ... to my brother:
> "But why is that dry well still here?"
> "I don't know. They probably haven't found the time to take it apart."
> (73)

If, as we note from the above examples, Cecchetti's associative forms are sometimes conveyed in psychospatial terms (see also the shorter pieces like "The Raccoon of Montreal," "A Foot of Land," "Rekneading the Remnants"), in the generally more complex stories of *Dance in the Desert* (1985), particularly in "The Machine," such forms tend to appear as components of a consciously extralinguistic code, capable of expressing the catastrophic violence of modern supertechnology:

> Ever since I was a child I thought I understood the language of sounds.... [W]hatever I heard always turned into something visual or tactile, as if things heard were fully decipherable only in terms of my other senses....
> Now that I'm no longer a child, sounds still speak to me with large and small manifestations, often desperate, always alive in the instant metamorphosis of hearing into sight. Like when someone is shouting in the room next door and you see his mouth wide open, his neck as red and tense as a turkey's....
> These thoughts had been kindled by the rustling of pine trees inside the gentle breezes of the Pacific Ocean. I was savoring them when, suddenly, I was surrounded by a loud scraping noise. It filled the air with subterranean stirrings, as if the world were a wild animal twisting and turning inside a bell. An immense grater rubbing its teeth on the ground, turning it into crumbs.
> ....
> Almost immediately, as I turned my eyes to the south, I saw a gigantic machine suspended in the air. It was moving forward very slowly, turning its lower half right and left, like an enormous vacuum

>   Dietro, a distanza, era seguita da una macchina più piccola, e quella da un'altra più piccola ancora [...] e così via per decine di chilometri d'aria, sinché l'ultima era una formica schiacciata sull'orizzonte. Lo strepito di una era la somma dello strepito di tutte.
>   Cercavo di contarle [...].
>   Ora successe che dentro la macchina più grande si tuffarono in un baleno le altre, compenetrandosi perfettamente, come in un gioco di scatole cinesi. Né le dimensioni dell'unica rimasta diedero segno d'essersi alterate.
>   Poi lentamente la macchina si girò e s'avviò nella direzione da cui era venuta, leggera e silenziosa come una vela. Quando fu un piccolo coleottero laggiù nella foschia, lanciò un formidabile lampo. E si consumò come una torcia. (196–204)

"Kandinsky", ha detto il critico d'arte M. T. H. Sader, "is painting music. That is to say, he has broken down the barrier between music and painting".[8] Cecchetti sta facendo qualcosa di simile, ma con le parole: il suo inesorabile procedere associativo si fa tanto più concreto quanto sempre più extralinguistico; si fa cioè più espressivo perché simultaneamente acustico, tattile e visivo. Questa pluridimensionalità formale ("quel che udivo mi si trasformava sempre in qualcosa di visivo o di tattile [...]. Ora [...] i rumori mi continuano a parlare [...] nell'istantanea trasformazione dell'udito in vista"), questo necessario intercompenetrarsi dei sensi viene delineato come una disposizione che si evolve man mano con lo stesso maturarsi dello scrivente ("fin da bambino", "ora che non son più un bambino")—un modo di sentire fuso innanzi tutto alla sua personalità d'uomo; ed è poi tenuto presente come strumento conoscitivo dall'inizio alla fine nello scavo stilistico (e non solo nel presente componimento). Tale disposizione si può osservare in tutta la sua complessità nel momento in cui la visione centrale della "Macchina dell'aria" viene portata a termine. Rileggendo: "Poi lentamente la macchina si girò e s'avviò nella direzione da cui era venuta, leggera e silenziosa come una vela"; predomina ad un tratto la funzione visiva—una vela—per cui la macchina (con tutte le altre macchine già dentro di sé) viene finalmente ipostatizzata, resa nettamente in una stasi geometrica che s'incentra tanto nella

cleaner....

It was moving directly toward my house....

I thought I was beginning to understand. The immense grater was turning everything on the ground and everything that was ground into crumbs: trees and rocks, houses and cars. Then, just like a vacuum cleaner, it absorbed everything, leaving in its path only the desert, level and smooth as a town square: nothing but stone. But what I couldn't fathom was how that blasted machine—despite swallowing everything below it or nearby—how did it manage to appear always the same, always equal unto itself?...

At least this was my immediate perception, before a world that was vanishing....

Suddenly I heard the now familiar roar. The machine reappeared in all its power—hovering in the air, extremely light. But it was completely changed....

Behind, in the distance, it was followed by a smaller machine, and this by a still smaller one ... and so on for tens of air miles, till the last one was a bug crushed against the horizon. The uproar of one was the sum of the roaring of them all.

I was trying to count them....

Now it happened that in a flash all the machines plunged into the largest one, fitting perfectly into each other, like in a game of Chinese nesting boxes. Nor did the size of the only remaining one show any outward indication of change.

The single remaining machine slowly turned and headed in the direction from which it had come, light and silent as a sail. When it had become a tiny coleopteron way out there in the mist, it sent forth a formidable lightning flash. And burnt itself out like a torch. (197–205)

"Kandinsky," states art historian M. T. H. Sader, "is painting music. That is to say, he has broken down the barrier between music and painting."[8] Cecchetti is attempting something similar, but with language: the inexorable forward thrust of his associative technique becomes ever more expressive as it exploits the extralinguistic potential of words; that is, it becomes all the more forceful when simultaneously acoustical, tactile and visual. This pluridimensional quality ("whatever I heard always turned into something visual or tactile.... Now ... sounds still speak to me ... in the instant metamorphosis of hearing into sight"), this necessary com-

componente tattile (l'aggettivo "leggera") come in quella sonora (l'altro aggettivo "silenziosa"). Poi: "Quando fu un piccolo coleottero laggiù nella foschia, lanciò un formidabile lampo"; per cui si rivitalizza l'elemento visivo appunto in termini di quello acustico, cioè nella vecchia furia distruttiva diventata ormai autodistruttiva e ritmata attentamente nella lunga serie delle "l", "picco*l*o co*l*eottero *l*aggiù [...] *l*anciò [...] *l*ampo". Infine: "E si consumò come una torcia"; una formidabile articolazione ritmico-acustica che suggerisce l'innesto pittorico a forma d'una "torcia", la quale, nell'istante che segna la demolizione della macchina dell'aria ne conserva parallelamente il colore inalterabile: quel colore di fiamma che percuote l'aria e vi rimane dentro, tremante. La struttura di questo paragrafo tende ad istituire insomma un'ampia tensione lirica i cui suoni, ritmi e pause riempiono non solo l'udito ma soprattutto le pupille del lettore/ascoltatore, costringendolo a percepire tutto il sopraccitato prodotto della moderna tecnologia come un incubo tanto incancellabile quanto mostruosamente attivo e presente. Pur essendo prosa, s'avvicina all'ideale cecchettiano dell'autentica poesia in quanto trasforma—è utile ripeterlo—le cose viste "in fatti immaginati, e perciò più veri".

Per valutare nella giusta prospettiva l'originalità dell'audace impasto cecchettiano, è assai producente un esempio della tecnica associativa sveviana, e precisamente la famosa pagina della *Coscienza di Zeno* in cui vengono descritti i 54 muscoli della gamba atrofizzata del povero Tullio: lo zoppicare dell'ammalato ispira, subito e per associazione, lo zoppicare in Zeno nonostante egli avesse due buone gambe.[9] Ma Zeno zoppeggia non perché, come crede lui, "quel groviglio di congegni" cioè della propria gamba "pareva mancasse oramai l'olio", ma proprio perché nella scena precedente Ada lo aveva bruscamente respinto; e la punta di quel dolore si manifesta solo ora, a posteriori, in chiave psicoanalitica, come mimesi del camminare indolenzito di Tullio. Il tutto va letto in termini di un piccolo ma inguaribile conato zeniano, enunciato 34 pagine addietro, e tenuto caro durante il

penetration of the various senses is defined as a propensity which evolves hand in hand with the maturation process of the writer ("ever since I was a child," "now that I'm no longer a child")—a mode of feeling which is fused, first of all, with his personality as a man; and thereafter borne in mind as a cognitive tool from beginning to end in the artist's stylistic quest (and not only in the piece presently under consideration). A propensity which may be seen in all of its complexity just at the moment when the central vision of "The Machine" is brought to conclusion. Rereading: "The single remaining machine slowly turned and headed in the direction from which it had come, light and silent as a sail"; the visual function—a sail—is suddenly dominant, and, as a result, the machine (with all the other machines already inside it) is finally hypostatized, rendered in a geometric stasis that is centered as much on the tactile component (the adjective "light") as on the phonic one (the second adjective, "silent"). Then: "When it had become a tiny coleopteron way out there in the mist, it sent forth a formidable lightning flash"; thereby rekindling the visual element in terms of its acoustical components, that is, in terms of the formerly destructive fury now become self-destructive and carefully punctuated by a long series of "l" sounds: "picco*l*o co*l*eottero *l*aggiù ... *l*anciò ... *l*ampo" ("tiny coleopteron way out there ... sent forth ... lightening flash"). Finally: "And [it] burnt itself out like a torch"; a formidable rhythmical articulation which, at the very instant that it marks the destruction of the machine, preserves simultaneously its inalterable color: the color of flame that strikes the air and remains there, quivering. In sum, the structure of this passage sets up a broad lyrical tension whose sounds, rhythms and pauses fill not only our ears but also our eyes, causing us to perceive the above-described product of modern technology as a nightmare: indelible and monstrously active. Though it is prose, it approaches the Cecchettian ideal of authentic poetry in that it transforms things seen "into imagined facts"—this bears repeating—"and thus they become more true."

lungo percorso del romanzo: "Quando io ammiro qualcuno, tento immediatamente di somigliargli".[10] Questo impetuoso conato costituisce il modo in cui Zeno si pone in posizione ricettiva; e, forse proprio in funzione dei rischi che esso comporta, permette all'autore, da una parte, di distanziarsi da questo "pazzo" che ha creato, e dall'altra, quando è necessario, di ravvicinarselo, evidenziando nel sorridente personaggio pure certe necessarie correlazioni, specie di natura filosofica. Senza pretendere di aver incapsulato criticamente tutto il romanzo, ci pare di poter asserire che la tecnica psicoassociativa sopraddescritta, insieme all'inguaribile conato umano che le sta sotto, sono centrali in quanto derivano da, e contribuiscono a, la lucida meditazione letteraria di Svevo. Non solo, ma fra lo scrivente e il suo personaggio così mimetico e comunicativo c'è un ben profondo rapporto dialettico, un *give-and-take* che avrà esercitato a sua volta un'influenza, probabilmente notevole, sulla flessibile, sempre più aperta struttura di quel mirabile, stracolmo romanzo.

Le forme associative invece di Cecchetti, scrittore appunto di brevi racconti lirici, anziché *contribuire a* o *derivare da*, la sua esplorazione gnoseologica, sono esse stesse la sostanza di tale esplorazione; più precisamente, l'indispensabile procedere già illustrato "per associazioni, per immagini", è un procedere che comprende, ma fuse insieme, e la matrice linguistica e la sostanza gnoseologica del solitario viaggio cecchettiano. Un viaggio che quando va nel mondo misterioso della psiche, vi scende direttamente, senza digressioni, e senza precisi intenti analitici, ma proprio per rimanervi—seppur brevemente. Questa volontà di foggiarsi uno spazio direi onirico si può osservare in tutti gli scritti cecchettiani, dal giovanile *Villaggio degli inutili* (scritto nel 1944; si veda in particolare "Il rimpasto") sino ai componimenti più complessi della *Danza nel deserto* (1985); ma la si può leggere in forma particolarmente nitida nel pezzo intitolato "Un volo di pernici" (1991, pubblicato cioè sei anni dopo la *Danza nel deserto*):

In order to critically evaluate Cecchetti's daring stylistic impasto, an example of Svevo's associative technique is very much in order: the well-known passage in *Confessions of Zeno* that describes the 54 muscles of Tullio's atrophied leg. The sick man's limp inspires, immediately and by association, a corresponding limp in Zeno, despite the fact that the latter has two perfectly healthy legs.[9] But Zeno limps not because, as he mistakenly believes, "the whole machine [of my leg] needed oiling," rather because in the preceding scene Ada had bluntly rejected him; and the peak of that pain is manifested only now, *a posteriori* and in a psychoanalytical mode, as a mimesis of Tullio's painful limping. The episode is meant to be read in terms of an incurable impetus of Zeno's, stated 38 pages earlier, and closely followed during the entire expanse of the novel: "When I admire anyone I at once try to be like him."[10] This associative conatus constitutes the manner in which the main character makes himself available to the world; and, perhaps precisely because of the risks it implies, allows the narrator, on the one hand, to distance himself from the "madman" he has created, and on the other, when necessary, to embrace him, showing in the smiling Zeno certain philosophical traits dear to both character and author. Without pretending to have critically encapsulated the entire novel, we can safely assert that the above-described psychoassociative technique, together with the incurable human conatus that helps to sustain it, are pivotal in so far as they issue from, and contribute to, Svevo's lucid literary analysis. Moreover, between the writer and his amazingly mimetic and communicative character, there is an intimate dialectic, a give-and-take which must have exerted an influence, probably considerable, on the flexible, always more open structure of this immense novel.

Cecchetti's associative forms—fashioned specifically for brief, lyrical works—rather than *contributing to* or *issuing from* his gnoseological exploration, constitute the very substance of that exploration: the indispensable forging ahead "by process of association, through images" (see above) is a process which

> È morto Robert Penn Warren, il grande romanziere del governatore Huey Long della Louisiana, e più grande poeta. Una volta gli chiesero che cos'era la poesia. Ripose:
> "I was in Vermont once on the edge of the woods, and suddenly phoom, partridges came flying out of the brush and into the sunset. It's the same with a poem. You can't force it".
> La domanda riguardava lo spirito della poesia. La risposta ci dice che è un volo improvviso di pernici.
> Il suo amico romanziere James Dickey l'ha ricordato così: "The main thing about Warren is that he had a powerful, primitive imagination that dealt with the basics of human existence" (*L.A. Times*, 16-9-1989).
> Solo una fantasia potentemente primitiva può vedere lo spirito della poesia come un volo imprevisto e istantaneo di pernici.
> Robert Penn Warren aveva una delle facce più grinzose che io abbia mai visto. Tanto che pareva irreale. Quasi che i cespugli del Vermont ci fossero entrati tutti dentro. Eppure sapeva sorridere. D'un sorriso profondo, aperto e fiducioso, come se dentro quei solchi e quelle rughe, sulle infinite punte di quei cespugli, a un tratto s'accendessero innumerevoli minuscole lampadine. Anche quello era il suo volo di pernici.
> In California, di settembre, arriva una bellissima farfalla dalle ali d'oro, o biancastre o chiazzate di marrone. Viene da un bosco del Messico dove torna regolarmente con le sue compagne. Scivola ad ali aperte in una specie di leggerissima danza. Sembra che l'aria la tenga sulle palme, e che sia l'aria a muoversi, invece di lei. La chiamano "*Monarch*", ossia re (o regina) delle farfalle. Si posa di rado, ma quando lo fa, sul ramoscello d'un cespuglio, le ali rimangono come quand'erano sulle palme dell'aria.
> Ali perpetuamente aperte. Con buona pace di Robert Penn Warren, questo è per me lo spirito della poesia. Entra ad ali aperte dentro le parole, e ci rimane. (108–110)

La morte del celebre poeta/professore viene rievocata in termini di fenomeni naturali (voli, cespugli, ali), di cui percepiamo acusticamente e visivamente la sostanza, ma che ad una prima lettura non riusciamo ad afferrare pienamente. Rimeditando però il pezzo, notiamo al suo centro un nucleo simbolico: il "brush", cioè l'ampio sottobosco del Vermont il quale viene precisato proprio nel viso del defunto, "come se dentro quei solchi [...] sulle infinite punte di quei cespugli" ci fosse una luce straordinaria; la quale luce viene

comprises, that is, fused together, both the linguistic matrix and the gnoseological substance of Cecchetti's solitary voyage. A voyage which—when it ventures into the realm of the psyche—descends directly into it, with no digressions and no precise analytical intent, except to remain there, even if briefly. This need to forge a space which can only be called oneiric is present in all of Cecchetti's writings, from the youthful *Villaggio degli inutili* (written in 1944; see in particular "Rekneading the Remnants") up through the more complex stories of *Danza nel deserto* (1985); but it can be read in a particularly concise form in his "And Suddenly Partridges Came Flying Out" (1991, published six years after the *Danza*):

Robert Penn Warren died. Renowned for his novel about Louisiana's governor Huey Long, he was even greater as a poet. One time, in response to a question about the nature of poetry, he said:

"I was in Vermont once on the edge of the woods, and suddenly phoom, partridges came flying out of the brush and into the sunset. It's the same with a poem. You can't force it."

The question touched upon the essence of poetry. His answer tells us that it is a sudden flight of partridges.

His friend, novelist James Dickey, had this to say: "The main thing about Warren is that he had a powerful, primitive imagination that dealt with the basics of human existence" (*L.A. Times*, 9-16-1989).

Only a powerful and primitive imagination can pinpoint the essence of poetry in an unexpected and instantaneous flight of partridges.

Robert Penn Warren had one of the most wrinkled up faces I've ever seen. So full of furrows it seemed unreal, almost as though it had been overrun by all the underbrush in Vermont. And yet he knew how to smile. A broad smile, open and confident, as if deep in those furrows and creases, on the infinite points of all that undergrowth, innumerable tiny little lights would suddenly appear. This too was his flight of partridges.

In California, during the month of September, there arrives a beautiful butterfly with gold, white, or even mottled brownish wings. It comes from the Mexican woods where it returns periodically with its companions. Wings spread wide, it glides into a sort of delicate, nimble dance. It seems as though the air is lifting it in its hands, the air itself vibrating, rather than the butterfly. They call it "Monarch," king (or queen) of butterflies. Rarely does it settle, but when it does, on a branch in the underbrush, its wings stay open, as though still being lifted in the

prima compressa al massimo, "quasi che i cespugli del Vermont ci fossero entrati tutti dentro", e poi trasposta—appunto per associazione—in un altro humus, desertico, dove si riscatta in un ritmo vitale tipicamente cecchettiano: "Viene da un bosco del Messico [...]. Scivola ad ali aperte in una specie di leggerissima danza. Sembra che l'aria la tenga sulle palme, e che sia l'aria a muoversi invece di lei. La chiamano '*Monarch*' [...]". Ciò non è semplicemente una bella descrizione, né una condizione psichica proiettata in un lampo sul paesaggio (come avviene spesso in Svevo), bensì una piccola pittura fatta di parole, suoni e pause. È infatti lo spazio onirico scavato dal procedere associativo cecchettiano: uno spazio si può dire diventato ritmo, e colorato da un tal senso tattile per cui è impossibile distinguere la danzatrice dalla danza. Perciò ne emana una delicata ma pur resistente vitalità che sembra non potersi arrestare, neppure quando è spenta, quando la *Monarch* si posa cioè "sul ramoscello d'un cespuglio"; il quale cespuglio indica questa volta il sottosuolo, dove riposano i cadaveri anche dei poeti. Tale interpretazione viene confermata nel testo da una breve preghiera funebre: "Ali perpetuamente aperte. Con buona pace di Robert Penn Warren, questo è per me lo spirito della poesia"; ma che ancora una volta, si trasforma, spegnendosi, in un ritmo ineliminabile: "Entra ad ali aperte dentro le parole, e ci rimane". Una permanenza che richiede contemplazione e non conosce analisi.

I cespugli di "Un volo di pernici", anziché esaurirsi in questo breve pezzo lirico, tendono a riapparire in moltissime pagine cecchettiane, ove naturalmente non vengono "spiegati" bensì immessi in ogni nuovo contesto narrativo con sviluppi direi sempre più originali. Ecco comunque un solo esempio, tratto dalla prima pagina del racconto omonimo della *Danza nel deserto*: "Non so come ci capitai. Avevo lasciato la macchina sulla ghiaia giallastra vicino a un cactus gigante e m'ero messo a camminare sui sassi, inciampando negli sparuti cespugli, tremanti nell'aria secca" (82). Questi cespugli, come tanti altri dell'universo cecchettiano,

hands of the air.

> Wings perpetually spread wide. With all deference to the memory of Robert Penn Warren, this is for me the essence of poetry. With wings wide open, it penetrates the words, and there it settles. (109–111)

The death of the well-known poet/professor is remembered in terms of natural phenomena (flight, underbrush, wings) which we perceive both visually and acoustically, though at first we may not fully grasp their meaning. But rereading the piece, we note at its core a symbolic nucleus: the "brush," that is to say the underbrush of Vermont, pinpointed virtually on the face of the deceased, "as if deep in those furrows ... on the infinite points of all that undergrowth" there were a source of energy; an energy which is first compressed, "almost as though it had been overrun by all the underbrush in Vermont," and then transferred—by process of association—to another humus, where it finds its resolution in a vital rhythm, typically Cecchettian: "It comes from the Mexican woods.... Wings spread wide, it glides into a sort of delicate, nimble dance. It seems as though the air is lifting it in its hands, the air itself vibrating, rather than the butterfly. They call it 'Monarch'...." This is not simply a nice description, nor is it a psychological condition projected in a flash onto the landscape (as often happens in Svevo), but rather a small painting made of words, sounds and pauses. It is, in fact, the oneiric space created by Cecchetti's associative probing: a space, one should add, become rhythm, and colored by such a strong tactile sense that it is impossible to distinguish the dancer from the dance. That is why there seems to emanate from it a delicate yet resilient vitality even when the dance is done, when the Monarch perches, that is, "on a branch in the underbrush"; underbrush which now points to the subsoil, where the cadavers even of poets are put to rest. Such an interpretation is confirmed in the text by a brief funereal prayer: "Wings perpetually spread wide. With all deference to the memory of Robert Penn Warren, this is for me the essence of poetry"; an essence which is transformed at the final fading into an indelible

tremano di vita nell'aria desertica perché ne sono una specie di simbolo. Ma sono anche qualcosa di più. Sono delle presenze psicosimboliche in quanto puntano oltre se stesse ad aspetti centrali della poetica del nostro: e cioè alla vita della psiche intesa sia come importante risorsa di nuove figurazioni umane (appena sfiorate nella presente analisi) ma soprattutto come la principale sorgente di uno scavo lessicale-stilistico ben più complesso di quanto non possa apparire nell'analisi fin qui condotta. In una parola, la ricerca cecchettiana non è mai costruita sulla base dei dettagli psicologici in primo luogo (si pensi a quella povera vedova del primo pezzo della *Danza*, rimasta sola nella vasta casa vuota e che infatti non si vede mai; quello è già un dettaglio che manca, e appunto perciò così espressivo; a differenza dello Svevo, i dettagli psicologici nel miglior Cecchetti sono tutti suggeriti tra le righe—come nel "Telefono", nell'"Ascensore", e nel "Molo"—mai insistiti poiché facilmente ricostruibili nel contesto narrativo). Né il racconto cecchettiano si basa sulla psicoanalisi in senso stretto poiché questa, dice lo scrivente in una delle "spuntature" più mordaci, può anche esser nociva in quanto "riduce e svuota [...]. Spesso crea ebeti che nuotan sorridenti alla superficie della vita, inutili a se stessi e agli altri".[11] Su che cosa dunque si basa l'esplorazione cecchettiana? Ci pare di aver dato una risposta plausibile con la presente analisi: il proposito costante, in prosa come nei versi, di scavare fino in fondo in una metafora sino a farle rivelare il mondo, il succo che porta in sé—sia poi questo anche un succo psicologico, se così si può dire. La poesia si fa con le parole, come la scultura con il marmo, con i giuochi di luce scolpiti così attentamente tra le pieghe più intime del marmo da apparire non marmo, ma un lume del tutto umano. L'ispirazione cecchettiana ci pare insomma istintivamente e radicalmente umana: vicinissima alla vita della psiche intesa come sorgente di tesori lessicali, ma aliena ad essa in quanto veicolo di analisi eccessive. Perciò scrive con tanta convinzione nelle *Spuntature e intermezzi* le seguenti parole:

adagio rhythm: "With wings wide open, it penetrates the words, and there it settles." A permanence which requires contemplation and knows no analysis.

The above-mentioned underbrush images (in Italian always plural, i.e., *cespugli*, literally shrubs or bushes), rather than burn themselves out in this lyrical piece, tend to resurface in many other works, where they are, of course, never "explained" but articulated in each new context with ever more interesting results. Here is a single example, from the opening paragraph of "Dance in the Desert" (a story in the volume which bears the same title): "I don't know how I got there. I had left my car on the yellowish gravel next to a giant cactus and had begun to walk over the stones, stumbling along the emaciated shrubs, which quivered in the parched air" (83). These shrubs, like so many others in Cecchetti's universe, quiver with life in the desert air because they are a kind of symbol of it. But they are also something more. They are vital psychosymbolic entities that point beyond themselves to central aspects of Cecchetti's poetics: to the life of the psyche as a resource, on the one hand, for new configurations of wandering humanity (hardly touched upon in the present analysis), and on the other, as the principal source of a lexico-stylistic exploration more complex than the one thus far described. Cecchetti's quest, however, is never based on an analysis of psychological details as ends in and of themselves (cf. the unfortunate widow of "Dance in the Desert," all alone in her vast, empty villa—a character, in fact, whom we never perceive directly; she is perceived elliptically, and perhaps for that reason is so very expressive. Contrary to Svevo's approach, psychological details in the best of Cecchetti are always suggested between the lines—as in "The Telephone," "The Elevator," and "The Pier"; they are never enlarged, or analyzed, because they are readily available in the lyrical substance of the narrative). Nor are Cecchetti's stories linked in any formal way to psychoanalytical procedures: a method of investigation, observes the writer in one of his more pungent axioms, that can be harmful in

MUSICA E POESIA

Mozart e Beethoven dormivano con la testa piena
di visioni fatte di note.

I poeti dormono con la testa piena
di visioni fatte di sillabe.

Da svegli, musicisti e poeti si sforzano di ricuperare
quelle visioni, quelle note e quelle sillabe.

Per tutti la vita è una continua corsa al ricupero.
Ma solo gli artisti lo realizzano.

Frugano tra i cespugli del sogno, scoprono il deserto
e si mettono a rifarlo. (106)

Nonostante la brevità del dettato assiomatico, l'intensità dell'accenno autobiografico illumina, schiettamente e in chiave metaforica, il punto focale della sua esplorazione: frugare con disciplina e senza fretta tra i preziosi materiali del subcosciente, "i cespugli del sogno"; scoprirvi poi il proprio contenuto, un perpetuo "deserto"; e infine mettersi a rimeditarlo cercando di dargli, col minimo delle parole, una voce nuova: respiro di uomini vivi. Tale orientamento potrebbe indicare una zona interiore cara allo Svevo, ma il dettato—la proposta contemplativa: quel sognar pensando—è del tutto originale, come risulta ancora più chiaro da un ultimo esempio, compendiosamente cecchettiano:

UN ARRIVO

Vedo come per imposte socchiuse
da una filigrana di ragnatele
tronchi laceri d'umanità randagia,

that it "reduces and curtails.... Often it creates smiling half-wits who tread water on the surface of life, useless to themselves and to others."[11] What then is at the root of Cecchetti's exploration? I believe this *Afterword* offers a plausible solution: the constant aim, in prose and in verse, to dig deep into a metaphor until it reveals the universe, the essence it carries within—even if that essence is psychological in nature. Poetry is made of words, as sculpture is made of marble, with the play of light so carefully considered amidst its intimate folds as to appear not stone, but entirely human. Cecchetti's inspiration seems to me instinctively and radically human: very close to the life of the psyche understood as a source of lexical treasures, but alien to it as a springboard for excessive analyses. That's why he writes with such conviction in *Spuntature e intermezzi* the following words:

MUSIC AND POETRY

Mozart and Beethoven slept with their heads
full of visions made of notes.

The poets sleep with their heads full of visions
made of syllables.

When they are awake musicians and poets strive to recover
those visions, those notes and those syllables.

For everyone life is a continuous race toward recovery.
But only true artists ever achieve it.

They ransack the underbrush of their dreams, they discover the
desert and begin making it anew. (107)

Despite the rather clipped, axiomatic style, the integrity of Cecchetti's autobiographical diction goes to the core of his literary

scaricata da carri senza nome.

Ma poi tu appari. Crosciano
iridescenze sopra i vetri. Tremolano
i tronchi vividi di vene. Navigano
palazzi alati sopra i tetti. L'aria
ride da tutti i pori delle mura.

Sogno? Ma il sogno è il mio respiro,
come quando
l'aria azzurra striava
le punte abbacinate delle Ande.[12]

aspirations: to probe with discipline and without rushing among the precious materials of the subconscious, "the underbrush of [our] dreams"; to discover there one's own subject matter, a perpetual "desert"; and finally to give it, with the absolute minimum of words, an original voice: the breath of living beings. Such an attitude could bring to mind an inner zone dear to Italo Svevo, but the style—the contemplative intent: that ability to dream while thinking—is unmistakably original, as will appear even clearer from a final example, compendiously Cecchettian:

AN ARRIVAL

I see as if through shutters half-closed
by a filigree of spider webs
torn trunks of wandering humanity,
emptied by nameless carts.

But then you appear. Iridescences splash
over the glass. Trunks tremble
vivid with veins. Palaces sail
winged over the roofs. The air laughs
from all the pores of the walls.

Do I dream? But dreaming is my breathing,
as when
the blue air streaked
the dazzled summits of the Andes.[12]

NOTE ALLA *POSTFAZIONE*

[1] Degli scritti critici del Cecchetti si vogliono ricordare i seguenti: *La poesia del Pascoli* (Pisa: Goliardica, 1954); *Leopardi e Verga* (Firenze: La Nuova Italia, 1962); *Il Verga maggiore* (Firenze: La Nuova Italia, 1968, 1970, 1975); *Sulle "Operette morali"* (Roma: Bulzoni, 1978); *Giovanni Verga, A Critical Monograph* (Boston: Twayne Press, 1978); *Approaches to Teaching Dante's Divine Comedy*, edited in collaboration with C. Slade and with an introduction by G. Cecchetti (New York: Modern Language Association, 1982); *Voci di poesia* (Salerno: Laveglia, 1997).
Delle sue traduzioni in lingua inglese basta menzionare quelle di Verga (G. Verga, *The She-Wolf and Other Stories* [Berkeley, Los Angeles, London: University of California Press, 1958, 1962, 1973, 1982]; G. Verga, *Mastro-don Gesualdo* [Berkeley, Los Angeles, London: University of California Press, 1979, 1984]) e di Leopardi (G. Leopardi, *Operette Morali, Essays and Dialogues*, translated with critical text on facing pages, introduction and commentary [Berkeley, Los Angeles, London: University of California Press, 1982, 1984]). Cecchetti ha inoltre pubblicato più di 150 articoli e recensioni su poeti e prosatori, da Dante e Cavalcanti a quelli dei nostri giorni, in riviste sia italiane che americane.

[2] G. Cecchetti, *Il Verga maggiore...*, 45–46.

[3] Cioè a partire dal 1992 quando accettò dalla UCLA la promozione ad Emeritus.

[4] Cfr. *Diario nomade*, con un saggio di G. Rimanelli (Padova: Rebellato, 1967); *Impossibile scendere* (Milano: Scheiwiller, 1978); *Nel cammino dei monti* (Firenze: Vallecchi, 1980); *Favole spente*, prefazione di S. Ramat (Venezia: Edizioni del Leone, 1988).

[5] Cfr. *Il villaggio degli inutili*, a cura di M. Ricciardelli (Venezia: Rebellato, 1981); *Spuntature e intermezzi* (Pisa: Giardini, 1983); *Danza nel deserto* (Venezia: Rebellato, 1985). Ultimamente Cecchetti ha scritto *Altre spuntature*, un bel numero di prose ossia meditazioni liriche apparse in *Campi immaginabili* (la rivista che continua l'ormai ben nota *Ipotesi 80*, redatta sempre da Rocco Mario Morano), cioè a sei puntate, dal marzo 1991 al marzo 1994. Chiarisce il redattore: "Di comune accordo con l'Autore, preferisco dare alla serie di meditazioni che

NOTES TO THE *AFTERWORD*

[1] Among Cecchetti's volumes of literary criticism, we should note at least the following: *La poesia del Pascoli* (Pisa: Goliardica, 1954); *Leopardi e Verga* (Firenze: La Nuova Italia, 1962); *Il Verga maggiore* (Firenze: La Nuova Italia, 1968, 1970, 1975); *Sulle "Operette morali"* (Roma: Bulzoni, 1978); *Giovanni Verga, A Critical Monograph* (Boston: Twayne Press, 1978); *Approaches to Teaching Dante's Divine Comedy*, edited in collaboration with Carol Slade and with an introduction by Giovanni Cecchetti (New York: Modern Language Association, 1982); *Voci di poesia* (Salerno: Laveglia, 1997).

Regarding his translations, it is perhaps sufficient to mention those of Verga (Giovanni Verga, *The She-Wolf and Other Stories* [Berkeley, Los Angeles, London: University of California Press, 1958, 1962, 1973, 1982]; Giovanni Verga, *Mastro-don Gesualdo* [Berkeley, Los Angeles, London: University of California Press, 1979, 1984]) and of Leopardi (Giacomo Leopardi, *Operette Morali, Essays and Dialogues*, translated with critical text on facing pages, introduction and commentary [Berkeley, Los Angeles, London: University of California Press, 1982, 1984]). In addition, he has published approximately 150 articles and reviews in American and European periodicals, dealing with a considerable range of critical problems and with many authors, from Dante and Cavalcanti to contemporary novelists and poets.

[2] Cecchetti, *Il Verga maggiore...*, 45–46.

[3] That is, subsequent to his retirement from UCLA in 1992.

[4] Cf. *Diario nomade*, con un saggio di Giose Rimanelli (Padova: Rebellato, 1967); *Impossibile scendere* (Milano: Scheiwiller, 1978); *Nel cammino dei monti* (Firenze: Vallecchi, 1980); *Favole spente*, prefazione di Silvio Ramat (Venezia: Edizioni del Leone, 1988).

[5] Cf. *Il villaggio degli inutili*, a cura di Michele Ricciardelli (Venezia: Rebellato, 1981); *Spuntature e intermezzi* (Pisa: Giardini, 1983); *Danza nel deserto* (Venezia: Rebellato, 1985). More recently, Cecchetti has written *Altre spuntature*, a collection of prose pieces which appeared in *Campi immaginabili* (the periodical that continues the well-known *Ipotesi 80*, always under the editorship of Rocco Mario Morano), that is, in six installments, from March 1991 through March 1994.

appariranno a puntate il titolo di *Altre spuntature*, ad indicare una linea di continuità con *Spuntature e intermezzi*, il volumetto ormai introvabile uscito in bella veste nel 1983 per i tipi di Giardini" (in *Campi immaginabili*, I/II [marzo 1991], 159). Va notato qui che *Contrappunti / Counterpoints* contiene esempi rappresentativi tratti da tutte le opere summenzionate, anche se—com'era naturale—la maggior parte dei materiali è stata scelta dalle *Altre spuntature*, il lavoro in prosa non solo più recente ma forse più affascinoso del nostro.

[6] G. Cecchetti, *Favole spente*..., 74.

[7] M. Lettieri (a cura di), "*Danza nel deserto*: intervista a Giovanni Cecchetti", *Ipotesi 80*, I/II (giugno 1989), 124–125.

[8] W. Kandinsky, *Concerning the Spiritual in Art*, translation and introduction by M.T.H. Sader (New York: Dover, 1977), xix.

[9] I. Svevo, *La coscienza di Zeno*, in *Opere*, con introduzione e bibliografia di B. Maier (Milano: dall'Oglio, 1954), 680–681.

[10] *Ibidem*, 647.

[11] G. Cecchetti, *Spuntature e intermezzi*..., 52.

[12] G. Cecchetti, *Favole spente*..., 50.

Stated the editor at the time of the first installment: "Di comune accordo con l'Autore, preferisco dare alla serie di meditazioni che appariranno a puntate il titolo di *Altre spuntature*, ad indicare una linea di continuità con *Spuntature e intermezzi*, il volumetto ormai introvabile uscito in bella veste nel 1983 per i tipi di Giardini (*Campi immaginabili*, I/II [March 1991], 159). It should be noted here that *Contrappunti / Counterpoints* contains representative examples from each of the aforementioned prose works, even if—as was only logical—the bulk of the material was selected from *Altre spuntature*, the most recent and perhaps most fascinating of Cecchetti's creative efforts.

[6] Cecchetti, *Favole spente...*, 74.

[7] Michael Lettieri (a cura di), "*Danza nel deserto*: intervista a Giovanni Cecchetti," *Ipotesi 80*, I/II (June 1989), 124–125.

[8] Wassily Kandinsky, *Concerning the Spiritual in Art*, translation and introduction by M.T.H. Sader (New York: Dover, 1977), xix.

[9] Italo Svevo, *Confessions of Zeno*, translation by Beryl De Zoete (New York: Vintage Books, 1958), 94–95.

[10] Ibid., 57.

[11] Cecchetti, *Spuntature e intermezzi...*, 52.

[12] Cecchetti, *Favole spente...*, 50.

Studies in Southern Italian
and Italian / American Culture
Studi sulla Cultura dell'Italia
Meridionale e Italoamericana

Giose Rimanelli & Luigi Bonaffini
General Editors

Studies in Southern Italian and Italian/American Culture (Studi Sulla Cultura dell'Italia Meridionale E Italoamericana) will publish highly qualified studies of the literature, arts, spoken modes and socio-historical life of southern Italian society, as well as studies of the culture of Italian-Americans whose ancestry stems from southern Italy. The focus of attention is on the regions of Campania, Abruzzo, Molise, Puglia, Basilicata, Calabria, Sicilia and Sardegna. Traditional as well as innovative methods of research, done within and across cultures are welcome. This series will address issues and themes on emigration, tradition, exile, power, poverty, family life, religion, politics, personality, and ethnicity. Monographs or miscellanies must recommend themselves for their bibliographic and philological accuracy on a specialized and, where applicable, scientific level. This series has an international audience, and scholars are encouraged to submit their work in any language.

For additional information about this series or for the submission of manuscripts, please contact:

Peter Lang Publishing, Inc.
Acquisitions Department
275 Seventh Avenue, 28th floor
New York, New York 10001